曼谷

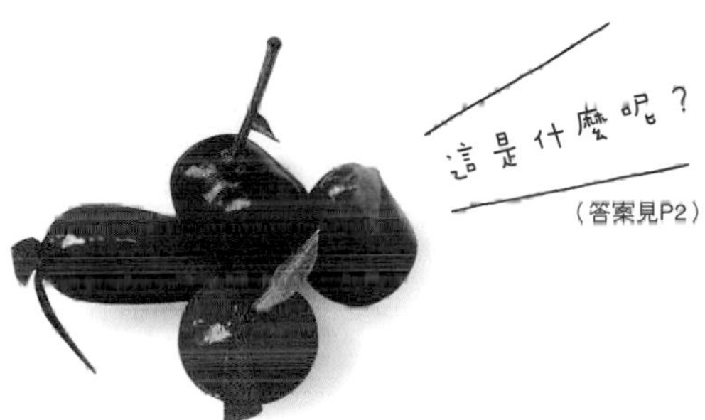

（答案見P2）

Lala Citta是義大利文的「城市＝La Citta」，
和享受輕快旅行印象綜合而成的用語。
書中匯集了辛辣的美食、可愛的雜貨、
閒逛市場以及美容景點等…
不可錯過的旅遊時尚新主題。
當你在想「今天要做什麼呢」時
就翻翻這本書吧。
歡樂旅遊的各種創意都在書中。

Lala Citta
曼谷
Contents

P1照片的解答→以綠豆等餡料製成的泰國傳統點心Luk Chup，市場及Bann Kuwan（→P29）皆有售。

別冊MAP

可以拆下使用

〔本書的標示〕

Ⓔ 有諳英語的店員
Ⓔ 有英文版菜單
Ⓡ 有餐廳
Ⓟ 有游泳池
Ⓕ 有健身設施

㊇ 交通
㊟ 地址
Ⓗ 飯店
☎ 電話號碼
㊋ 開館時間、營業時間
㊡ 公休
㊎ 費用
URL 官網網址

〔其他注意事項〕

○本書所刊載的內容及資訊，是基於2015年6～7月時的取材、調查編輯而成。書籍發行後，在費用、營業時間、公休日、菜單等營業內容上可能有所變動，或是因臨時歇業而有無法利用的狀況。此外，包含各種資訊在內的刊載內容，雖然已經極力追求資訊的正確性，但仍建議在出發前以電話等方式做確認、預約。此外，因本書刊載內容而造成的損害賠償責任等，弊公司無法提供保證，請在確認此點後再行購買。
○地名、建築物在標示上參考政府觀光局等單位提供的資訊，並盡可能貼近當地語言的發音。
○休息時間基本上僅標示公休日，略過年初年底、農曆春節、國定假日等節日。
○費用的標示為成人的費用。

〔本書的用法〕

類型檢索
區分成「美容」、「美食」、「購物」、「遊逛」、「追加行程」、「住宿」等6大類，決定好旅遊目的的話，即可從中選擇符合自己的主題。

區域檢索
當有符合頁面內區域的店家和景點時，區域名便會出現標示。當你想到「我現在人在○○，這一帶有些什麼？」時，就可以由這裡反向檢索過去。

小小資訊和小小知識
介紹和該頁面的主題或景點相關的有用資訊以及旅遊的知識。

滿足你所有要求♪

旅行 Key Word 7

好想在曼谷的優雅SPA做護膚療程、購物、品嘗美食等，想做的事情實在太多了。下面將介紹曼谷旅行非試不可的7種玩樂方式及其魅力！

Key Word 1

讓療癒身心的SPA＆南國水果

提昇女性魅力！全套行程

→P16～30

曼谷的SPA以融合自然與傳統的護膚療程為特徵，主要採用自古以來家家戶戶流傳下來的藥草球以及長達約2500年歷史的泰式按摩等。另外，富含維他命及酵素的南國水果也是維持美麗的祕訣，除了用於製作磨砂膏等之外，當然也可食用！旅行期間不妨多攝取南國水果，讓你從體內開始變美。

極樂～♪

1.可在獨棟SPA（→P18）及飯店SPA（→P22）享受添加花瓣的花浴，感受公主般的體驗♪　2.由技法熟練的治療師為你進行護理，讓你日常的疲勞全都融化不見　3.4.只有來泰國，才能享受以檸檬草、泰國薑蔘（泰國的薑）等香草及茉莉香米、熱帶水果所製成的磨砂膏及面膜進行護理。這些都是在訪客來店後才現場製作，相當新鮮。　5.擺滿南國水果的聖代「Parden→P28」　6.7.亦有種類豐富的蔬果昔「iberry→P28」　8.法式布丁上也擺滿各種當季水果「Parden→P28」

滿滿都是新鮮水果！

Key Word 2

在熱情的夜晚盡情遊樂

超熱鬧的夜市！

→P60、78

曼谷的白天相當炎熱，到了傍晚開始變涼，街上也開始充滿活力。各地的夜市逐一開張，熱情的夜晚就此展開。市場內擺滿了衣服、鞋子、飾品、化妝品等可愛的物品，光看就讓人雀躍不已，最後到市場內的路邊攤或開放式露天餐廳吃晚餐。這是逛夜市的必定行程。

還能挖到便宜貨！

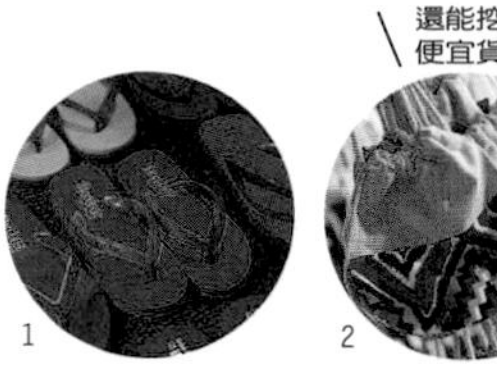

1.在當地採購色彩繽紛的夾腳拖　2.還能發現帶有異國情調的小布包　3.天然肥皂最適合當作伴手禮！　4.河川沿岸的「碼頭夜市→P60」是曼谷的觀光勝地之一　5.亦可品嘗泰國菜等路邊攤美食　6.「拉查達鐵道夜市→P78」是曼谷的最新觀光景點，色彩繽紛的帳篷相當壯觀！

晚風真舒服～

2015年開幕！

讓你一見鍾情的東方魅力！

可愛的泰國雜貨

Key Word 3

→P70～75

好想全都打包回家～♡

泰國雜貨融合傳統手工藝與摩登設計，在街上的獨棟商店或專賣店都能找到許多有質感的物品。諸如泰國傳統工藝的青瓷及班加隆、使用木材或水草等自然素材製成的生活雜貨等，每一樣都充滿了手工製作的溫度，另外山岳民族所製作的布製品也別錯過。泰國雜貨的魅力在於價格實在，也適合平時使用。

1.這裡有各式各樣以大象為題材的雜貨　2.泰國傳統的班加隆瓷器（→P73），表面的圖案全都是手工繪製　3.個性化的商品擺設，光看就讓人不禁想買回家！「Parden→P28」　4.使用山岳民族織的布製成的束口袋零錢包也相當有人氣　5.6.風格樸素的青瓷「The Legend→P72」　7.使用傜族的刺繡製成的可愛大象布偶「Lofty Bamboo→P96」

吹著晚風，璀璨耀眼的夜景讓人看得入迷

Key Word 4

天空的天台酒吧

→P54

在高樓大廈林立的大都會曼谷，天台酒吧也是知名景點之一。從距離地面約200～300m的大樓及飯店最頂樓向下俯瞰的夜景，美得宛如鑲上閃耀的寶石！手拿一杯雞尾酒，吹著晚風，就能沉浸在奢華的氣氛中。當然也能在此用餐，但價格昂貴，建議用餐前或用餐後來此小酌一杯。

1.「Red Sky→P55」。從55、56層樓向下俯瞰，曼谷的街景盡收眼底
2.3.4.位於飯店最頂樓的「Octave Rooftop Lounge & Bar→P54」於2013年開幕，屬於較不為人知的景點。本店的酒保長得都很帥喔！
5.6.7.「Park Society & Hi-So→P54」。請務必來本店享用使用南國水果製成的雞尾酒，另備有許多融合各國風味的餐點

從路邊攤到在地餐館

Key Word 5

價廉物美的當地泰式美食！

→P38~45

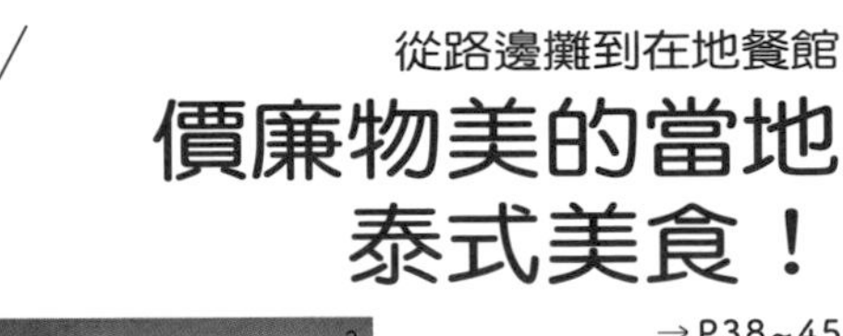

想品嘗道地泰國味，那就一定要嘗嘗路邊攤小吃。曼谷路邊到處可見小吃攤，從麵類、炒飯到單品料理應有盡有，兼具快速、美味、便宜三大要素！可說是泰國平民生活中不可或缺的街頭美食。另外還有販售水果等的輕食攤，可作為散步途中的點心。曼谷的美食廣場水準也相當高，環境乾淨又愜意，很適合女性獨自用餐。

1.在「拉查達鐵道夜市→P78」等夜市也有擺攤　2.麵類是路邊小吃的招牌菜　3.從早上到深夜都擠滿當地居民　4.菜色種類也相當豐富　5.陳列許多新鮮水果的水果攤。另外還有串燒、炸雞、傳統點心等的輕食攤

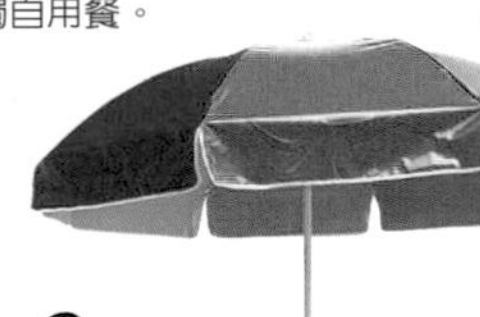

Key Word 6

騎象、嘟嘟車及遊船！

新奇有趣的搭乘體驗

→P106~109、別冊P24

既然來到曼谷，一定要嘗試搭乘各種奇特的交通工具，像是騎在大象背上搖搖晃晃地散步，或是搭船遊覽水上市場，都能讓人感受到異國情調，相信一定會成為旅途的美好回憶。而在街道上馳騁的嘟嘟車、行駛在昭披耶河上的遊船，也只有在曼谷才看得到。不妨嘗試搭乘這些交通工具，相信一定能看到不一樣的風景。

1.2.從遊船上可以看到平民的住家以及大皇宮等（→別冊P24）
3.坐在三輪計程車「嘟嘟車」上，其速度有如風馳電掣般，相當爽快！（→別冊P25） 4.充滿傳統風情的水上市場（→P106）
5.騎在象背上眺望遺跡的感覺相當特別（→P108）

時尚美味的咖啡店逐漸增加！

必去的熱門咖啡店

→P52

Key Word 7

這幾年，曼谷興起了一股咖啡＆咖啡店風潮。使用自家烘焙的泰國產咖啡豆所沖泡的咖啡味道深邃，值得一試。有不少店堅持選用當地產的有機食材，因此能在此品嘗健康的餐點及甜點，而來此光臨的顧客也多為穿著個性的時尚人士。不妨在時尚的空間內悠閒地觀察人群，就能窺見最先端的曼谷。

1.6.「Roast→P53」有咖啡師駐店，店內亦供應開放式三明治等豐富的菜單
2.5.「Siwilai Rocket Coffeebar→P52」的內部裝潢也極具個性
3.4.「Karmakamet Diner→P52」提供外面包覆一層棉花糖（！）的草莓甜點以及使用有機食材的法國麵包三明治

知道賺到

旅行 Happy Advice

只要懂得在曼谷購物、用餐、移動等方面的小撇步，就能讓旅行變得更有趣。現在就傳授你從當地蒐集到的省錢又實用的技巧！

掌握限定優惠活動 放鬆身心又省錢！

今月の
プロモーション
月曜日～金曜日（土・日・祝日は除く）
09:00 - 15:00 迄にご来店の方
300B以上のメニュー全て
50B 割引き致します。 3

1.也有最高可打對折的促銷活動！　2.飯店的SPA等亦有實施優惠促銷活動　3.也有些店在白天空閒時段實施優惠折扣

SPA隨時都會實施期間限定促銷活動，可享費用折扣優惠。除了以新療程項目及人氣套餐組合為優惠實施對象外，還有2人預約時第2人享半價優惠等，活動內容相當多樣。這些優惠活動在官網都有記載，出發前一定要仔細確認！另外，有些按摩專門店也有實施優惠促銷活動。

Advice 2

如何愉快地享受美味的路邊小吃

1.從早到晚均有營業　2.中間有凹洞的冰塊　3.當地亦售有濕紙巾，約B20，建議購買除菌濕紙巾

泰國小吃攤令人躍躍欲試，首先最好先挑選當地顧客眾多的攤位，這點很重要。因為顧客愈多，食材流動快，當然也比較新鮮。冰塊的品質雖然令人擔心，不過中間有凹洞的冰塊是使用飲料水所製成，因此幾乎不會有問題。最好隨身攜帶濕紙巾，可用來擦拭手及桌子，用餐前也能用來擦拭盤子及筷子。

Advice 3

避開交通擁擠時段 聰明搭乘交通工具

1.尖峰時段的BTS月台人潮相當擁擠　2.惡名昭彰的曼谷塞車現象

人潮車輛均相當擁擠的曼谷，其交通壅塞也相當有名。上午7～10點、下午5～8點的通勤時段道路塞得最嚴重，甚至1小時以上動彈不得。這個時段的BTS及MRT雖然跟台北一樣也相當擁擠，但由於每隔3～5分就發車，因此能估算移動時間，比較放心。整體而言，近距離移動最好搭乘BTS及MRT才能提早抵達。

Advice 4

到免費Wi-Fi熱點 輕鬆蒐集資訊

1.飯店等地提供的Wi-Fi大多需要輸入密碼，可向工作人員洽詢　2.這個標誌代表免費提供Wi-Fi服務

在當地若不想擔心網路通信費，又想隨時隨地使用SNS或地圖APP，可到各地的免費Wi-Fi熱點。曼谷的網路環境相當發達，大型購物中心及咖啡店等均有提供連線服務。在不熟悉的街道想查詢店家資訊或路線時，Wi-Fi是你最佳的幫手。

Advice 5 紫外線毒辣 需做好萬全的防曬措施

街角的攤販及市場大多售有帽子及太陽眼鏡

曼谷的年均溫超過29度，陽光的毒辣程度非同小可，因此一定要攜帶帽子、太陽眼鏡及防曬用品。在當地雖然也能購買，不過防曬用品幾乎都是日本品牌，最好還是自行攜帶。

Advice 6 一年2次特賣季 2折都不稀奇！

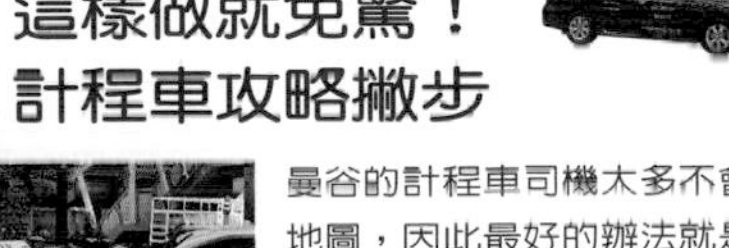
人氣商店的服裝、包包9折起，折扣優惠最低2折。亦可索取傳單

每年的7～8月及12月是曼谷的特賣季，各國品牌商品全都超低價！6～8月時也會舉辦一年1次的「泰國驚喜大特賣」，主要商城及購物中心也都有參加。

Advice 7 這樣做就免驚！ 計程車攻略撇步

要注意的是，陣雨過後等時段幾乎叫不到車。最好在飯店等地搭車。

曼谷的計程車司機大多不會看地圖，因此最好的辦法就是用英文及數字將目的地清楚地寫在紙條上，再遞給司機看。另外亦可使用「Uber」叫車軟體服務，只要事先註冊就會確實派車，也能使用信用卡自動付款。URL www.uber.com/zh-TW/cities/bangkok

Advice 8 聰明使用湯匙及叉子 優雅地用餐

到餐廳時，基本上會在餐桌右側放湯匙，左側放叉子。如需分切料理時，可用右手持湯匙代替餐刀使用。如果還是不方便的話，高級餐廳均備有餐刀及筷子，可以向服務生洽詢。

泰國菜不大需要切肉塊，因此不需使用餐刀

出發前一定要check！

曼谷Profile

○正式國名　名稱
泰王國　曼谷

○人口／面積（曼谷）
約569萬人（2014年）
約1568.74㎢

○語言
泰語
※觀光地的飯店及餐廳大多能用英語溝通。

○貨幣與匯率
B1≒0.9新台幣
（2017年1月時）
有關貨幣種類→P118

○時差
-1小時
※曼谷沒有導入夏令日光節約時間，時間晚台灣1小時。

○小費
給飯店的行李服務員及客房服務員的小費以B20~50為基準。而在不含服務費的餐廳用餐後，最好在桌上留下用餐費用10%的小費。高級SPA的小費基準為B200～500。計程車基本上不需給小費。

○最佳旅遊季節
11～2月左右
這時期為雨量較少的乾季，氣溫雖偏高但濕度較低，相當舒適。降雨量巔峰期在9月。

○入境條件
可於線上申請15天觀光落地簽證
護照與簽證詳細介紹→P 114

＼出發前check!／

曼谷 區域Navi

昭披耶河東側為曼谷中心區，主要景點大多集中在大皇宮及其周邊，若想享受購物樂趣或品嘗美食，就要走到以暹羅為中心的其他地區。利用BTS及MRT等大眾交通工具，就能輕鬆移動到其他地區。

1 暹羅 →P86
Siam / 別冊 MAP ● P14

年輕人聚集的流行地

這裡大型購物中心林立，為曼谷首屈一指的購物街。位於BTS暹羅站南側有一個名叫「暹羅廣場」的繁華商圈，現正進行再開發。

最近車站 BTS暹羅站、七隆站

2 蘇坤蔚路 →P90
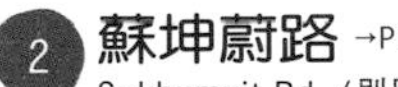
Sukhumvit Rd. / 別冊 MAP ● P18

高級住宅街

本區為許多日本人及外國人居住的區域。自繁華的蘇坤蔚路延伸而出的Soi（巷道）上，也有不少獨棟SPA及商店。

最近車站 BTS那那站、阿速站、鵬蓬站、通羅站、MRT蘇坤蔚站

3 通羅街 →P92
Thong Lo / 別冊 MAP ● P20

Soi55一帶為時尚區

從BTS通羅站向北延伸，以Soi55為中心的地帶。近年來，這一帶摩登餐廳及酒吧陸續開張，深受泰國藝人及名人名媛的喜愛。另外，也到處可見日本料理店。

最近車站 BTS通羅站

4 是隆路 →P94
Silom / 別冊 MAP ● P16

擁有晝夜2種不同的面貌
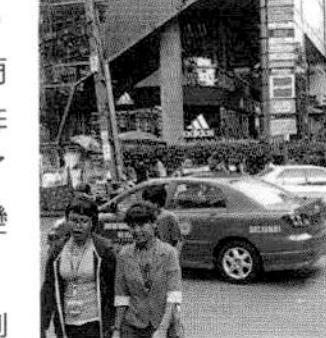

這裡是辦公大樓林立的辦公商圈，白天時，粉領族常去的咖啡店及市場等顯得相當熱鬧；到了夜晚，拍蓬街一帶就會搖身一變為紅燈區。

最近車站 BTS沙拉鈴站～素拉刹站、MRT是隆站

5 大皇宮周邊 →P80
Grand Palace / 別冊 MAP ● P20-21

曼谷觀光的亮點

本區除了有廣大的大皇宮外，也是玉佛寺、臥佛寺、黎明寺三大佛教寺院所在區域。同時，這裡也是泰國的行政中心。

最近車站 MRT華藍蓬站、Tha Chang碼頭

6 石龍軍路
Charoen Krung Rd. / 別冊 MAP ● P11C4

人氣夜市是注目焦點
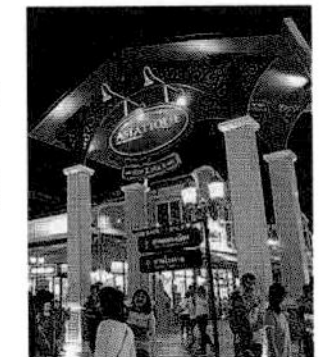

沿著昭披耶河往南北方向延伸的道路，周圍有不少間知名飯店。「碼頭夜市」（→P60）位在其南方。

最近車站 BTS鄭皇橋站、沙吞碼頭

7 中國城
Chinatown / 別冊 MAP ● P10B1

東南亞規模最大的中華街

位於MRT華藍蓬站西側一帶。這裡除了有提供平價美味的海鮮料理及點心等的中國菜餐廳外，也聚集許多販售食材及漢方中藥的商店。進入本區處處可見寫有漢字的招牌，彷彿置身中國。其西側則是印度街。

最近車站 MRT華藍蓬站

8 考山路 →P96
Khaosan / 別冊 MAP ● P21C1

時尚景點遽增的低價住宿區

這裡林立著許多旅舍，是知名的背包客聖地，來自世界各地的觀光客全聚集在此，相當熱鬧。亦有許多平價餐廳及按摩沙龍等，近年來亦新開不少間時尚酒吧與雜貨商店。

最近車站 Phra Arthit碼頭

郊外景點

● 大城府 →P102
Ayutthaya

為14～18世紀大城王朝的古都。保留許多寺院及佛塔等遺跡，已登錄為世界遺產。位於曼谷北方，相隔約76km。

● 丹嫩莎朵水上市場 →P106
Damnoen Saduak Floating Market

充滿傳統氣氛的市場，運河上可看到來來往往載滿食品及日常雜貨的小船。如此充滿活力的景象，只有在水都曼谷才看得到。位於曼谷西南方，相隔約90km。

＋α行程編排

5天3夜 經典行程

到曼谷旅行可享受觀光、美食、做SPA及購物等樂趣，事先擬定旅行計畫也就相當重要。
下面介紹推薦的經典行程，讓你120%盡享曼谷觀光的樂趣！

Day 1 先享受美食＆按摩

台灣出發的直航班機

蘇凡納布國際機場是曼谷的空中玄關，有不少從台灣直飛曼谷的班機，不同的航班抵達時間也各不相同。排第一天行程時最好考慮抵達飯店的時間，別太勉強。隔天起再正式行動！

15:30
抵達蘇凡納布國際機場

搭計程車60分

17:00
到蘇坤蔚的飯店辦理入住手續

搭BTS10分

18:00
移動到暹羅
吃美味的泰式酸辣蝦湯

步行10分

20:00
品嘗芒果甜點

搭BTS10分

21:00
做泰式按摩紓解肌肉酸痛！

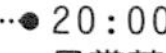
搭BTS10分

23:00
抵達飯店

甜點是裝在另一個胃！
Mango Tango（→P29）

1.先到曼谷最大的鬧區──暹羅　2.做泰式古法按摩（→P24）消除全身疲勞！　3.到Nara（→P32）品嘗充滿魅力的泰國菜♪　4.想稍解嘴饞就來碗麵吧

Day 2 3大寺院巡禮＆購物

[＋α行程編排]

在早晨出發的當天來回旅行亦可先逛水上市場，下午再參觀寺院。

6:00
在飯店享用自助式早餐

搭BTS及計程車約40分

8:00
到臥佛寺做
泰式瑜伽＆參拜

步行15分

10:00
參觀玉佛寺及大皇宮

搭昭披耶河遊船10分

13:00
在「The Deck」（→P58）
邊眺望黎明寺邊享用午餐

傳說中半人半鳥的女神金娜麗，英姿凜然！

1.到臥佛寺（→P80）可看到金碧輝煌的臥佛
2.臥佛寺內有不少可愛的貓咪
3.玉佛寺（→P82）為皇室專屬寺院

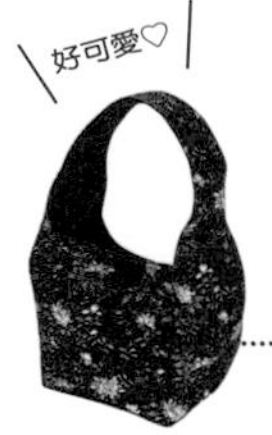

到Jim Thompson總店（→P70）購買泰絲包

The Legend（→P72）的青瓷調味料罐

搭渡輪15分

14:30
登上黎明寺的大佛塔

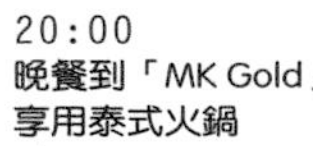
搭昭披耶河遊船及BTS約50分

16:30
到是隆選購伴手禮

搭BTS15分

20:00
晚餐到「MK Gold」享用泰式火鍋

搭計程車10分

22:00
到位於61層樓的高樓酒吧「Vertigo & Moon Bar」

搭計程車10分

24:00
抵達飯店

1.渡過昭披耶河到黎明寺（→P84） 2.知名泰絲品牌「Jim Thompson」總店 3.泰式什錦火鍋（→P36）可加入喜歡的火鍋料食用 4.在曼谷夜景盡收眼底的高樓酒吧乾杯（→P55）

熱騰騰

Day 3 大城府半日遊＆頂級SPA

7:00
在飯店享用自助式早餐後，出發到大城府半日遊（→別冊P22）

搭專車1～2小時

叭歐～
還能體驗騎象（→P108）！

9:00
抵達大城府，有效率地參觀世界遺產的遺跡

搭專車1小時

13:30
返回曼谷，到時尚的咖啡店享用午餐

步行10分

14:30
到獨棟SPA（→P18）做3小時療程舒緩身心

搭BTS及專用渡輪40分

[＋α行程編排]
亦可改為觀賞泰國舞蹈、泰拳等只有在泰國才能欣賞的夜間娛樂。最好在第一天就訂好票券，做好自選行程的準備。

19:00
到碼頭夜市（→P60）購物＆晚餐，之後欣賞人妖秀

搭BTS及專用渡輪40分

23:00
抵達飯店

1.邦芭茵夏宮（→P104）是泰國國王的夏季離宮 2.瑪哈泰寺（→P103）是大城府最具代表性遺跡

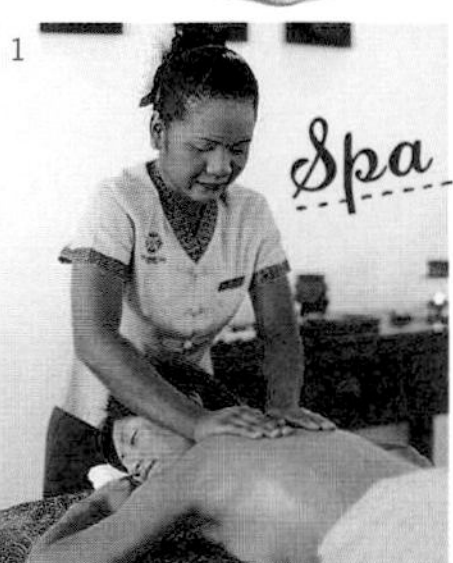

極樂♪

1.做SPA半日療程，放鬆身心 2.Roast（→P53）是位於車站附近的咖啡店，提供輕食及甜點 3.美女（!?）雲集的泰國人妖秀（→P63）

Day 4 最後一天也要盡情玩到夜晚

9:00
用完早餐後，辦理退房手續並寄放行李

搭BTS20分

10:00
到恰圖恰週末市集一次購齊便宜雜貨

搭BTS及計程車40分

14:00
到期待已久的
H曼谷文華東方酒店喝下午茶

搭計程車及BTS30分

16:00
到蘇坤蔚路散步＆選購伴手禮

搭計程車20分

18:30
最後一天晚餐吃摩登泰國菜

搭計程車及BTS15分

20:30
回飯店拿行李，搭約1小時的計程車到蘇凡納布國際機場，隔天早晨抵達台灣。

泰式風味

食材伴手禮可在超市（→P76）購得，相當便利

機場使用要點

以起飛前2小時抵達機場為基準，回飯店拿行李去機場。機場內有餐廳及泰式雜貨商店，當然也有免稅商品店。另外也別忘了辦理VAT退稅！

週末營業的恰圖恰週末市集（→P66）

Afternoon Tea

1.在下午茶餐廳（→P50）度過優雅的時光　2.在Near Equal（→P91）忍不住買了耳環！　3.蘇坤蔚路（→P90）上到處林立著商店及咖啡廳　4.Bo.lan（→P93）提供使用有機蔬菜製成的泰式輕食

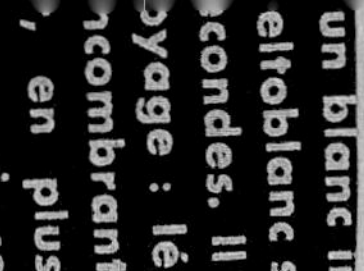

美容

從奢華的獨棟SPA、泰式古法按摩到

充滿高級感的飯店SPA，應有盡有！

你也可以選購自然素材製成的家居SPA用品

回國使用，讓美麗持續下去♥

現在就想去！

讓身心獲得療癒最夯的人氣SPA

曼谷是SPA的天堂。近來，提供住宿設施的目的型SPA以及醫療型SPA等新型SPA也陸續開幕！不妨到熱門的SPA景點讓身心重開機。

1.使用自營有機農園所栽培的藥草 2.中庭的泳池池畔為SPA療程室，訪客亦可使用 3.空間明亮的療程室

Asia Herb Association Spa Auberge Eugenia

在隱密的飯店享受住宿＆SPA

提供結合飯店住宿的「目的型SPA」！讓你在優雅的別墅享受人氣按摩師的專業按摩，度過私人時間。使用18種有機藥草所製成的生藥草球等，請務必一試。

DATA
㊋BTS鵬蓬站搭車7分
㊟267 Sukhumvit 31
☎0-2204-0111
㊕9～24時(最終受理)
㊡無　需預約　Ⓔ Ⓔ

MENU
泰國傳統古法身體按摩＋有機生藥草球治療（90分～、B1100～）
100%純複方精油身體按摩＋有機生藥草球治療（90分～、B1400～）

單純來做SPA也很歡迎！

店內亦售有精油、香皂等自家品牌SPA用品

Dii Wellness Med Spa

有專業醫師駐店的醫療SPA

本店是曼谷獨棟SPA的先驅「Divana→P20」的最新分店，以「抗老」為概念，藉由深達體內的按摩及臉部護理療程引出你的美麗。

DATA
㊋BTS奔集站步行1分　㊟Central Embassy(→P87) 4F　☎0-2160-5850
㊕10～20時(最終受理)　㊡無　需預約
Ⓔ Ⓔ

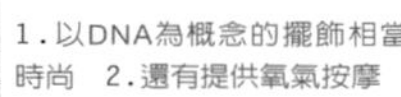

1.以DNA為概念的擺飾相當時尚　2.還有提供氧氣按摩

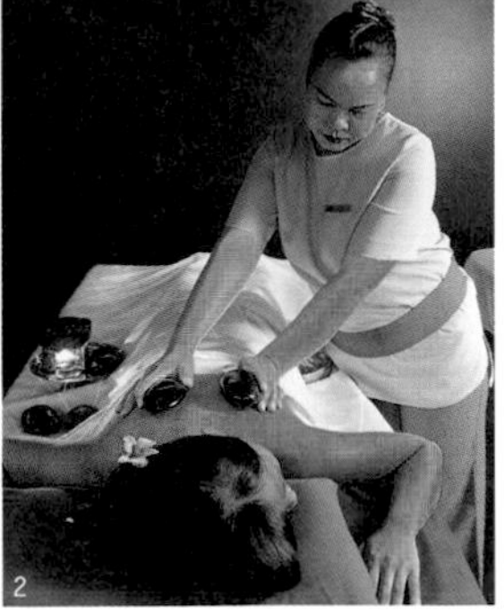

亦使用膠原蛋白、黑翡翠及粉色水晶等

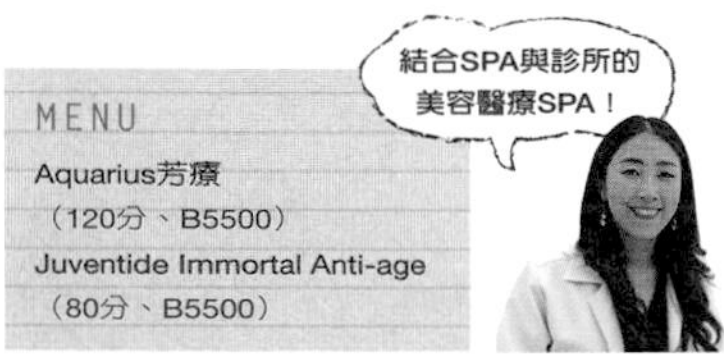

MENU
Aquarius芳療（120分、B5500）
Juventide Immortal Anti-age（80分、B5500）

結合SPA與診所的美容醫療SPA！

小小知識　高級SPA雖可當天受理，不過提前預約是基本常識。可透過電話或網路預約，或是請飯店大廳服務員代為預約。只要告知1小時或3小時等施術時間，並事先預約房間，療程項目等來店時再決定即可。

Rarinjinda Wellness Spa

曼谷首屈一指的「天台SPA」

在清邁及曼谷設有2家分店的高級SPA品牌的3號店，位於飯店30樓，是曼谷市內位置最高的SPA。提供泰式、印度式等各式按摩，以透徹了解每一位訪客的身心狀態為理念。服務人員細心周到的服務也讓人倍感療癒。

DATA ㊋BTS奔集站步行5分 ㊟30F Grande Center Point Hotel, 100 Wireless Rd. ☎0-2651-5224 ㊐10～24時(最終受理時間視療程而異) ㊡無 需預約 Ⓔ E

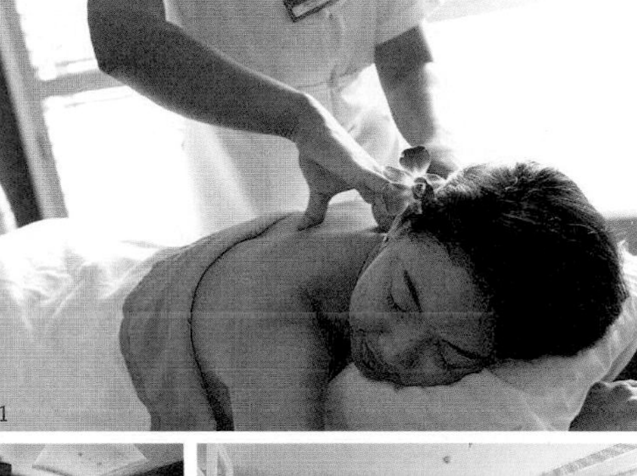

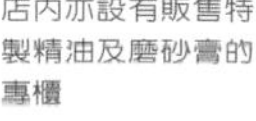

MENU

Elements of Life
（90分、B2500）

Ayurvedic Hide Away
（120分、B4000）

1.附藥草球芳香精油按摩B1500（60分）療程也相當有人氣 2.亦設有阿育吠陀療法專用室 3.店内到處都有寬廣的窗戶，視野開闊

店内亦設有販售特製精油及磨砂膏的專櫃

Pan Puri Organic Spa

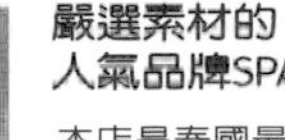

嚴選素材的人氣品牌SPA

本店是泰國最具代表性的SPA品牌「Pan Puri→P26」擴大開設的分店！堅持使用有機素材，從內部裝潢到備品全都使用自然素材。除了推薦使用自家品牌產品的臉部護理療程外，也很推薦使用有機精油等的按摩療程。

DATA ㊋BTS七隆站步行1分 ㊟Gaysorn(→P87) LL ☎0-2656-1199 ㊐10時30分～21時(最終受理19時30分) ㊡無 需預約 Ⓔ E

MENU

Mali月光舒緩按摩
（60分～、B2100～）

Mali-Montra青春立現臉部護理
（75分、B3000）

1.所有療程項目全都附泰國產萊姆足浴 2.亦可享用每天更換種類的有機迎賓飲料 3.共有7間施術室，連床單及枕套也是有機棉製 4.特製磨砂膏等

在優雅的空間享受奢華的療癒

置身被綠意包圍的獨棟SPA 讓身心重新開機

在於宅邸營業的獨棟SPA，可以享受使用泰國傳統自然素材進行的護理療程以及無微不至的周到服務。由於經常客滿，最好在2～3天前預約。

Oasis Spa

被自然環境療癒的都會隱密空間

這家SPA的總店位於清邁，是泰國的貴婦級SPA。廣大的建地上立有一棟白堊式建築，四周有翠綠的樹林圍繞，在館內還能聽到鳥鳴聲，彷彿置身另一個世界。護理時使用的是施術前現磨的新鮮藥草及多汁的水果製成的自家製產品。按摩師的技法與服務相當到位，讓你度過一段極致的時光。

DATA
㊋BTS鵬蓬站搭車5分
㊟64 Soi Swaddee, Sukhumvit 31
☎0-2262-2122
㊖10～22時（最終受理20點）
㊡無　需預約 Ⓔ Ⓔ

產品CHECK!

使用柳橙及泥巴等不傷肌膚的自然素材

MENU

Oasis 人間天堂套餐
（240分、B4600）
包含泰式草藥蒸氣、去角質、身體敷膜、芳香精油按摩及臉部護理的人氣半日SPA套餐

Oasis 難忘之旅套餐
（240分、B5700）
除了上述護理療程外再加上芳療浴。芳香精油按摩是由2名按摩師同時進行

神奇四手按摩
（60分、B2500）
由2名按摩師以四手進行全身按摩，絕妙的節奏頓時讓人疲勞盡消

1.位於閑靜的巷道內。亦提供從BTS鵬蓬站到本店的接送服務　2.館內到處可眺望綠景與水邊　3.共有12間施術室，全都是雙床房

護理療程種類

芳香精油按摩

使用天然萃取精油進行按摩，讓精油的芬芳紓解身心疲勞。

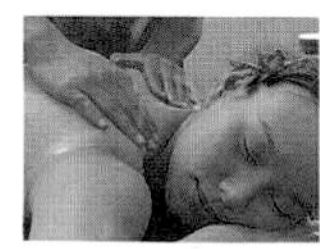

身體去角質

用搗成霜狀的藥草與水果塗抹全身，溫和去除身體角質。

身體敷膜

使用泥土與海草塗抹全身，再包上保鮮膜與毛巾，讓美容成份滲透至肌膚。

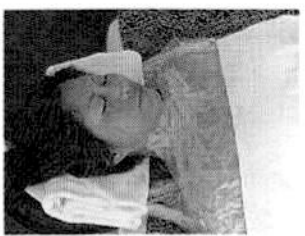

藥草球

使用裝有數種藥草的布袋按摩全身的溫熱療法，一般搭配按摩。

花浴

充滿玫瑰與蓮花花瓣的浴池，可享受奢華的氣氛。

SPA店內備有紙內褲及浴袍等，但大多沒有提供化妝用品，最好自行攜帶。此外，若遲到就會減短施術時間，有時也會收取取消費用，預約時最好仔細確認。

體驗「Oasis 人間天堂套餐」！

❶ 抵達

先飲用含檸檬與薑的花草茶並使用冰毛巾，讓身體放鬆

❷ 諮詢

決定好療程後，再挑選使用精油及磨砂膏的種類。接著按摩師會詢問身體狀況與病歷，記錄在問診單上

❸ 到施術室

在工作人員的帶領下到施術室。沖澡後，換上店內提供的紙內褲，等待按摩師的到來

❹ 泰式草藥蒸氣

一開始先做約30分使用檸檬草及薑黃等素材的草藥蒸氣浴，讓身體溫熱、皮膚柔軟

❺ 身體去角質

約30分，去除全身角質。可從泰式咖啡豆、柳橙、椰子等7種磨砂膏當中任選一種

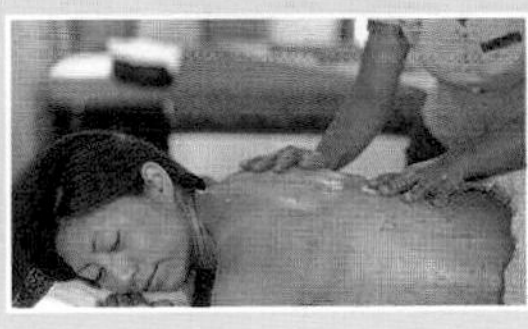

❻ 泰式草藥泥身體敷膜

將草藥泥塗抹全身後用保鮮膜及毛巾包覆，就這樣敷30分

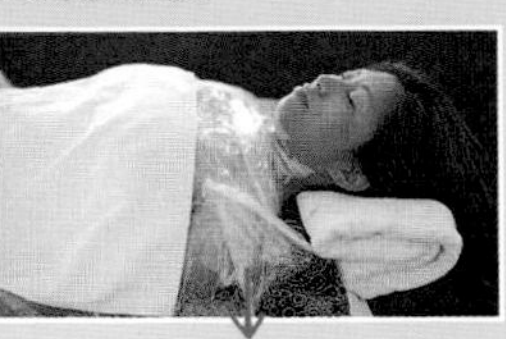

❼ 芳香熱油按摩

使用對肌膚溫和的甜杏仁油進行約1小時的全身按摩

❽ 泰式皇家臉部護理

使用奇異果、番茄等自然素材製成的面膜敷在臉上，濕敷約1小時。所有療程到此結束

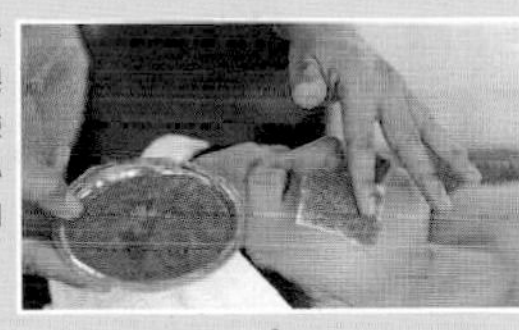

❾ 喝杯茶小歇一會

換好衣服後到大廳，啜飲使用桑椹及香蘭葉泡的熱茶小歇一會

❿ 結帳

結帳後，臨走前別忘了給負責按摩師小費（以B200～500為基準）

身體磨砂膏種類

泰式草藥

使用檸檬草、羅望子等數種藥草混合製成的泰式招牌磨砂膏。

羅望子

亦可用於料理的豆科植物。含天然果酸，具有美白效果。

山竹

具有美白效果的南國水果，建議肌膚長斑者使用。

米糠

米糠含維他命E，可清潔毛孔污垢，使肌膚柔嫩有光澤。

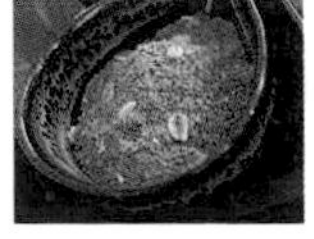

黑芝麻

含天然芝麻油成份，能使乾燥肌潤澤滑嫩，重拾肌膚光彩。

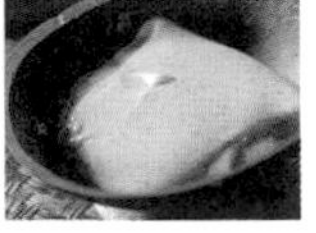

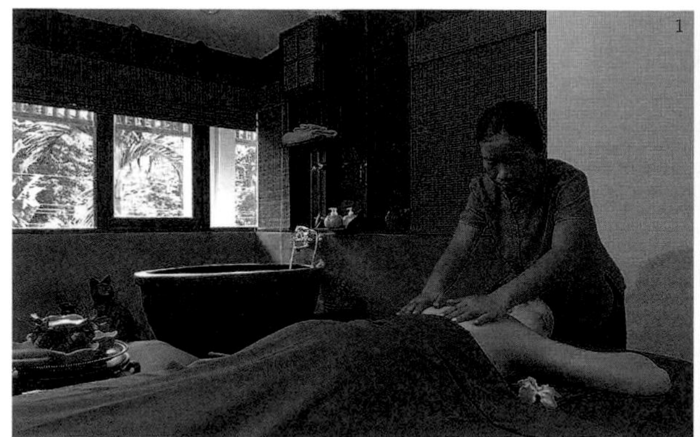

別冊 MAP P19C2

Divana Massage & Spa

1.共15間施術室。室內均擺設泰國傳統傢俱等 2.「Spa Elegance」附玫瑰花瓣牛奶浴 3.這間SPA相當有人氣，在曼谷擁有4間分店

獨棟SPA的先驅

本館於這棟屋齡50年以上的泰式住家營業，四周環繞著翠綠的樹林、池塘及蓮花，療癒指數百分百。所有護理療程均以泰式技法為基礎，並融入印度及中國要素，備有豐富的半日～全天療程套餐。諸如身體磨砂膏等產品，均是使用有機農場送來的新鮮藥草及水果手工製成。

DATA ㊋BTS阿速站、MRT蘇坤蔚站步行5分
㊟7 Sukhumvit Soi 25 ☎0-2661-6784
㊓11～23時，週六～一10時～(最終受理到21時)
㊡無 需預約 Ⓔ🄴

MENU

Spa Elegance
（190分，B3950）
本套餐療程包括草藥蒸氣浴、身體去角質、身體敷泥、芳香精油按摩、牛奶浴等

East West Allure
（90分，B3950）
融合泰國傳統技法與西洋芳療法，沿著身體經脈進行全身按摩

產品CHECK!
諸如身體磨砂膏等，都是訪客來店後才當場製作，相當新鮮

別冊 MAP P15D4

Spa 1930

在皇族的舊宅享受閑靜時光

本館於這棟興建於1930年、被綠蔭環繞的泰式建築營業，據說19世紀暹羅曼谷王朝國王拉瑪4世的親戚曾在此居住。主要提供的護理療程包括8種按摩、以自然素材製成的磨砂膏去角質、臉部護理等，亦提供療程套餐。

1.共有4間施術室 2.可眺望綠景的接待處 3.庭院置有遮陽傘與椅子，以及泰式按摩專用涼亭

MENU

1930 Blending Massage
（60分～，B1600～）
以獨門方式融合東西技法進行按摩。使用有節奏的指壓技巧按摩，消除全身疲勞

1930晨光護膚（30分，B1200）
使用椰奶及茉莉香米混合製成的磨砂膏塗抹全身，去除多餘角質，讓全身散發光彩

DATA ㊋BTS七隆站步行6分 ㊟42 Soi Tonson ☎0-2254-8606 ㊓9時30分～21時30分（最終受理到20時）
㊡無
需預約 Ⓔ🄴

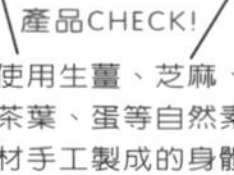

產品CHECK!
使用生薑、芝麻、茶葉、蛋等自然素材手工製成的身體磨砂膏深受歡迎

「Divana Massage & Spa」店內亦售有自家品牌SPA保養品。有玫瑰系列以及檸檬草系列等，其中以洗髮精B440等最受歡迎。在Siam Paragon（→P86）、Emporium（→P90）等亦設有專賣店。

別冊 MAP P5D4

Siri Giriya Spa

使用大量藥草的浴池深受歡迎

本館是由屋齡50年的古民家改建而成，館內相當寬闊。所提供的護理療程當中，以使用約30種藥草混合而成的藥草浴最受歡迎，不但能促進新陳代謝，同時具有排毒效果。

1.這棟建築原是店長祖父母居住的房子
2.共8間施術室，均附設浴池

DATA ㊇BTS翁聿站步行10分
㊟4 Soi Sukhumvit 60,Sukhumvit Rd.
☎0-2741-5199
㊋10～22時(最終受理到20時)
㊡無 需預約 Ⓔ Ⓔ

MENU
Siri Specialty Treatment
（180分，B3250）
包括草藥浴、身體去角質、按摩等全身護理療程。附輕食

\產品CHECK!/
使用萊姆、生薑等自然素材製成身體磨砂膏

1.共8間施術室
2.大廳裡擺設古董風傢俱

別冊 MAP P20A1

Palm Herbal Retreat

使用亞洲素材引出美麗

本館是由屋齡40年的宅邸改建而成，館內裝潢統一採用東方風格。來此可體驗以珍珠、燕窩、黃金等亞洲特有素材所製成，在曼谷也相當罕見的身體磨砂膏等進行護理療程。

\產品CHECK!/
使用羅望子、薑黃等新鮮泰國藥草自行製作

MENU
Four Elements Aroma Massage
（60分～，B1200～）
根據訪客的出生年月日，選用象徵火、水、土、風4大要素的芳香精油進行全身按摩

DATA ㊇BTS通羅站搭車5分 ㊟522-2 Thonglor Soi 16, Sukhumvit Rd. ☎0-2391-3254 ㊋10～22時（最終受理到20時30分） ㊡無 需預約 Ⓔ Ⓔ

別冊 MAP P20A1

Leyana Spa

位於巷道內的隱密SPA

本館位於閑靜的住宅區。置身於被廣大庭園圍繞的建築裡，享受使用新鮮藥草等製成的身體磨砂膏及身體護理療程。如同居家般的氣氛也是本館的一大魅力。

MENU
Steps Of Paradise（180分，B5500）
包括使用牛奶及鮮花等製成的產品進行身體去角質、敷面膜、按摩等護理療程

DATA ㊇BTS通羅站車程5分
㊟33 Thonglo 13 Soi To Sak
☎0-2391-7694 ㊋11～22時，週六、日10時～(最終受理到20時)
㊡無 需預約 Ⓔ Ⓔ

共8間施術室。可聽到潺潺水聲與鳥鳴聲

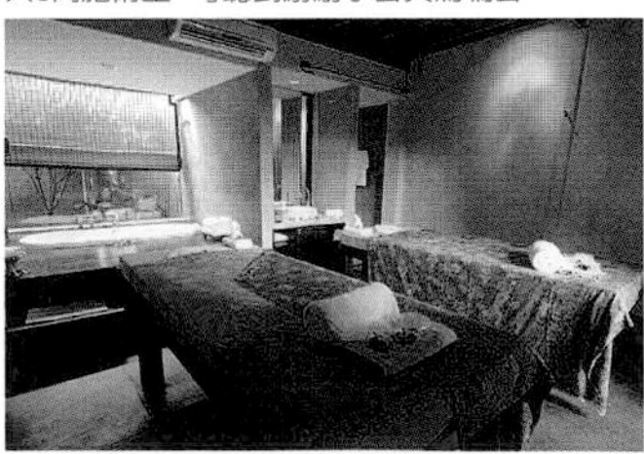

\產品CHECK!/
以現做現用為原則，絕不使用事先做好的成品

還有獨棟美甲沙龍

本館曾連續3年榮獲美國藝術指甲大賽冠軍，擁有曼谷首屈一指的技術。據說連國內外的名媛也紛紛私下來店光顧。

Grand Nail

別冊MAP ● P20A2

DATA ㊇BTS億甲邁站車程5分
㊟63, Soi 63 Sukhumvit Rd.
☎0-2714-1015 ㊋9時30分～19時(最終受理到18時)
㊡週一 需預約 Ⓔ Ⓔ

1.提供SPA美甲B550，附足浴SPA修甲B700（各60分）等療程
2.藝術美甲單指B60～

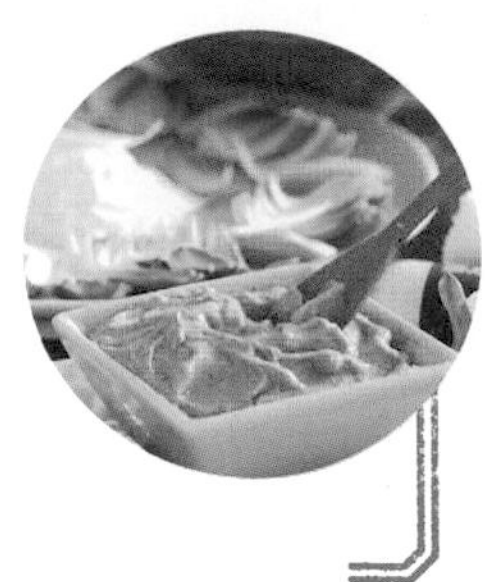

在高級飯店度過夢境般的美好時光

擁有超一流環境與技法的頂級飯店SPA

頂級飯店SPA提供奢華的空間與無微不至的周到服務，讓人忘卻日常生活的煩憂。
幾乎所有高級飯店均附設SPA，能以比日本低廉的價格享受高水準的療程項目。

是隆路 別冊MAP P17D2

●H曼谷都喜天麗酒店

Devarana Spa

優雅的內部裝潢與服務堪稱曼谷市內首屈一指

「Devarana」在梵語中意指「天國的庭園」。館內裝潢重現14世紀泰式水邊及拱門等，充滿奇幻色彩，彷彿置身另一個世界。本館的護理療程以「東西融合」為主題，尤其是按摩更是受到極高的評價。另外，每隔2個月會更換磨砂膏及浴池。

DATA 交BTS沙拉鈴站、MRT是隆站步行1分 住H曼谷都喜天麗酒店（→P112）1F ☎0-2200-9999（內線3204） 時9～22時（最終受理時間視療程而異） 休無
☑有諳英語的員工 ☑有英文版菜單
☑需預約

MENU
○Devarana Massage（90分，B3200）
○Devarana Body Scurb（60分，B2100）
○The Harmony of Tad Si-the Traditional Thai Medicine（120分，B3200）

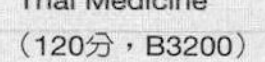

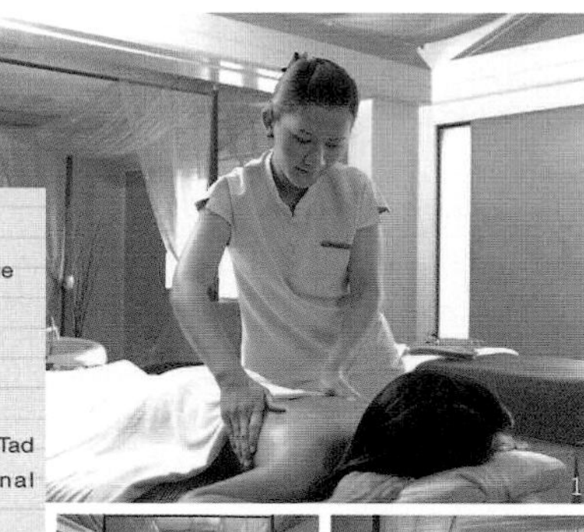

1.大有人氣的「Devarana Massage」為融合泰式古法按摩、阿育吠陀療法以及指壓等 2.館內共14間施術室，亦附浴池等 3.在館內接待區可聽到悅耳的流水聲 4.還能享受花浴

MENU
○The Eastern Blend Massage（60分～，B2500～）
○The Coconut Glow（身體去角質）（60分，B2000）

1.包括附室外按摩浴缸的VIP室在內，共8間施術室 2.接待區前方亦有販售沐浴露（B370）等自家品牌身體保養用品 3.本館基於土、水、風、火4大要素的概念，使用4種精油

暹羅周邊 別冊MAP P15C4

●H Hansar Bangkok Hotel

Luxsa Spa

以自古流傳的4大要素為基礎

本館採行泰國傳統療法的基礎——即4大要素（土、水、風、火）的觀念，用以調整身心平衡。此外，本館對使用的素材也相當講究，例如使用有機棉浴袍、特製咖啡豆磨砂膏等。

DATA 交BTS拉差丹利站步行5分
住10F Hansar Hotel, 3/250 Soi Mahadlekluang 2, Ratchadamri Rd.
☎0-2209-1236 時10～22時（最終受理到20時）
休無 URL www.hansarbangkok.com/luxsa
☑有諳英語的員工 ☑有英文版菜單 ☑需預約

小小知識 要注意高級SPA的取消預約費用。於預約時間前24小時取消免收取消費；沒有事先連絡而不到店的情況下，則需收施術費之50～100%的費用。每家SPA的規定各不相同，預約時一定要仔細確認。

享受飯店SPA的方法

盡享豪華設備與服務

在高級飯店附設的SPA，享受講究華美的館內裝潢與充實的設備也是樂趣之一。飯店SPA大多附設獨棟SPA及市中心的按摩沙龍所沒有的游泳池、桑拿與按摩浴缸，供做SPA的客人在施術前後自由使用。此外，由於是飯店直營，因此服務人員均經過飯店嚴格訓練，就算訪客沒有入住也能享受周到的服務，盡享優雅的氣氛。

暹羅 別冊MAP P15C4

●H曼谷君悅酒店

i. Sawan Residential Spa & Club

在度假小屋悠閒地享受SPA

佔地7000㎡，為曼谷市內規模最大的SPA，綠意盎然的室外泳池四周為療程用的平房。本館提供重視療癒、讓身體充滿能量等的按摩及套餐療程，可根據目的選擇療程。

MENU
- ○Essence of i.Sawan (60分～，B3200～)
- ○Hot Stone (90分～，B3900～)

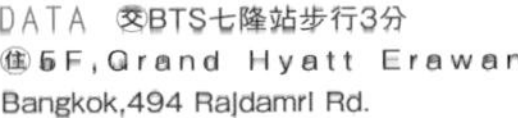

DATA 交BTS七隆站步行3分
住5F, Grand Hyatt Erawan Bangkok,494 Rajdamri Rd.
☎0-2254-6310
時9～23時(最終受理到21時45分)
休無
☑有諳英語的員工 ☑有英文版菜單
☑需預約

1.身體磨砂膏內添加水果等素材 2.可促進血液循環、消除疲勞的全身按摩 3.4.共6棟小屋，每棟都是單一包廂的施術室

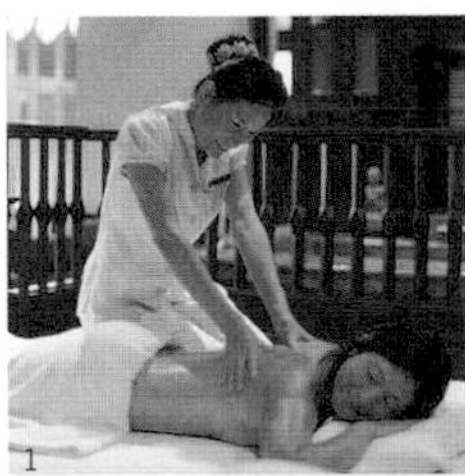

MENU
- ○THE ORIENTAL SIGNATURE TREATMENT (90分，B5000)
- ○TRADITIONAL THAI (60分～，B2900～)

昭披耶河西岸 別冊MAP P11C3

●H曼谷文華東方酒店

The Oriental Spa

為亞洲第一家正統SPA

來到本館，可在經復原的傳統柚木家屋中享受亞洲第一的護膚療程。而在別館的閣樓上，有通曉印度藥學與醫學的醫師在此常駐，亦可來此接受正統阿育吠陀療法。

1.芳香精油按摩與草藥球是極具人氣的護理療程 2.可在本館購買使用泰國草藥製的自家品牌SPA用品 3.裝潢華美的館內備有15間施術室

DATA 交H曼谷文華東方酒店的棧橋搭飯店專用船5分
住H曼谷文華東方酒店(→P110)對岸建地內
☎0-2659-9000(內線7440)
時9～22時(最終受理到20時)
休無
☑有諳英語的員工 ☑有英文版菜單 ☑需預約

用實惠的價格讓身心放鬆

以祕傳技法讓全身暢快!! 泰國古法按摩

約2500年前，按摩與佛教一同自印度流傳到泰國，以寺院為中心逐漸廣為流傳，發展為泰國傳統按摩。藉由刺激SEN（全身能量通道）及結合伸展操的技法，讓全身通體舒暢。

部份技法大公開

有感覺了～

↑同時推拿腳掌與大腿內側，這也是一連串療程開頭的技法

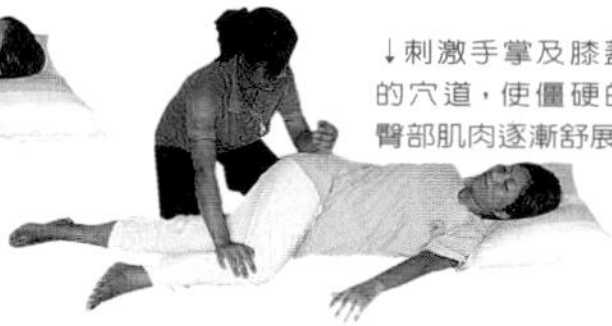

↓刺激手掌及膝蓋的穴道，使僵硬的臀部肌肉逐漸舒展

我已經到極限了…

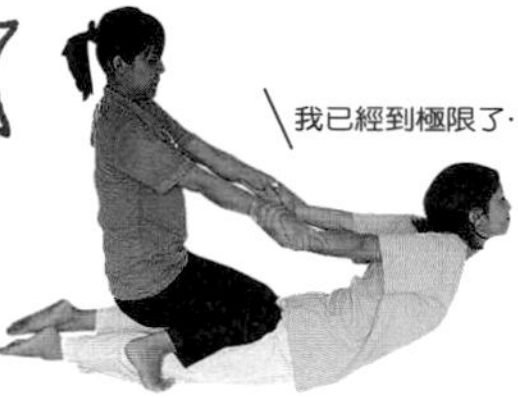

↑招牌腹直肌伸展。看起來好像很痛，不過別擔心，按摩師不會拉得太用力

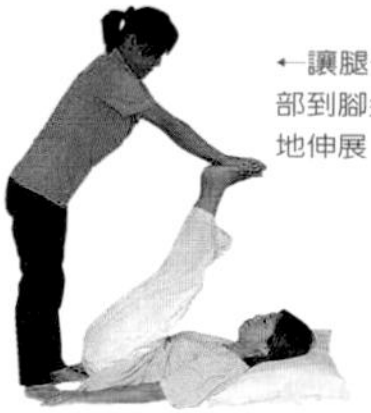

←讓腿部從臀部到腳尖緩慢地伸展

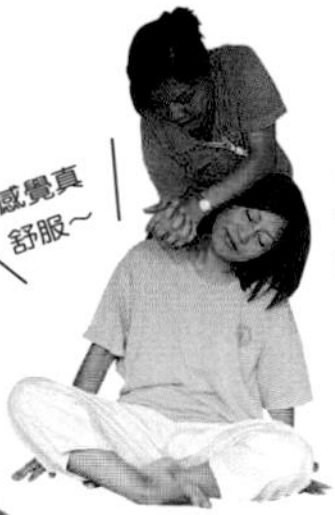

感覺真舒服～

←順著經絡逐漸伸展頸根到肩膀的肌肉

↑由按摩師躺在下方，協助做全身伸展

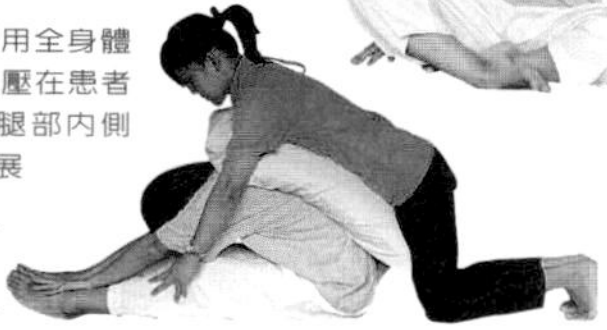

→按摩師用全身體重慢慢地壓在患者背上，讓腿部內側也得到舒展

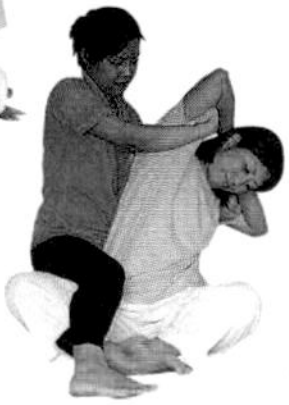

慢慢地有感覺了

←將雙手交叉在頭部後方，由按摩師扶住患者的左右手，使身體慢慢地向左右彎曲來調整上半身

不需事先預約。
本店備有更換衣物，
空手來店也OK。

按摩師
Suwimol小姐

蘇坤蔚路　別冊 MAP P19C3

臥佛寺按摩學校 蘇坤蔚校 直營店39

Wat Po Thai Traditional Medical School Sukhumvit Campus

唯一繼承宗家技巧

本店是由泰國古法按摩的大本營臥佛寺（→P80）直營校所經營。本店常駐的按摩師均受過嚴格的訓練，來此可平價享受使用傳統技巧所施行的按摩。

DATA ㊋BTS鵬蓬站步行3分 ㊟1/54-55 Soi 39 Sukhumvit Rd. ☎0-2261-0567 ㊐9時～22時30分(最終受理)，週五～日、國定假日為～23時(最終受理) ㊡無 Ⓔ🄴

MENU
- ○泰國古法按摩（60分～，B250～）
- ○足部按摩（60分～，B300～）
- ○去腳皮＋泰國古法按摩（120分～，B530～）

小小知識　店名有「臥佛寺」的正規按摩沙龍僅此一家，注意別跟其他店名類似的按摩沙龍混淆。飲酒後或懷孕期間應避免接受按摩，為了幫助施術後排出老廢物質，請多攝取水分。

Asia Herb Association

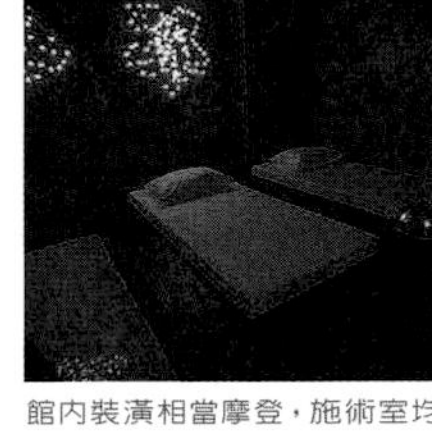

館內裝潢相當摩登，施術室均為包廂

使用自然素材進行療程

除了由持有泰國國家證照的治療師進行泰國古法按摩（60分～，B500～）外，以自家有機農園所栽種的天然藥草製成的草藥球療程，也是本館自豪的招牌療程。

DATA ⓧBTS沙拉鈴站步行5分 ⓘ30 Patphong Rd. ☎0-2236-1111 ⓗ9時～翌2時(最終受理到24時) ⓡ無 E E

蘇坤蔚路 別冊 MAP P18B1

Health Land

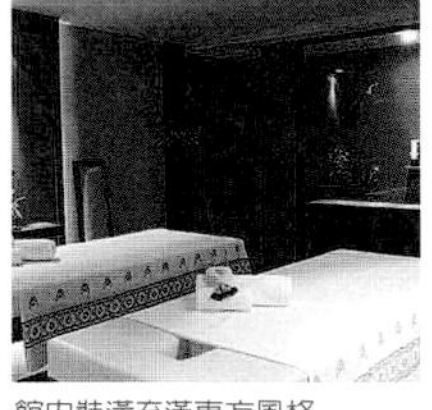

館內裝潢充滿東方風格

曼谷市內擁有7間分店的人氣SPA

本館為獨棟SPA，氣氛奢華、價格實惠是本館的一大魅力。除了提供泰國古法按摩（120分，B500）外，亦可搭配足部按摩、草藥球、頭部按摩、臉部護理等療程。

DATA ⓧBTS阿速站、MRT蘇坤蔚站步行10分 ⓘ55/5 Sukhumvit 21 Rd. ☎0-2261-1110 ⓗ9～24時(最終受理到23時) ⓡ無 E E

Phussapa Thai Massage

本館正面玄關極具巧思

為專門學校直營店 技巧有口皆碑

本館是經泰國教育部認證的按摩專門學校附設沙龍，有精通理論與技術的按摩師常駐。除了提供泰國古法按摩（60分～，B300～）外，由校長親自傳授的草藥球療程也很值得一試。

DATA ⓧBTS鵬蓬站步行5分 ⓘ25/8 Soi 26, Sukhumvit Rd. ☎0-2204-2922～3 ⓗ11～23時(最終受理時間視療程而異) ⓡ無 E E

Sumalai Spa & Massage

態度親切的工作人員讓你賓至如歸

深受曼谷當地日本人的喜愛

這家沙龍的店長以前曾經營一間以身體去角質及臉部按摩為主的人氣美容室。館內充滿居家氣氛，並提供泰國古法按摩（120分，B600）等多樣化的療程項目。

DATA ⓧBTS通羅站步行7分 ⓘ159/13-14 Soi Thonglo, Sukhumvit 55 Rd. ☎0-2392-1663 ⓗ10～24時(最終受理到22時) ⓡ無 E E

King & I Spa Massage

坐在柔軟的皮椅上做足部按摩

摩登時尚的氣氛與精確的技術

本館除了提供泰國古法按摩（60分～，B400～）外，亦提供足部、芳香精油等按摩療程。館內的裝潢極具高級感，但費用實惠，因此有不少常客。

DATA ⓧBTS阿速站、MRT蘇坤蔚站步行3分 ⓘ1F Sukhumvit Plaza, 212/8 Soi 12, Sukhumvit Rd. ☎0-2653-0700 ⓗ10～24時(最終受理到23時) ⓡ無 E E

Ruen-Nuad Massage Studio

亦有可眺望綠景的按摩室，氣氛相當清爽

在獨棟按摩沙龍放鬆身心

這間沙龍於屋齡70年的古民家營業，將屋內大大小小的房間作為按摩室。除了提供泰國古法按摩（30分～，B250～）外，亦有提供芳香精油按摩B700（60分）。

DATA ⓧBTS沙拉鈴站步行6分 ⓘ42 Convent Rd. ☎0-2632-2662 ⓗ10～23時(最終受理到21時) ⓡ無 E E

一試成主顧！

借助泰國藥草的力量變美麗家居SPA產品

曼谷市內擁有不少家SPA專門品牌，專售使用藥草與水果等製成，讓人在家就能享受SPA氣氛的護膚及沐浴用品。下面介紹幾家去曼谷非逛不可的SPA品牌專賣店。

A 泰國最具代表性的高級SPA用品

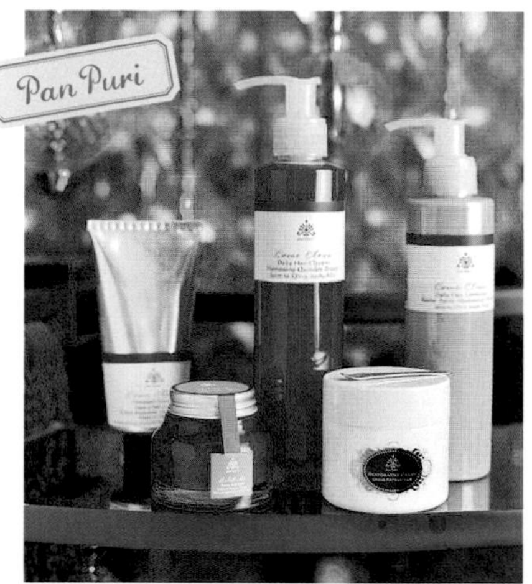

從右前方起依順時針方向，依序為Restorative Cream B4000、木瓜酵素去角質B1550、清新茉莉石榴護手指緣霜B890、添加茉莉精華與橄欖油的清新洗髮露＆清新護髮乳各B540

B 添加泰國藥草增添效果

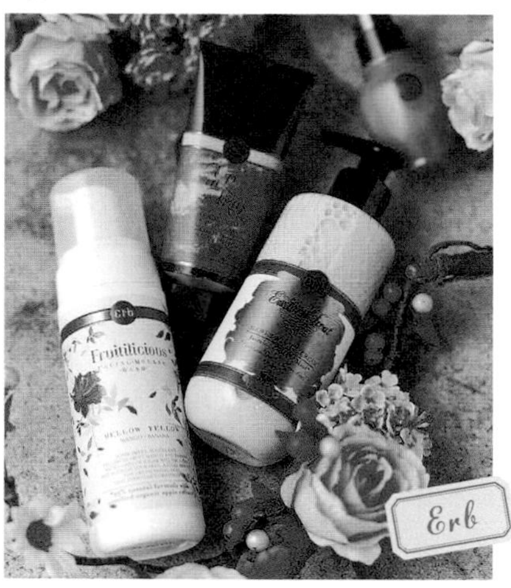

從左到右依序為新鮮洗顏慕絲B690、腋下深層亮白調理膜B750、散發芒果與香蕉香味的沐浴身體乳B650、使用蓮花及茉莉等100%自然素材的七色花臉部精華B2190

A Pan Puri

暹羅 /別冊MAP ● P15C3

廣受全球高級飯店及SPA使用的高級SPA品牌。所有產品均是使用契約農家所栽種的茉莉、檸檬草等素材。由公司專屬設計師所設計的產品包裝也深受不少粉絲喜愛。

DATA 交直通BTS七隆站 住Gaysorn（→P87）LF &2F ☎0-2656-1199 時10～20時 休無 E

B Erb

暹羅 /別冊MAP ● P14B3

Erb的創辦人Pattree自幼即相當熟悉泰國藥草，該品牌的特色是融合數種藥草以發揮素材最大的功效，推出的護膚產品等也深受肯定。

DATA 交直通BTS暹羅站 住Siam Paragon（→P86）4F ☎0-2690-1000（代） 時10～22時 休無 E

C Pranali

暹羅 /別冊MAP ● P14B3

受到SPA專門雜誌《Spa Asia》極高評價的知名SPA品牌「Pranali」附設的專賣店。該品牌推出使用泰國黑米、蘇梅島產椰子、南國水果龍眼等的系列商品，用起來舒適不刺激。

DATA 交直通BTS暹羅站 住Siam Paragon（→P86）3F ☎0-2610-9596 時10～20時 休無 E

「Pan Puri」、「Pranali」、「Thann」、「Harnn」等SPA品牌專賣店均附設SPA，可在此享受使用自家產品進行護理療程。例如可在「Harnn」做全身按摩B1800～（60分）等，需預約。

Karmakamet

暹羅 別冊MAP P15C3

泰國的高級芳香精油專賣店，在世界各地都擁有該品牌的愛好者。其品牌精油都是使用嚴選植物，經約100次精製抽出而製成，除了以亞洲風情為主的乾燥花等居家用品外，還有身體護膚用品。

DATA 交BTS七隆站步行5分 住Central World(→P87) 3F ☎0-2613-1397 時10～22時 休無 E

1.傳統香包B360。混合丁香、肉桂等香料的人氣系列商品 2.香氛蠟燭B520。此為檸檬草與薄荷香味，使用天然蠟及天然棉芯製成

C Pranali

堅持使用有機素材

從右前方起到後方，依序是天然檸檬草手工皂B155、茉莉天然美白沐浴露B400、Sinin Rice Purifying Body Scrub B1050、草藥球B380

D Mt. Sapola

家居SPA的先驅

從右前方依順時針方向：薑與檸檬草頭皮按摩精油B480、檸檬草沐浴身體磨砂膏B550、Sweet Dream沐浴鹽B400、檸檬草純天然手工皂B90～

E Thann

融合頂級素材與最新科學

自中央前方起依順時針方向：東方系列芳香精油B1850、純米護手霜B790、潤膚乳液B750、香木系列沐浴精B550

F Harnn

以米為基底感覺溫和不刺激

從右前方起依順時針方向：黑米&炭精油皂B190、清新茉莉系列護手霜B790、東方藥草系列身體乳B1120、經典系列滋養身體乳B1650

D Mt. Sapola

暹羅/別冊MAP ● P14B3

創業於1997年，原先是以使用天然素材製成的天然肥皂起家。旗下推出「檸檬草」、以薰衣草為基底的「Sweet Dream」等招牌人氣系列商品，各有不同的功效與香味。

DATA 交直通BTS暹羅站 住Siam Paragon(→P86) 4F ☎0-2129-4369 時10～22時 休無 E

E Thann

暹羅/別冊MAP ● P15C3

該品牌的商品是結合皮膚科學與芳療方式所製成，並廣受國內外飯店所使用。推出米、紫蘇等自然素材系列商品。另外，該品牌的產品包裝也曾榮獲優良設計獎。

DATA 交BTS七隆站步行1分 住Gaysorn(→P87) 3F ☎0-2656-1399 時10～20時 休無 E

F Harnn

暹羅/別冊MAP ● P14B3

以泰國傳統草藥療法為基底，全系列產品均添加萃取自含3種維他命E的稀少米「水稻」製成的米糠油。另外，以取得專利的製法所萃取之小麥胚芽油製成的肥皂也是人氣商品。

DATA 交直通BTS暹羅站 住Siam Paragon(→P86) 4F ☎0-2610-9715 時10～22時 休無 E

吃一口就覺得好幸福♥

補充維他命讓你更美麗！水果&南國甜點

四季如夏的曼谷是可口熱帶水果的天堂。除了超人氣的芒果甜點外，還有多種水果製成的冰淇淋與飲品，可幫助肌膚補充維他命！

法式布丁
B 240
在添加干邑白蘭地的自家製布丁上，擺上超過10種以上的水果 Ⓐ

芒果倫巴 B 95
在粉圓上加上滿滿的芒果布丁與當令水果 Ⓓ

水果系

芒果探戈 B 140
在熟透的芒果上擺上特製芒果布丁與芒果冰淇淋，是超人氣甜點 Ⓓ

綜合水果可麗餅
B 239
在夾入香蕉與鮮奶油的可麗餅上，擺上芒果等水果做裝飾 Ⓒ

Parden
水果聖代
B 185
在百香果雪酪上擺上8種以上的水果 Ⓐ

Ⓐ Parden

蘇坤蔚路／別冊 MAP ● P19D2

由泰國籍店長與日本妻子一起經營的鮮果甜品店。擺滿當令水果的甜點，使用的都是經過嚴選的有機食材，連冰品與布丁也是特製的。另外，雜貨專櫃也很值得一看！

DATA ㊋BTS鵬蓬站步行7分 ㊟The Manor 2F, 32/1 Sukhumvit Soi 39 ☎0-2204-2205 ㊎11時～17時45分(LO17時) ㊡週一、其他不定 ⒺⒺ

Ⓑ Tropical Monkey

暹羅周邊／別冊 MAP ● P15D3

由泰國籍姊妹花手工製的冰淇淋極具人氣。店內隨時備有約35種使用當令水果所製成的新鮮冰淇淋與雪酪，1球B85～。另外，也很推薦冰淇淋搭配烘焙點心所做的甜點喔。

DATA ㊋BTS奔集站步行1分 ㊟Central Embassy（→P87）5F ☎0-2160-5788 ㊎10～22時 ㊡無 ⒺⒺ

Ⓒ iberry

暹羅周邊／別冊 MAP ● P14B3

這家是使用泰國產新鮮水果製成的冰淇淋與雪酪專賣店。店內隨時備有約50種的冰品，並隨季節更換，每種都能嘗到素材原有的風味！另外本店還有多達約25種蔬果昔（B115～），也很值得一試。

DATA ㊋BTS暹羅站步行1分 ㊟Siam Paragon（→P86）GF ☎0-2610-7549（代） ㊎10～22時 ㊡無 ⒺⒺ

街角有販售芒果及西瓜等南國水果的攤販，適合在炎炎夏日補充水分與營養。只要用手指出想買哪種水果，攤販就會當場幫你切好裝袋。每種售價約B30。在芭樂等上抹鹽是招牌吃法。

自然素材製成的傳統甜點

泰國傳統甜點大多使用椰奶、香蕉、綠豆等材料製成，其特徵是甜味溫和、帶有古早味。另外，類似紅豆湯的甜點也不少。

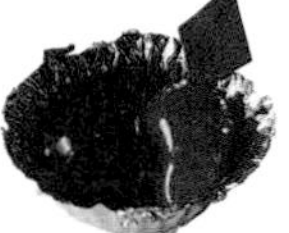

Luk Chup
B 7～（2個）
最常見的是水果形狀。內包綠豆餡做成類似練切和菓子般的甜點 F

Kanom Krok
B 130
使用椰奶與米粉製成麵糊，經烘烤而成的甜點 E

Tab Tim Krop
B 130
以果凍包裹慈姑果實後，再倒入椰奶 E

香蕉椰奶
B 130
將香蕉放入椰奶內燉煮而成，味道微甜，口感樸實 E

水果冰系

Less Guilty Sundae
B 325
從百香果、泰式紅茶等口味冰淇淋任選5種，並佐上當令水果 B

3球冰淇淋 B 180
照片是芒果牛奶、天堂茶、香蘭葉口味。可任選自己喜歡的口味 C

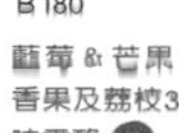

3球雪酪
B 180
藍莓&芒果、百香果及荔枝3種口味雪酪 C

Breakfast Parfait
B 185
在優格冰淇淋上灑上穀麥與香蕉 B

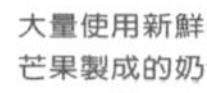

Mango Swing
B 60
大量使用新鮮泰國產芒果製成的奶昔。喝一口，芒果自然的甜味就會在口中擴散 D

飲品系

香蕉草莓優格
B 115
使用香蕉、草莓與優格打成爽口的蔬果昔 C

荔枝Aloha
B 115
使用荔枝及奇異果打成蔬果昔，充滿熱帶水果的風味 C

D Mango Tango

暹羅／別冊 MAP ● P14B3

芒果甜點專賣店，是帶動曼谷興起一股水果甜點風潮的先驅。使用經過嚴選的泰國產熟透芒果所做的甜點、冰品及飲品全都超人氣，終日大排長龍！

DATA ㊇BTS暹羅站步行2分
㊓Siam Square Soi 3
☎08-1619-5504
㊐12～22時
㊡無 E E

E Erawan Tea Room

暹羅／別冊 MAP ● P15C3

H曼谷君悅酒店所經營的咖啡廳&餐廳。提供摩登洗練的泰式路邊小吃菜色，除了麵類及單點菜色外，還有各式甜點，從傳統到創新應有盡有。

DATA ㊇BTS七隆站步行1分
㊓2F, Erawan Bangkok Boutique Mall, Rajdamri Rd. ☎0-2254-1234（代）
㊐10～22時
㊡無 E E

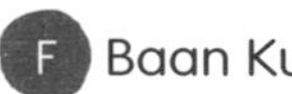

F Baan Kuwan

曼谷東南部／別冊 MAP ● P5D4

以米粉及椰奶製成的泰國傳統甜點「KANOM」專賣店。共有水果及花等約50種形狀，為一口大小，顏色及形狀也相當可愛！任選9個盒裝B80～。

DATA ㊇BTS拍崑崙站步行3分
㊓1040/24, Soi 44/2 Sukhumvit Rd. ☎0-2392-6698 ㊐8～18時
㊡無 E

Tiger Herbal Drink
B17
以Tiger Herbal（崩大碗）製成的飲品，相當於泰國版的青汁！B

[功效]
消便秘、美肌

[功效]
美肌、防貧血、促進消化

Mind Reload
B165
芒果、百香果及優格所打成的蔬果昔 A

石榴汁
B18
富含維他命與多酚，人氣正急速上升。口感如草莓般酸甜 C

[功效]
美肌、消水腫

從體內煥然一新！

養顏美容的「美容飲品」

在曼谷可以喝得到各式各樣健康飲品，像是添加泰國香草的果汁、使用熱帶水果現打的蔬果昔等！

檸檬草&香蘭葉飲
B17
帶有檸檬草的清爽香氣。香蘭葉外型如同竹葉，帶有爽朗的芳香 B

[功效]
紓壓、整腸

[功效]
消水腫、防便秘

Cool Me Down
B145
西瓜、洋梨、膳食纖維、蘆薈一起打成的果汁 A

[功效]
防潮紅及感冒

Grass Jelly Drink
B17
添加紫蘇科藥草仙草。口感Q軟，宛如喝的果凍般 B

[功效]
促進消化

羅望子汁
B16
將泰式料理常用的豆科植物羅望子打成果汁，喝起來甜味如同黑糖般，相當爽口 C

A Mad About Juice

暹羅／別冊 MAP ● P14B3

將新鮮水果與優格等現場打成果汁的外帶飲料專賣店。提供約40種口味飲品，添加蛋白或膳食纖維等營養素須加B35～45。

DATA ㊂直通BTS暹羅站
㊟Siam Paragon（→P86）GF ☎0-2690-1000（代）
㊋10時～20時30分 ㊡無
EE

B Soontra

位於BTS站內的飲料店。隨時備有芭樂、檸檬草等17種飲品，喝得到素材新鮮原味，因此深受歡迎。採方便飲用的小瓶裝。BTS七隆站等主要車站均有分店。營業時間7～20時（週六、日為8時～）。

C 7-11
Seven Eleven

眾所熟悉的便利商店，在曼谷到處都有分店。外觀及店內裝潢幾乎與我國相同，飲料專櫃有各式飲品，也有許多果汁及椰子汁等飲品。

小小資訊
曼谷到處可以看到販售現榨柳橙汁的攤位，味道比較酸，口感清爽，並富含維他命C。大熱天在街上逛累時，很適合買來消除身體疲勞。1杯約B20。

美食

由辣椒與香草交織出口味刺激的義式料理，

你可以在知名餐廳品嘗秀色可餐的佳餚，

亦可到小吃店大快朵頤在地美食。

別忘了還有南國水果喔☆

聲名遠播的泰式餐點

世界三大湯品之一 I LOVE ♥泰式酸辣蝦湯

提到泰國的湯品，最有名的莫過於泰式酸辣蝦湯，可以享受到香草的清爽香味與鮮蝦的濃醇美味交織成又酸又辣、刺激舌蕾的滋味。

Nara

B 370

經過幾番研究後做出的好味道

由泰國知名女性料理研究家Yuki Narawadee所創辦的泰國菜餐廳。本店提供許多一直以來深受眾人喜愛的招牌泰國菜，不但掌握每道菜的精髓，同時以現代方式重新呈現。料理的擺盤相當精緻，充分發揮女性特有的敏銳美感。

1.洋溢著濃濃的檸檬草與萊姆香，酸味恰到好處的泰式酸辣蝦湯。可嘗到充滿河蝦精華的濃醇滋味　2.設有不少少數人用的桌位，可不受拘束地走進店內。另設有露天座位

DATA　㊋BTS七隆站步行5分
㊟Central World(→P87) 7F　☎0-2613-1658
㊐10～22時　㊡無
☑有諳英語的員工　☑有英文版菜單　□需預約

＼副菜菜單／
將辛辣的碎豬肉沙拉「拉帕」揉成球狀酥炸而成的拉帕肉球B175

The Local by Oamthong Thai Cuisine

知名餐廳重新開張

歷代泰國總理及各界名流名媛經常蒞臨的知名泰國菜餐廳「Oamthong」於2012年遷移，並重新開幕。本餐廳提供嚴選新鮮素材所做的傳統泰式料理。另外，店內亦附設展示器皿與農具的迷你博物館。

1.添加肥碩的河蝦及數種藥草，散發一股藥草香，是道口感相當爽口的泰式酸辣蝦湯。2～3人份B280　2.使用2棟洋風宅邸作為餐廳，空間相當寬敞。亦有包廂

DATA　㊋BTS阿速站步行5分
㊟32-32/1 Sukhumvit 23　☎0-2664-0664
㊐11時30分～14時30分、17時30分～23時30分
㊡週一
☑有諳英語的員工　☑有英文版菜單　□需預約

＼副菜菜單／
可一次品嘗5道人氣菜色的前菜拼盤B250

泰式酸辣蝦湯（Tom Yum Goong，又稱為冬蔭功湯）在泰文中原是指煮（tom）、拌（yum）及蝦（goong）的意思。根據添加的配料，另有Tom Yum Kha Mu（豬肉湯）、Tom Yum Taleh（海鮮湯）、Tom Yum Gai（雞肉湯）等。

泰式酸辣蝦湯不可或缺的材料

藥草類

基本上以檸檬草、薑、萊姆、前葉橙葉、辣椒5種為主。食用時，先將藥草挑出比較方便食用。

菇類

使用草菇。新鮮的草菇吃起來有嚼勁，且香味濃郁。

蝦

正統作法是使用河蝦（Gun Menam）。醇厚的蝦膏溶於高湯中，使湯頭味道更有深度。

暹羅周邊 別冊MAP P15C2

Thai On 4

好入口的正統泰國菜

由知名泰籍設計師所打造的摩登泰式裝潢，以及手藝高超的泰籍主廚所烹調的泰式料理深受好評。本餐廳在大量使用新鮮藥草與香料之餘，仍不忘以「外國人接受度高的美味料理」為理念。

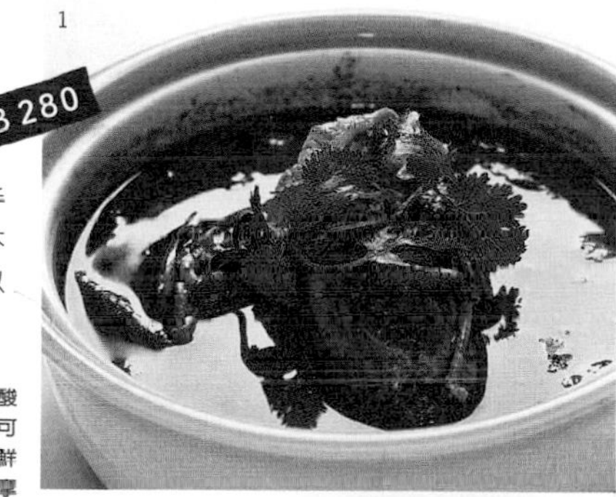

1.酸辣平衡拿捏得恰到好處的泰式酸辣蝦湯。使用紅色與綠色辣椒，亦可選擇添加椰奶的湯頭　2.店內的鮮花、繪畫、陶器等空間設計也相當摩登時尚

DATA　交BTS七隆站步行15分
住847 Phetchaburi Rd., Amari Watergate Hotel & Spa 4F
☎0-2653-9000　時11時30分～14時30分、18～23時
休無
☑有諳英語的員工　☑有英文版菜單　☐需預約

＼副菜菜單／

甜味恰到好處的泰式炒麵「金邊粉」B260也是人氣菜色

蘇坤蔚路 別冊MAP P18A1

Gallery 11

呈現令人驚喜的泰式風格

以古老木造民家作為店面，營造出泰式居家氣氛。店內提供用椰殼盛裝泰式酸辣蝦湯等多種料理，每一道都能感受到手工製特有的溫暖。店內服務人員身穿大城王朝時代的民族服飾，充滿泰國民族性色彩。

1.以椰殼盛裝的泰式酸辣蝦湯。可刮下內側白色的果肉，與充滿河蝦鮮美精華的湯頭一起享用
2.小而美的店面。露天座位也相當有人氣

DATA　交BTS那那站步行5分
住1/30 Soi Sukhumvit Rd.　☎0-2651-2672
時17～24時　休無
☑有諳英語的員工　☑有英文版菜單
☐需預約

＼副菜菜單／

綠咖哩（B145）及鳳梨炒飯（B180）。盛裝咖哩的容器為泰國傳統的琺瑯製便當盒「pìn too」

祕傳的香料是關鍵

果然要到當地品嘗！泰式咖哩最終版

泰式咖哩可分成三種：以紅辣椒為底的紅咖哩、以綠辣椒為底的綠咖哩、以薑黃為底的黃咖哩。近來，瑪莎曼咖哩的人氣也正逐漸上升！

是隆路 別冊 MAP P17C1

Ruen Urai

在古民家享用皇宮傳統味

這家餐廳以拉瑪5世時代（19世紀後半～）的古老高床式木造建築作為店面，店內氣氛相當優雅。主廚曾長年在曼谷皇宮掌廚，手藝高超，從咖哩到根據傳統食譜製作的精緻泰式餐點均受到好評。

DATA ⓧBTS沙拉鈴站步行10分
㊟The Rose Hotel 建地內，118 Surawongse Rd.
☎0-2266-8268～72
㊕12～23時 ㊡無
☑有諳英語的員工 ☑有英文版菜單
☐需預約

＼副菜菜單／

前菜拼盤B300～500。辣拌鮪魚是獨創菜色

位於面對充滿綠意的中庭及泳池的1樓用餐區

瑪莎曼咖哩
Gaeng Massamun

特徵是辣度較低，吃得到椰奶的甜味，一般材料為牛肉或雞肉、馬鈴薯、堅果等。由於深受泰國南部伊斯蘭教徒的喜愛，又稱為「伊斯蘭風咖哩」。

瑪莎曼咖哩B300。吃得到椰奶的自然甜味，聞得到清爽的萊姆與檸檬草香氣

暹羅周邊 別冊 MAP P15C1

Once Upon A Time

在古民家享受泰式家庭味

這家餐廳是以木造獨棟民屋當作店面，饒富情趣。你可在擺設古董木桌及木椅的飯廳，品嘗每一道精心烹調的泰式家庭料理。大量使用藥草的咖哩是最受歡迎的人氣菜色。

DATA ⓧBTS拉差貼威站步行15分
㊟32 Soi 17 Petchburi Rd.
☎0-2252-8629
㊕11～23時
㊡無
☑有諳英語的員工 ☑有英文版菜單
☐需預約

＼副菜菜單／

柚子沙拉（Yam som-o）B195.25。祕方是添加堅果

店內保有相館的痕跡，到處可見陳舊的照片

紅咖哩
Gaeng Pett

將泰國產紅辣椒搗成泥狀作為基底，湯頭呈鮮紅色、帶有強烈辣味為主要特徵。一般常使用的材料為牛肉、雞肉、鴨肉及海鮮類。有時也會添加南瓜。

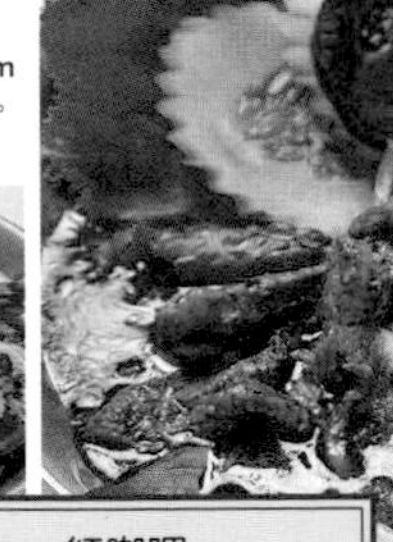

紅咖哩雞B197.50。濃稠醇厚的醬汁帶出香草的香氣，能讓雞肉味道更鮮美

小小知識 點咖哩時通常都會附白飯。除了一般白飯外，有些店也會提供古代紅米及染色的茉莉香米等以供選擇。另外，用印度拋餅沾咖哩食用是一般吃法。有些店可另點白飯或印度拋餅。

泰式咖哩常用的香料與香草

紅辣椒（Prik Kee Noo）
尺寸較小的辣椒，在眾多的辣椒種類當中味道最辛辣。也有綠色品種

綠辣椒（Prik Chee Fah）
味道溫和不辣，由於顏色鮮艷，常用於製作綠咖哩等料理

胡椒籽（Prik Thai）
在泰國，主要是將生胡椒籽搗成泥狀再加入咖哩。帶有些微辛辣

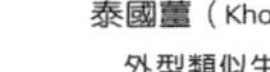

泰國薑（Khaa）

外型類似生薑，但香味較強。在各種咖哩醬都會添加

檸檬草（Takhrai）
對泰國人而言有如高湯般的存在。製作咖哩時當然也會使用

牛肉綠咖哩＆印度拋餅B110。本店是用印度拋餅佐咖哩的始祖店

綠咖哩
Gaeng Kiew Warn

添加綠辣椒泥，因此湯頭呈綠色。「Warn」在泰文中意指「甜味」，不過吃起來一點也不甜。配料以雞肉或牛肉最常見，並加入水茄。

＼副菜菜單／
口感滑順的蒸魚糕
Ho Mok Pla B60

自家製的法式長棍麵包、蛋糕及派也相當有人氣

是隆路 別冊MAP P16A3 Kalapapruek

綠咖哩的首選名店

這家餐廳以綠咖哩聞名，並附設烘培坊。店內裝潢以白色木造建築為基調，鄰近的粉領族常來店光顧。在Central World（→P87）等亦設有分店。

DATA ⊗BTS素拉剎站步行5分
㊟27 Pramual Rd.
☎0-2236-4335
㊐8～18時（週日～15時）
㊡無
☑有諳英語的員工 ☑有英文版菜單
☐需預約

雞肉黃咖哩B350。帶骨的雞肉肉質柔軟，煮得鬆軟的馬鈴薯也相當美味

黃咖哩
Gaeng Curry

因添加大量薑黃，因此湯頭呈黃色。最常見的食材是雞肉與馬鈴薯，有時也會添加鳳梨。味道溫和，帶有一股輕柔的甜味。

＼副菜菜單／
甜點就決定是椰奶冰淇淋（B240）

這間餐廳位於飯店內，時尚摩登的裝潢深受女性顧客的好評

暹羅周邊 別冊MAP P15D4 Smooth Curry

香料比例絕妙的正統咖哩

如同店名所示，這是一間以咖哩自豪的名店。由專門調理咖哩的主廚將生藥草與香料完美調配，創造出獨家口味。可調整辣度，配料種類也相當豐富。

DATA ⊗BTS奔集站步行3分
㊟Plaza Athenee Bangkok, A Royal Meridien Hotel 3F, 61 Wireless Rd.
☎0-2650-8800 ㊐11時30分～14時30分、18時～22時30分（週六、日僅供應晚餐） ㊡無
☑有諳英語的員工 ☑有英文版菜單
☐需預約

呼朋引伴來吃熱騰騰的火鍋

配料豐富♪ 泰式什錦火鍋Thai Suki

泰式什錦火鍋的發祥地在曼谷中國城，是在中式高湯加入肉類、蔬菜、點心等配料煮熟後食用的鍋類餐點。雖然在泰國菜餐廳也能嘗到，不過既然來到曼谷，當然要到專賣店好好品嘗。

火鍋料每盤B50～180，4人份以B1200左右為基準。包括鮭魚及淡菜等海鮮素材、澳洲產牛肉等特選火鍋料，應有盡有

暹羅 別冊 MAP P14B3 MK Gold

高檔的泰式什錦火鍋專賣店

由泰國的超人氣泰式什錦火鍋連鎖店「MK」所開設的高級火鍋店。店內氣氛奢華，以金與紅為基調，可在華美的吊燈下品嘗美味的泰式什錦火鍋。經過嚴選的新鮮蝦蟹及牛肉片等火鍋料備受好評。此外亦提供烤肉等單點菜色，請務必點來嘗嘗。

醬料以辣椒醬（上）及芝麻醬（下）為主流。亦有魚醬及醬油等

本店位於大型購物中心內，深受年輕人喜愛

DATA ㊛BTS暹羅站步行2分
㊟Siam Paragon(→P86)GF
☎0-2610-9336 ㊕10～22時 ㊡無
☑有諳英語的員工 ☑有英文版菜單
☐需預約

\ 副菜菜單 /

烤鴨（小） B200

大多點來當作前菜。偏甜的醬汁與鴨肉相當對味，是道人氣菜色

小小知識 火鍋的湯頭減少時，可請服務人員加高湯。泰式什錦火鍋的收尾當中，最受泰國人喜愛的是「烏龍麵」，火鍋料的美味精華全都滲入高湯，吃起來相當美味。亦可點油麵或白飯等。

Coca Suki Restaurant

品嘗老店的雙重湯頭

這間泰式什錦火鍋專賣店不但內部裝潢時尚摩登，並選用上等食材，使泰式什錦火鍋的味道更上一層樓。本店使用鴛鴦火鍋，可一次品嘗2種湯頭，讓泰式什錦火鍋變得更有趣。

火鍋料每盤B48～98。4人份以B1000左右為基準。可點雞湯底的廣式高湯及四川式的辣高湯鴛鴦鍋。

店內裝潢以紅與黑為基調，相當時髦

DATA ⊗BTS沙拉鈴站步行10分
㊟8 Soi Anumarnratchathon, Surawong Rd. ☎0-2238-1137
㊕11～14時、17～22時（週日11～22時） ㊡無
☑有諳英語的員工 ☑有英文版菜單 □需預約

Texas Suki

堅持守護傳統味的火鍋名店

這家老店位於泰式什錦火鍋的發源地中國城內，至今仍保有發祥時的傳統味道。本店的特徵是，除了一般火鍋料外，亦提供種類豐富的中式高湯及港式飲茶點心等火鍋料。價格也相當平價，深受當地居民的喜愛。

相當平民化的店面，味道卻相當正統。白天亦提供港式飲茶

火鍋料每盤B35～60。4人份以B800左右為基準。清澈見底的清湯擁有不少支持者。約有70種火鍋料。

DATA ⊗MRT華藍蓬站步行15分
㊟17 Texes Carpark Padundao Rd.
☎0-2223-9807 ㊕11～23時 ㊡無
☑有諳英語的員工 ☑有英文版菜單 □需預約

何謂Thai Suki？

其名稱源自日本的壽喜燒（Suki-yaki），類似日本的什錦火鍋，另外也有源自中國廣東地方火鍋的說法。其特徵是火鍋料種類衆多，可自行調整醬汁口味，怕辣的人也能放心享用。

主要火鍋料

非套餐菜色，可點自己喜歡的火鍋料各一盤。

牛肉
稍厚的紅肉是火鍋料的主流，近年來亦出現涮涮鍋用的牛肉薄片

螃蟹
新鮮螃蟹是奢侈的食材，蟹鉗部份相當美味，可熬出鮮美高湯

肉丸
使用生豬絞肉製成。另有蝦丸及花枝丸等

蝦
帶殼的黑虎蝦是高級品。亦有去殼的小蝦等

空心菜
略帶苦味的蔬菜，是泰式什錦火鍋不可或缺的火鍋料之一

菇類
生草菇、平菇及鴻喜菇等。可熬出美味的高湯

高湯

因店而異，以豬骨及魚乾熬製而成的清湯為主流。除了只提供單一高湯的火鍋店不能挑選湯頭外，有些店會提供辛辣的「麻辣湯」等湯頭供顧客選擇。高湯的價位從免費～B50左右。

醬汁

一般會提供辣椒與香草製成的泰式海鮮醬，其他尚有辣椒醬、芝麻醬、魚醬等，可享用自己喜歡的口味。

便宜、快速、又美味

麵類王國的絕品★麵食任君挑選

泰國人酷愛吃麵，一天三餐至少有一餐是麵食。街道上也有不少麵食專賣店，有點餓時、午餐或是宵夜等都能立即享用。下面就來介紹當地超人氣的必吃麵食！

湯麵

泰國麵的主流。以獨特湯頭為特徵，先以豬骨熬製的高湯為基底，再加入Tom Yum（辣椒與藥草風味）、Nam Tok（添加豬血）、Tun（五香風味）等。

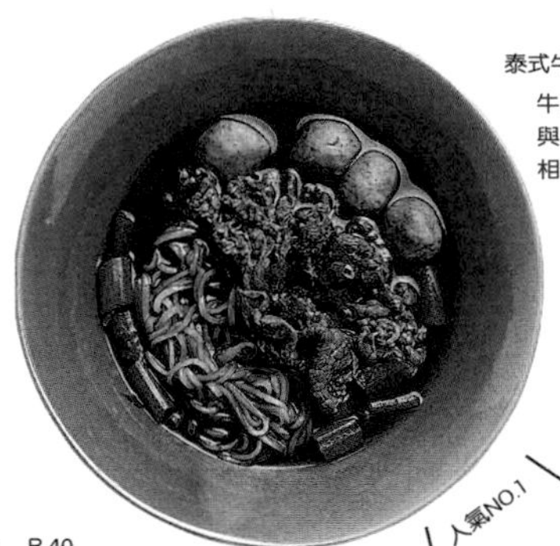

人氣NO.1

泰式牛肉湯麵　B 95

牛肉湯麵。肉質柔軟的牛肉薄片與洋溢著香料及香草香氣的湯頭相當對味 B

泰式酸辣烏龍麵　B99

這是將近來在泰國人氣正夯的烏龍麵做成泰式風味的酸辣湯麵 E

流行

沾麵

椰奶魚咖哩麵線　B79

泰式麵線。將麵線沾上添加椰奶的魚湯食用，溫和的口感深受女性顧客喜愛 A

泰北金麵　B 40

一種咖哩湯麵，為清邁名產。使用經油炸的蛋黃寬扁麵 C

泰國北部名產

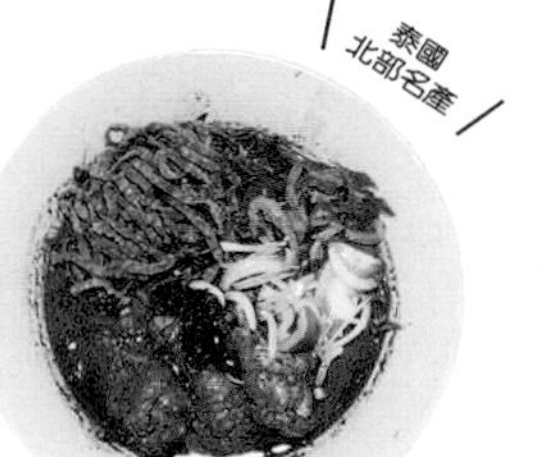

招牌

豬血船粿條　B 35

即豬血湯麵。吃起來帶有獨特的醇厚感，滋味豐富的湯頭會讓人上癮。上面會灑上大量香菜 C

A Kanom Chine Bangkok

暹羅周邊／別冊 MAP ● P7D4

泰式麵線連鎖專賣店。採用將麵線沾咖哩、泰式酸辣蝦湯等味道濃厚的湯汁後食用的沾麵吃法，深受年輕人喜愛，店裡總是相當熱鬧。

DATA　㊋BTS國家運動場站步行5分
㊟1F Lotus Rama I,831 Rama I Rd.
☎0-2612-4578
㊐10時～21時30分
㊡無
E E

B Bharanii

蘇坤蔚路／別冊 MAP ● P19C1

由西式餐館店主經營的原創泰國麵食專賣店。講究的內部裝潢及使用上等牛肉做成的牛肉麵，深受顧客好評。

DATA　㊋BTS阿速站步行10分
㊟96/14 Soi 23, Sukhumvit Rd.
☎0-2260-1626
㊐10～22時
㊡無 E E

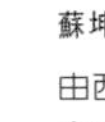

C Kuay Tiew Rua Kuen Hang

曼谷北部／●別冊 MAP ● P9C3

本店售有清邁名產泰北金麵及豬血湯麵，是大排長龍的人氣餐廳。雖然味道相當辛辣，不過搭配手工甜點一起食用味道就會很清爽。

DATA　㊋MRT拉瑪9世站步行2分
㊟GF Fortunetown, Rajadapisek Rd.
☎08-5821-4555
㊐11～20時
㊡無
E E

小小知識　招牌配料除了牛肉（Nua）及豬肉（Mu）外，叉燒肉（Mu Daeng）、魚碎肉製成的魚丸及像甜不辣的Ru-kutin也是主要配料，另外也有種類豐富的餛飩（Giao）。若不喜歡配料上的香菜，可以挑掉。

Check!

●麵的種類

可分成米粉製的白色粿條「Kuai Tiao」及在麵團加蛋呈黃色的麵條「Bamii」，「Kuai Tiao」根據粗細又可細分成3種。

Bamii　使用麵粉及米粉製成，也是眾所皆知的油麵。一般都是搭配「清湯（Nam Sai）」

Sen Lek　即細麵，是泰國最常見的種類。適合用來做牛肉麵

Sen Yai　即寬扁麵，外觀如同麵片

Sen Mi　即細米粉。外觀如同麵線，相當柔軟

●桌上調味料

由於麵類料理味道清淡，可依照個人口味添加調味料為泰式吃法。

❶糖（Nam Tan）
泰國人吃麵一定會加糖，溶在湯頭使口感更圓融

❷魚露（Nam Pla）
想增添些許鹹味時會加魚露，還能增添風味

❸醋（Nam Som）
酸味能讓料理味道更清爽。也有不少添加辣椒、味道辛辣的醋

❹辣椒（Prik Pon）
紅辣椒粉。想調整辣味時可加一點辣粉

乾麵

乾麵也是泰國常見的麵食。種類繁多，例如淋上辣醬攪拌後食用的乾拌麵及中式燴麵等。

Bami Heng　B 40
即豬腸乾麵，淋上辣椒與堅果製成的醬汁拌勻後食用。有附湯 D

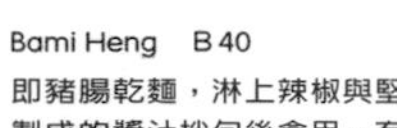

個性派

Bami Mu Heng
B 95
即豬肉乾麵。川燙的豬肉片與沾滿醬油底的甜辣醬麵條非常對味 B

招牌

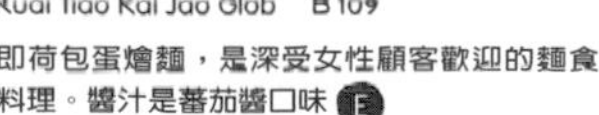

Kuai Tiao Kai Jao Glob　B 109
即荷包蛋燴麵，是深受女性顧客歡迎的麵食料理。醬汁是蕃茄醬口味 E

新感覺

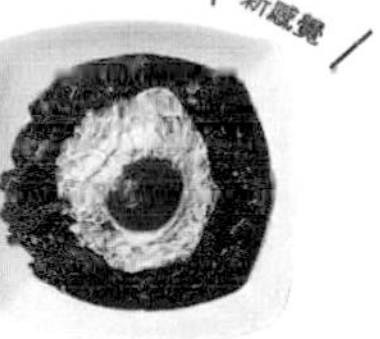

炒麵

在泰國，普遍使用口感有彈性的米粉麵煮炒麵，尤以泰式炒麵「金邊粉」最有名。新菜色也陸續登場。

招牌

金邊粉
B 150
泰式炒麵。此為添加鮮蝦的豪華版炒麵，口感有嚼勁的麵條與略甜的醬汁一起攪拌，吃起來相當美味 F

個性派

See Fah意麵
B 130
使用陶鍋燜煮粗麵，做成炒烏龍麵風，與酸甜醬汁相當搭配 F

D Rung Ruang

蘇坤蔚路／別冊 MAP ● P19C4

這間店雖是平民麵食館，卻相當知名，甚至有不少名媛名士搭高級車專程來此品嘗。透明清澈的豬骨高湯味道醇厚，配料也相當新鮮。

DATA　㊈BTS鵬蓬站步行5分
㊟10/1-2 Soi 26, Sukhumvit Rd.
☎0-2258-6746
㊋8時30分～16時30分
㊡無

E Nooddi

是隆路／別冊 MAP ● P17C1

超人氣麵食連鎖店，本店雖以泰國麵為主，卻吃得到中國、義大利、日本等世界各地的麵食。有不少將麵食當作零嘴的年輕人經常光顧。

DATA　㊈BTS沙拉鈴站步行2分
㊟60/1 Silom Rd.
☎0-2267-2399
㊋11時～翌4時
㊡無 Ⓔ Ⓔ

F See Fah

暹羅／別冊 MAP ● P14B3

泰國最具代表性的休閒餐廳連鎖店。店內菜色超過200種以上，麵類餐點也相當豐富，每道菜都相當好入口，是不會出錯的好選擇。

DATA　㊈BTS暹羅站步行3分
㊟434,440 Siam Square Soi 9
☎0-2251-5517
㊋7～23時
㊡無 Ⓔ Ⓔ

想體驗曼谷最道地的美食就來這裡！

隨逛隨吃超盡興 到小吃街吃平價美食

曼谷可看到不少路邊攤，在市場附近或鬧區的巷道裡都有大規模的小吃街。
不妨混在當地人中享用平價美食吧。

愈夜愈熱鬧的小吃街

暹羅　別冊 MAP P14B3

Food Plus

有屋頂且舒適的知名景點

聚集在暹羅區的年輕人常集中在小吃街。由於下水道整修完善，衛生方面也讓人放心。從正餐到甜點，約有30家小吃攤在此擺攤。每道菜平均B30～100。

DATA ㊇BTS暹羅站步行2分
㊟Siam Square, soi6 ㊋6～20時 ㊡週一

海南雞飯 B40

泰式雞肉飯。雞肉肉質柔軟，鹹味也恰到好處，使用雞湯所煮的白飯也相當美味，白天時段總是大排長龍。

1.在單行道的正中央設有桌位，其左右兩側為鱗次櫛比的小吃攤　2.入口處的招牌　3.4.攤位上擺滿泰式料理的配菜。只要用手指一比即可點餐

小小資訊　除了書中介紹的小吃街外，公園、廣場、鬧區的巷道均有路邊攤。有時同一場所也會因早晚時段不同而有不同家小吃攤擺攤。基本上，小吃攤大多在週一休攤。

如何在小吃攤點餐

●結帳與點餐

只要用手指出想點的菜即可。點餐前記得先確認金額。一般都是取餐時再付款，先付款的話事後可能會引起糾紛。不須給小費。

●注意事項

衛生方面，尤其是請老闆調理海鮮類及肉類時，一定要請他煮熟。點餐時，最好點瓶裝礦泉水或罐裝果汁，不要喝店家提供的水。

是隆 別冊MAP P12A3

倫披尼公園美食攤

Lumpini Park Foodcourt

早晨就從路邊攤開始！

倫披尼公園是曼谷市內最寬廣的公園。公園外圍擺有許多小吃攤，不少人在上班前聚集在此吃早餐，而公園內也有一塊區域一早就聚集許多小吃攤。從早晨起這裡就相當熱鬧，當地有不少打完太極拳或慢跑完後的民眾聚集在此。

DATA 交BTS是隆站步行8分 住Rama Ⅳ Rd. 時公園為24小時開放。早餐路邊攤4時30分～10時左右 金公園免入場費

1.2.路邊排列著許多販售果汁、稀飯、麵類等早餐小吃攤 3.吐司與咖啡約為B25

粥是曼谷的招牌早餐。曼谷人習慣將粥燉煮到完全熟透，幾乎吃不到米粒。

暹羅周邊 別冊MAP P15C2

Ratchaprasong Thai Street Food

在路邊攤品嘗依善地方的火鍋

為夜間營業的小吃街，內有以泰國東北依善地方的火鍋為招牌的小吃攤。由於走道上設有大型帳篷，就算下雨天也不怕。

DATA
交BTS七隆站步行8分
住Rachaprarop Rd.
時18～24時左右 休隔週週一

將肉、蔬菜及藥草放到素燒陶鍋內燉煮。配料有牛肉、豬肉與海鮮，任君選擇。

Chum Chim B200～

在路邊的帳篷內揮汗享用火鍋

暹羅周邊 別冊MAP P15C2

Phetchburi Soi 30～32

有屋頂的小型小吃街

這條小吃街位在人煙稀少的巷道內，不但設有屋頂，也有水道設備。雖然僅有6家小吃攤，不過在白飯上澆上配菜的蓋飯等美味招牌路邊小吃卻相當有人氣。

DATA 交BTS七隆站步行10分 住Between Soi 30-31, Phetchburi Rd. 時10～21時左右 休無

Khao Moo Grob B40

脆豬肉飯是烤肉攤的招牌菜，偏甜的醬汁與白飯超對味。

Bami Naam（拉麵）攤也相當有人氣

享用美食不用裝模作樣♪

曼谷人的最愛在地美食

曼谷人最喜愛使用新鮮的海鮮類與雞肉所做的料理，調理方式相當多樣化，例如咖哩風味或碳烤等，不妨到休閒平民餐廳品嘗一番。

暹羅北部 別冊MAP P8A3 Kuang Seafood

將新鮮的海鮮烹煮成道地泰國味

本店被譽為「便宜又好吃」，店內總是座無虛席。自1978年創業以來，至今仍遵守初代大廚Kuang先生的食譜。店內設有魚槽，裡面放有許多自泰國各地採購的魚蟹，可挑選喜歡的海鮮請店家代為調理。

DATA ㊡BTS七隆站搭車15分
㊟107/12-13 Thanon Rang Nam, Thanon Phaya Thai, Ratchathewi ☎0-2642-5591
㊐10時30分～翌2時 ㊡無 Ⓔ Ⓔ

1.店內共2層樓
2.泰式酸辣蝦湯B250（S）～。添加大量大尾河蝦
3.店長Som Chai先生

推薦！

Poo Pad Pong Karee B380（S）

泰國招牌菜「咖哩辣味蟹」。用的是大型帝王蟹，蟹黃如同奶油般濃郁

美味的祕訣在於使用新鮮的螃蟹！

推薦！

Puu Op Unsen
B280

即螃蟹粉絲煲，吸收了螃蟹美味精華的冬粉不但可口，而且非常下飯

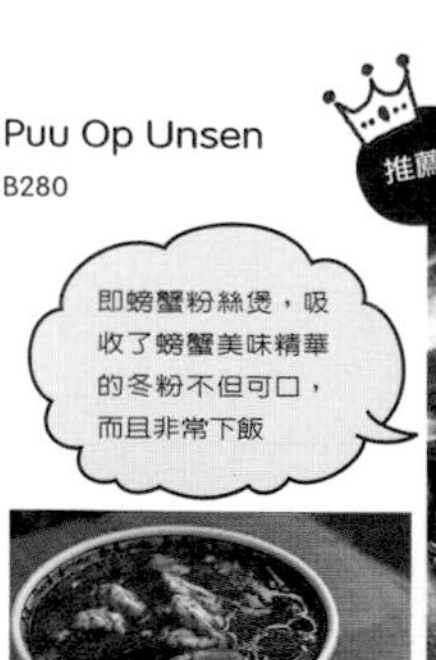

暹羅周邊 別冊MAP P14B3 Ban Khun Mae

品嘗泰國「媽媽的味道」

本店店名即「媽媽之家」之意，提供各種泰國家常菜。從咖哩、快炒、沙拉到甜點，每樣都是手工製作，讓人倍感療癒。使用活蟹直接蒸煮而成的「Puu Op Unsen」，是本店的招牌菜之一。

DATA ㊡BTS暹羅站步行2分
㊟458/7-9 Siam Square Soi 8 ☎0-2250-1952 ㊐11～23時 ㊡無 Ⓔ Ⓔ

1.泰式酸辣蝦湯B200。辣味紮實，充滿古早味 2.餐廳移建到約100年前的清邁民家

小小知識 泰國人最愛置有魚槽的海鮮餐廳，也有不少露天餐廳，一直熱鬧到深夜。魚槽的海鮮價格依時價計費，以每100g或每公斤來計算，然後再加上調理費用。因此點餐時一定要先確認價格再點餐。

介紹當地人氣最旺的招牌菜

在泰國，也有各式各樣非常下飯的家常菜，當然也有不少像「Oo Swan」這種一點也不辣的料理。

Oo Suan
即泰式蚵仔煎。添加豆芽菜，吃起來入口即化。以鐵板盛裝是主流。

Som Tam
泰國東北名產青木瓜沙拉。口感脆口，相當麻辣

Ho Mok Pla
即蒸魚糕。亦有添加椰奶及辣椒，口感相當鬆軟

別冊MAP P15C2

Raan Kaiton Pratunum

便宜美味的泰式雞肉飯

這間是知名的海南雞飯專賣店，一提到東南亞的知名美食「海南雞飯」就想到這裡。多汁的雞肉搭配以雞湯所煮的白飯，譜出絕妙的美味樂章。套餐所附的雞湯，滋味也令人難忘。

DATA ㊋BTS七隆站步行10分 ㊟Soi Petchaburi 30, New Petchaburi Rd. ☎0-2252-6325
㊓5時30分～14時30分、17時30分～翌2時30分
㊡無 Ⓔ Ⓔ

推薦！ **海南雞飯** B40

蒸雞肉的柔軟肉質與美味驚為天人！淋上麻辣的特製醬汁食用是泰式吃法

本店走露天餐館風，排隊以及與他人同桌也是理所當然

別冊MAP P15D4

Tummy Yammy

在可愛的獨棟餐廳品嘗招牌碳烤料理

這間泰式料理店改建自店主屋齡60年的自宅。本店提供添加大量香草與蔬菜做成的健康料理，每一道菜都吃得到精緻的美味。以特製醬汁經炭火烘烤而成的泰式烤雞「Kai Yang」，更是必吃的美食！

Kai Yang B165（1/4隻）

將嚴選的雞肉泡在特製醬汁內醃一晚，然後用炭火燒烤。吃起來香噴多汁

店內採古董風裝潢，空間相當舒適

DATA ㊋BTS七隆站步行6分
㊟42/1 Soi Tonson, Ploenchit Rd. ☎0-2254-1061
㊓11時～14時30分、17時30分～22時 ㊡週日 Ⓔ Ⓔ

別冊MAP P16A3

Taling Pling

以現代風格重新詮釋傳統美味

這是間兼具復古與摩登的泰式料理店。曾到英國留學的店長將歐式風味融入泰式飲食內，其絕妙的品味成為熱門話題。來這裡一定要點泰式酸辣蝦湯以及炸蝦餅。

香蘭葉包雞 B145

用外型與竹葉相似的香蘭樹葉包住經調味後的雞肉，放在烤網上用炭火烘烤

採光極佳、裝潢時尚的獨棟餐廳

DATA ㊋BTS素拉剎站步行8分
㊟653 Bld. 7, Baan Silom Arcade ☎0-2236-4829
㊓11～22時 ㊡無 Ⓔ

初嘗泰國菜者的最佳選擇

在地美食的寶庫！乾淨又吃得安心的美食廣場

到購物中心等地附設的美食廣場，即可隨意品嘗路邊攤常見的在地美食。
不但各種人氣餐點一應俱全，價格透明且環境整潔，最適合獨自用餐！

蘇坤蔚路 別冊MAP P18B2 由於樓層寬廣，只要稍等一下就能找到座位

Pier 21 Food Terminal

時尚的裝潢令人注目

提供以泰國菜為主的豐富菜單，雖然終日人潮擁擠，卻很值得來此一逛。寬敞的樓層中央聚集了許多廚房展位。付款採預付卡制。

DATA ㊋直通BTS阿速站、MRT蘇坤蔚站 ㊟Terminal 21（→P64）5F ☎0-2108-0888（代） ㊋10～22時 ㊡無 Ⓔ E

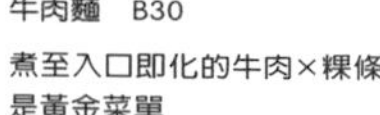

人氣No1

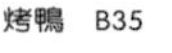

牛肉麵 B30
煮至入口即化的牛肉×粿條是黃金菜單

人氣No2

烤鴨 B35
經調味的烤鴨淋上偏甜的醬汁，吃起來相當多汁，非常下飯

人氣No3

泰式蚵仔煎 B85
添加大量新鮮牡蠣的海鮮料理。又甜又辣的芡汁為其特徵

暹羅 別冊MAP P15C2 有麵類、飯類及快炒等，種類相當豐富

Platinum Fashion Mall Food Centre

提供諸多受到女性顧客喜愛的菜色

位於當地女性常逛的購物中心內。本區氣氛明亮休閒，備有許多價格實惠的菜單，甜點區的種類也很豐富。付款採預付卡制。

DATA ㊋BTS七隆站步行15分 ㊟The Platinum Fashion Mall（→P65）5F ☎0-2121-8000（代） ㊋9～20時 ㊡無 Ⓔ E

廣式豬肉芡汁炒麵 B45
堪稱人氣招牌麵類料理，炸得酥脆的麵條相當美味

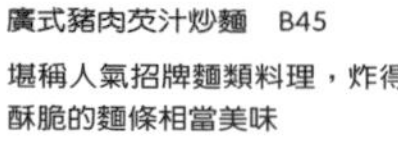

人氣No1

人氣No2

蓋飯 B50
（荷包蛋B10＋2道配菜B40）
亦即定食。在白飯上擺上喜歡的配菜與荷包蛋是基本吃法

人氣No3

麻糬椰奶 B30
泰國女性最愛的甜點。色彩繽紛的麻糬口感Q軟，讓人甜在嘴裡

小小資訊 諸如「Central Chidlom」（→P87）等知名百貨公司及「Emporium」（→P90）等購物中心、大型超市等附設美食廣場，可在購物的空檔使用，相當方便。

美食廣場消費方式

使用程序

採自助式。

①在入口附近的窗口將現金換成兌換券。②在開放式廚房櫃台點餐。③料理完成後自行取餐，將兌換券遞給服務人員後，再到餐桌。④剩下的兌換券再退還給窗口。

窗口經常大排長龍

兌換券式與卡片式

由於兌換券式會用不完，最近則以預付卡及美食卡等為主流。若使用預付卡的話，可在窗口領取可加值的預付卡，只要在展區點餐時遞給服務人員即可。至於美食卡，則是在入口處領取美食卡，金額會記錄在卡片上，最後在出口處結算金額。

可加值的預付卡

運羅 別冊 MAP P14A3

同一棟建築內有2家美食廣場

MBK The Fifth Food Avenue

可品嘗道地的泰國菜

這家美食廣場充滿開放式廚房的高級感，味道、素材及擺盤也很講究，可以品嘗道地的泰國菜。採磁卡式消費。

DATA ㊋BTS國家運動場站步行3分 ㊟MBK Center, 444 Phayathai Rd. 5F ☎0-2620-9800 ㊓10～22時 ㊡無 Ⓔ Ⓔ

紅咖哩與炒雞肉 B210
牛肉咖哩與雞肉炒腰果，佐上心型白飯

橙香火焰可麗餅 B150
是道人氣甜點，橙酒與可麗餅相當搭配

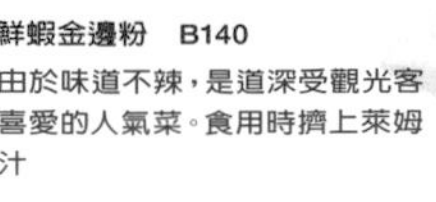

鮮蝦金邊粉 B140
由於味道不辣，是道深受觀光客喜愛的人氣菜。食用時擠上萊姆汁

運羅 別冊 MAP P15C3

相當乾淨的環境

Big C Food Park

巨型超市的美食廣場

如同其名「Park」般，本廣場提供以綠色為基調、環境舒適的空間。料理分成飯類與麵類2大展區，方便顧客挑選。

DATA ㊋BTS七隆站步行5分 ㊟Big C Supercenter (→P 77) ☎0-2655-0666 ㊓9～21時 ㊡無 Ⓔ

泰式酸辣蝦湯麵 B 55
在帶殼的鮮蝦與洋溢著香草香味的濃郁湯頭中加入米粉麵。辣度中等

泰式甜麵
B 30
在椰奶內加入名叫「Salim」的泰式涼粉製成的甜點

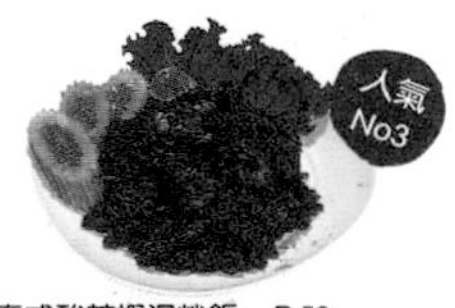

泰式酸辣蝦湯炒飯 B 50
泰式酸辣蝦湯口味與炒飯相當搭配。辣度較溫和，吃得到鮮蝦的美味

精選傳承傳統味的名店

到名店品嘗高級泰國菜

下面嚴選5間在曼谷名列前茅、提供從皇宮發展而來的宮廷菜色等的名店，請盡情享用洋溢著濃濃香料與藥草香的珍藏菜單。

別冊 MAP P16A4

Bussaracum

在洋館品嘗賞心悅目的宮廷饗宴

這間老字號餐廳至今仍延續宮廷菜色的傳統。本店改建自屋齡100年以上的木造2層樓洋館建築，可在店內悠閒地享受美食。所提供的各式宮廷菜色，均以摩登時尚的器皿及現代風格的擺盤呈現。

DATA ㊋BTS素拉剎站步行4分
㊟1 Sri Wiang Rd.,Sathorn Rd.
☎0-2630-2216～8
㊐11～14時、17時30分～22時30分 ㊡無
☑有諳英語的員工 ☑有英文版菜單 ☑需預約

1.1樓餐廳氣氛相當時尚 2.從大馬路彎進閑靜的巷道內，即可看見一棟白堊岩建築

❶ 炸米粉與雞肉燒賣等前菜拼盤B160（1人份）～
❷ 瑪莎曼咖哩B240。配料有烤花生、雞肉及馬鈴薯
❸ 芋頭南瓜椰奶B60
❹ 佐咖哩的印度拋餅B40

泰國宮廷菜色是自18世紀拉瑪1世在位時，從皇宮發展而來的飲食文化。其特徵是使用嚴選食材做出辣度低且高雅的風味，以及用果雕（以蔬果等雕刻而成的裝飾）等做出充滿藝術性的擺盤。

是隆路 別冊MAP P16A4 Blue Elephant

向世界宣揚泰國菜的美味

這間是國際知名的泰國菜餐廳，在巴黎與倫敦均設有分店。本店將西洋的精華加入傳統泰國菜中，創造出連歐美人也能享受香草與香料風味的創作餐點，深受好評。套餐菜單B1950～。

由木造洋館所改建的獨棟餐廳

DATA ㊇BTS素拉剎站步行1分
㊟233 South Sarthorn Rd.
☎0-2673-9353
㊋11時30分～14時30分、18時30分～22時30分
㊡無
☑有諳英語的員工 ☑有英文版菜單
☐需預約

❶竹蒸魚B620。肉質鬆軟，帶有濃郁的香草香
❷蟹肉咖哩B980。加入泰式麵線一起食用

通羅街 別冊MAP P20A1 Palm Cuisine

❶濃縮螃蟹甘美精華的咖哩炒螃蟹B38
❷綠咖哩附泰式麵線B220

健康且味道細膩的泰國菜

這間是自2010年開業以來即深受各方注目的泰國菜餐廳。本店堅持使用有機食材，包括調味料在內，全都採手工製作，兼具遵守傳統與摩登創新的細膩味道，相當有人氣。

可看到前庭綠景的餐廳

DATA ㊇BTS通羅站車程7分
㊟552/2 Thonglo Soi 16, Sukhumvit 55 Rd.
☎0-2391-3251 ㊋11～22時
㊡無
☑有諳英語的員工 ☑有英文版菜單 ☑需預約

通羅街 別冊MAP P20A3 Baan Khanitha @53

烤大蝦和Som Tam B760

知名餐廳的分店

本店是曼谷最具代表性的高級泰國菜餐廳，老闆是泰絲服飾設計師Khanitha Akaranitikul。這家分店的氣氛比總店（別冊MAP／P19C1）更洗練、更摩登。

DATA ㊇BTS通羅站步行5分
㊟31 Soi Sukhumvit 53 ☎0-2259-8530～1
㊋11～24時 ㊡無
☑有諳英語的員工 ☑有英文版菜單 ☐需預約

是隆路 別冊MAP P16B2 Mango Tree

氣氛休閒的人氣餐廳

本餐廳在東京等世界各地都設有分店，以「休閒餐廳」為概念，提供各種平價的招牌泰國菜。包括調味料在內，全都堅持手工製作，獨到的口味深受好評。

泰式香葉包雞B200

DATA ㊇BTS沙拉鈴站步行10分
㊟37 Soi Thantawan, Surawongse Rd.
☎0-2236-2820
㊋11時30分～24時 ㊡無
☑有諳英語的員工 ☑有英文版菜單 ☐需預約

CP值超高！

在高級飯店享用自助式午餐

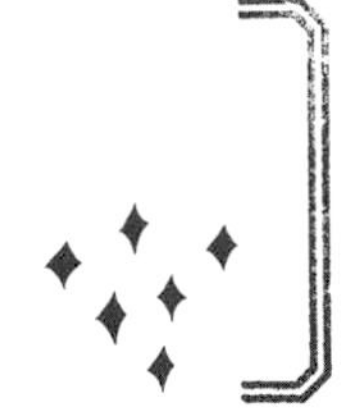

在曼谷，一定要鎖定高級飯店的自助式午餐。不但能盡情享用泰國菜、海鮮料理及甜點等，CP值也非常高！不妨來此淺嘗優雅氣氛吧。

●Ⓗ曼谷蘇坤喜來登大酒店

Orchid Café

以摩登手法調理各國美食

這間餐廳風格明亮，陽光會從寬敞的窗戶照射進來，其自助式餐點水準之高，堪稱曼谷市內首屈一指。在此吃得到泰國、印度、義大利等各國主廚所烹調的料理，味道也相當道地。另外，每個月還會更換中東及韓國等各國料理，令人相當期待！

DATA ㊂BTS阿速站步行1分 ㊟Ⓗ曼谷蘇坤喜來登大酒店(→P113) LF ☎0-2649-8355(代) ㊋5時30分～10時30分(週六、日～11時)、12時～14時30分、18時～22時30分 ㊡無 Ⓔ Ⓔ

主廚所切的肉類料理也超有人氣！

自助式餐廳相當有人氣，最好事前預約

平日自助式午餐
Weekday Lunch Buffet
㊋週一～五(平日)12時～14時30分
㊎B1200(1人)※自助式晚餐1人B1600(週五、六B1950)

除了附9種醬料的沙拉、泰式濃湯、甜不辣及火腿類外，亦有提供點心及生魚片等。

主菜

除了印度咖哩、義大利麵，牛肋排等豪邁地使用塊肉的燒烤料理也是必吃美食。

甜點

除了甜點師特製蛋糕外，亦提供各種泰國傳統甜點及新鮮的熱帶水果等。

美乃滋風味的煙燻雞肉沙拉。燻製香氣讓人胃口大開

泰籍主廚特製的綠咖哩。內含雞肉等豐富的配料

以米粉及椰子製成的泰國傳統甜點「KANOM」。外型也相當可愛！

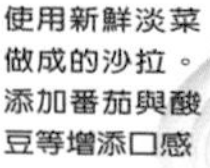

使用新鮮淡菜做成的沙拉。添加番茄與酸豆等增添口感

現切的牛肋排。肉質柔軟又多汁

泰國甜點的招牌——芒果佐甜糯米。淋上椰奶食用

泰國的自助式餐廳幾乎都不含飲料，必須另外點。有些餐廳會提供飲料暢飲方案，例如上面介紹的「Orchid Cafe」，只須追加飲料B250、啤酒B650、紅酒B1200等費用就能無限暢飲。

Check! 週日限定的早午餐

●H The Sukhothai Bangkok

Colonnade

這家每週日12～15時提供自助式消費的餐廳，是曼谷相當知名的美食景點。在此可享用新鮮生蠔、龍蝦、和牛及鵝肝醬等高級食材。1人B3000。

提供蛋糕、泰式甜點等約30種甜點

DATA 交BTS沙拉鈴站步行15分 住H The Sukhothai Bangkok(→P111)LF ☎0-2344-8650 時6時30分～10時30分、12時～14時30分(週日～15時) 休無 E E

桌上擺滿了壽司等日式料理、泰國菜、燒烤料理等。建議最好事前預約

鮭魚＆鰻魚製的壽司捲

肉質柔軟的烤豬排。特製醬汁也相當美味

巧克力慕斯、開心果慕斯等

●H曼谷香格里拉大酒店

Next2 Café

榮獲票選為「Best Buffet」

本店自2009年以來，每年都在曼谷美食雜誌所舉辦的「Best Buffet Restaurant」票選活動榜上有名，實力相當堅強。店內提供亞洲各國、印度、中東、義大利等各國料理，每一道都能吃到洗練的美味。另外，本店亦以「健康」為訴求。

DATA 交BTS鄭皇橋站步行1分 住H曼谷香格里拉大酒店(→P111)GF ☎0-2236-7777(代) 時6時30分～23時30分 休無 E E

1.由香港籍主廚所做的道地港式點心也相當有人氣
2.印度咖哩也相當道地
3.鎖定靠河邊的露天座位

●H曼谷蘇坤威斯汀大酒店

Seasonal Tastes

10琳瑯滿目的現做手工料理

挑高的店內環境與充滿活力的開放式廚房，令人印象深刻。店內提供窯烤披薩、泰國菜、日式料理等，亦提供單點菜單，極具魅力。另外，盛在冷鐵板上的冰淇淋也很值得一試。

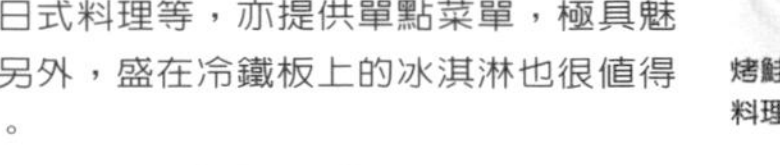

DATA 交BTS阿速站步行1分
住H曼谷蘇坤威斯汀大酒店(→P113)7F
☎0-2207-8120 時6～23時 休無 E E

烤鮭魚是本店招牌料理之一

從麵團到完工都是手工精心製作的窯烤披薩

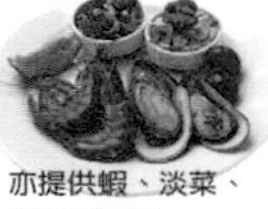
亦提供蝦、淡菜、沙拉等冷菜

1.亦有種類豐富的南國水果等甜點
2.以白色為基調的室內裝潢相當摩登

現烤披薩出爐囉！

來杯好茶與甜點小歇一下

在一流飯店享用優雅的下午茶

泰國高級飯店的下午茶不但價格實惠，還能度過優雅的午後時光。

從傳統下午茶到摩登創新的下午茶應有盡有，每家飯店提供的下午茶類型也各有不同。

傳統下午茶
Traditional Afternoon Tea
㊋每天14時30分～17時(須於一週前預約)
㊎B1350(1人分)

本店甜點師傅自豪的司康餅與水果蛋糕。司康餅附英國酸奶油及特製果醬

自家製甜點包括超人氣的烤布蕾、巧克力蛋糕、義式奶凍、水果塔等10種

使用紅色甜菜製成的麵包及布莉歐麵包所做的特製三明治、肉醬派等，全都是精心製作

提供約15種紅茶，使用的品牌是「MARIAGE FRÈRES」。亦有專為飯店特調的紅茶。杯身繪有竹葉圖案的特製茶具組，可在商店（→P110）購買

石龍軍路 別冊 MAP P11C3

●Ⓗ曼谷文華東方酒店

Author's Lounge

建築格式為曼谷首屈一指的酒廊

這間飯店的酒廊相當有名，曾有無數的知名作家及知名人士蒞臨。這間酒廊位在創業時的建築物「作家翼」，以前用來當作大廳。在充滿舊時風格的美觀空間，優雅品嘗盛裝在3段式托盤的英國式下午茶。

DATA ㊌BTS鄭皇橋站步行15分
㊟Ⓗ曼谷文華東方酒店(→P110) LF ☎0-2659-9000(代)
㊋11～20時 ㊡無 Ⓔ Ⓔ

小小資訊 「Author's Lounge」亦有提供可品嘗椰子口味馬卡龍等甜點的「泰式下午茶」以及不使用蛋、肉類的「素食下午茶」，費用均為B1350，供應時間為每天12～18時。

Check! 還有巧克力自助餐

1.亦有提供不甜的三明治、火腿類以及水果等
2.週五～日還能欣賞泰國傳統音樂的現場演奏

是隆路周邊 別冊MAP P17D3

●HThe Sukhothai Bangkok

Salon

每週五～日的14～17時所舉辦的「巧克力自助餐」B900，包準讓巧克力愛好者無法抵抗。除了提供瑞士籍甜點師傅所做的巧克力甜點外，還能盡情暢飲使用世界各國的可可豆所製成的熱巧克力。

DATA 交BTS沙拉鈴站步行15分 住HThe Sukhothai Bangkok(→P111) LF ☎0-2344-8888(代) 時8～19時 休無 E E

下午茶 Afternoon Tea
時每日14時30分～17時30分
金B1100(2人分)

1.桌上陳列著鮭魚開放式三明治
2.內夾奶油霜的2種司康餅相當有人氣
3.背景音樂為泰國傳統音樂

是隆路 別冊MAP P17D2

●H曼谷都喜天麗酒店

Lobby Lounge

在面向綠意盎然的中庭、寬敞的挑高大廳裡，品嘗下午茶。茶點以特製3段式玻璃托盤盛裝，並提供20種茶類任君選擇。

DATA 交BTS沙拉鈴站、MRT是隆站步行3分 住H曼谷都喜天麗酒店(→P112)LF ☎0-2200-9000(代) 時8～24時 休無 E E

巧克力精品下午茶 Chocolate Boutique Afternoon Tea
時每天14～18時
金B800(1人分)

1.餐點盛裝在抽屜式餐盤上桌。茶類包括德國產等約30種 2.全面設置玻璃窗 3.亦有傳統下午茶B800

石龍軍路 別冊MAP P11C4

●H曼谷香格里拉大酒店

Lobby Lounge

休息室的寬敞窗戶可眺望昭披耶河。由曾在澳洲修業的巧克力師傅所構思的「巧克力自助餐」相當受歡迎，讓人盡享巧克力饗宴。

DATA 交BTS鄭皇橋站步行1分 住H曼谷香格里拉大酒店(→P111) LF ☎0-2236-7777(代) 時8時～翌1時 休無 E E

下午茶 Afternoon Tea
時每天14～18時(須於一週前預約) 金B800(1人分)

1.2.由法籍甜點師傅特製的下午茶點。包括使用泰國名產橘色紅茶所做的蛋糕等 3.優雅的室內空間

暹羅周邊 別冊MAP P15C4

●H曼谷暹羅安納塔拉酒店

The Lobby

休息室的絲織天花板相當美麗。遵照法國食譜所製作的細膩甜點，其味道與評價在曼谷也是首屈一指。週六、日亦有供應自助式下午茶B900。

DATA 交BTS拉差丹利站步行2分 住H曼谷暹羅安納塔拉酒店(→P112) LF ☎0-2126-8866(代) 時8時～翌0時45分 休無 E E

氣氛、味道都◎

到時尚咖啡店小歇一下

最近，充滿個性的咖啡店如雨後春筍般出現在曼谷！在融合東西元素且時尚的室內裝潢中，品嘗使用泰國產素材做成的餐點與自家烘焙的咖啡，小歇一下。

Karmakamet Diner

位於巷道內洋溢著清爽香味的隱密空間

這間是由泰國香氛品牌「Karmakamet」（→P27）所經營的咖啡店。使用泰國產的有機蔬菜及蛋所做成的各項餐點融合了各國風味，個性獨具。講究的桌巾也值得注目！

DATA 交BTS鵬蓬站步行3分 住30/1 Soi Mtheenivet ☎0-2262-0700 時10～22時(酒吧為～23時30分) 休無 E E

1.酪梨肉球法式長棍麵包三明治B590，桑格莉亞水果酒B260
2.店內亦附設「Karmakamet」商店
3.將以前的民屋改建為紐約風格

Siwilai Rocket Coffeebar

引領街上咖啡店人氣的焦點店

這家人氣咖啡店是由居住在曼谷的瑞典人所經營。本店除了提供使用泰國等4國產咖啡豆，經自家精心烘焙後現煮的咖啡外，從早餐到主餐、雞尾酒等餐點也一應俱全。從寬敞窗戶可俯瞰綠景與街道，極為寬闊舒適！

DATA 交BTS奔集站步行1分 住Central Embassy(→P87)5F ☎0-2160-5809 時10～22時 休無 E E

1.店內附設泰國複合精品店「SIWILAI」 2.總匯三明治B375與瓶裝咖啡B105 3.糕點類也是現烤的

現在，咖啡在曼谷正夯。有些咖啡店亦販售自家混合與烘焙的泰國產等咖啡豆，不妨買來當作伴手禮吧。另外，在主要咖啡店有提供免費Wi-Fi，可向店員詢問密碼。

Roast

自家烘焙的美味咖啡深受好評

本店是帶動曼谷咖啡風潮的先驅。使用專屬烘豆機細心烘焙泰國等各國咖啡豆所煮成的咖啡，味道深邃。除了提供甜點與輕食外，亦備有多種義大利麵及肉類、魚類料理，店內終日座無虛席。

1. 店內整面都是玻璃窗，空間相當明亮 2. 拿鐵咖啡B100與香蕉鬆餅B320 3. 草莓蜂蜜冰茶B140

DATA 交BTS鵬蓬站步行1分
住The EmQuartier(→P91) Helix Quarter1F
☎0-941763870 時10～22時 休無 E E

Crêpes&Co.

約有80種特製可麗餅

本店於1996年開業，是曼谷第一家可麗餅專賣店，提供甜點類、餐點類等多樣化口味。在麵糊中添加少量米粉、無油煎出的可麗餅皮，吃起來外酥內溼潤。

DATA 交BTS七隆站步行10分
住Langsuan Soi 1
☎0-2652-0208
時9～23時 休無
E E

1. 亦提供豐富的摩洛哥及希臘料理 2. 芒果椰子B200 3. 於曼谷有四家分店

Cafe 9

世界知名的泰絲品牌店所直營，行家才知道的咖啡店

這間咖啡店位於高級泰絲品牌老店「Jim Thompson」（→P70）總店的1樓，使用芒果與椰子做成的自家製甜點相當有人氣。另外亦提供泰式麵類及飯類餐點，適合購物之餘來此小歇一下。

DATA 交BTS沙拉鈴站、MRT是隆站步行3分
住Jim Thompson總店(→P70) 1F ☎0-2632-8100（代）
時9～21時（用餐～18時）
休無 E E

1. 竹製的店內裝潢充滿東方情趣 2. 椰子冰淇淋B120 3. 泰式炒麵「金邊粉」B220。以蛋皮包住金邊粉

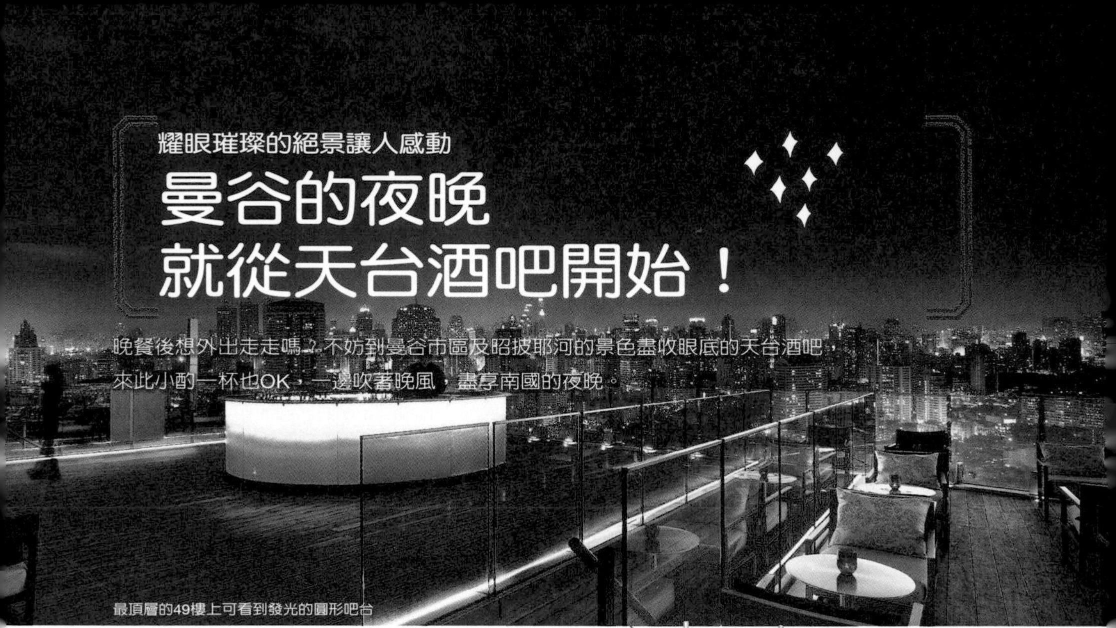

耀眼璀璨的絕景讓人感動

曼谷的夜晚 就從天台酒吧開始！

晚餐後想外出走走嗎？不妨到曼谷市區及昭披耶河的景色盡收眼底的天台酒吧，來此小酌一杯也OK，一邊吹著晚風，盡享南國的夜晚。

最頂層的49樓上可看到發光的圓形吧台

通羅街 別冊 MAP P20A3 Octave Rooftop Lounge&Bar

可享受休閒氣氛的絕景酒吧

這家酒吧的3層樓層全都是露天座位，輕鬆的氣氛是本店的一大魅力。尤其是從最頂層的49樓可360度俯瞰整個蘇坤蔚路，景色美得讓人屏住氣息！不妨來此享用亞洲小吃及特製雞尾酒吧。

DATA ㊋BTS通羅站步行3分 ㊟45F,48-49F Bangkok Marriott Hotel Sukhumvit, 2 Sukhumvit Rd. Soi 57 ☎0-2797-0140 ㊐17時～翌2時 ㊡無 Ⓔ Ⓔ

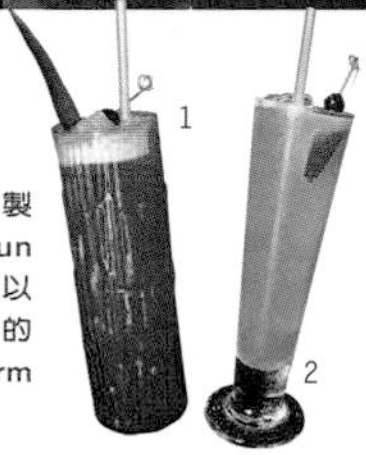

1.以芒果等調製的Shining Sun B375 2.以香檳為基底的Tranquil Storm B395

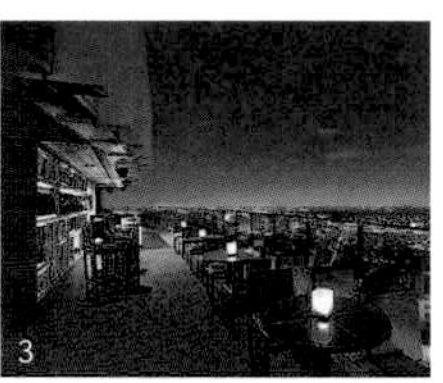

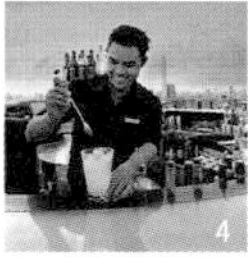

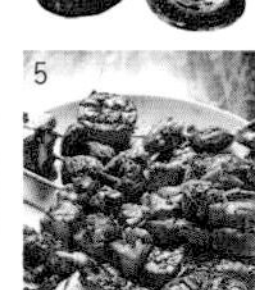

3.可眺望昭披耶河等的景觀 4.使用泰國產水果等所特製的雞尾酒是本店招牌 5.綜合烤雞拼盤B1100

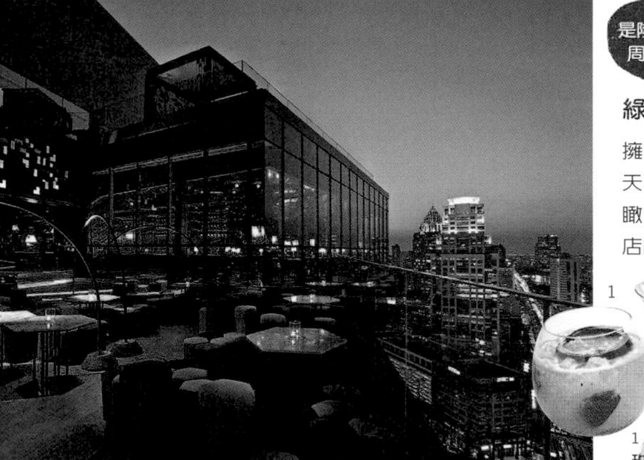

亦設有涼亭，充滿時尚氣氛

是隆路周邊 別冊 MAP P12A3 Park Society &Hi-So

綠色的綠洲及市區全映入眼底

擁有整面玻璃窗的室內餐廳「Park Society」與天台酒吧「Hi-So」位於同一層。這裡是少數可俯瞰整個倫披尼公園的景點，充滿幻想的氣氛。本店的無國界餐點也深受好評。

DATA ㊋MRT倫披尼站步行2分 ㊟29F Ⓗ Sofitel So Bangkok, 2 North Sathorn Rd. ☎0-2624-0000 ㊐17時～翌2時（餐廳18時～22時30分） ㊡無 Ⓔ Ⓔ

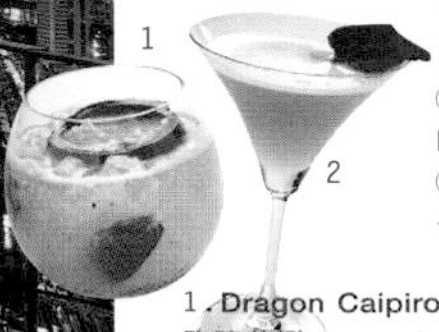

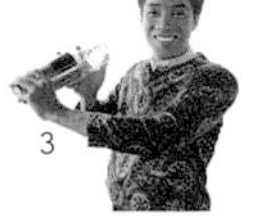

1.Dragon Caipiroska B350 2.荔枝&玫瑰花瓣B350 3.酒保身穿克里斯汀·拉克魯瓦所設計的制服

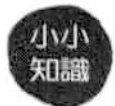

小小知識 天台酒吧的基本穿著要求為Smart Casual，穿著海灘涼鞋、短褲、牛仔褲等隨性的服裝可能會禁止進入。另外餐廳需事先預約，酒吧不需預約也可入店。免桌費。

別冊 MAP P15C3

Red Sky

1.閃爍繽紛色彩的拱門是本店的象徵 2.陰陽（芒果＆覆盆莓）B480 3.百香果馬丁尼B480 4.奶油烤龍蝦B895

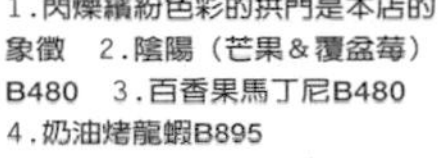

從曼谷市區中心區欣賞一望無盡的夜景

這家酒吧位於高層大樓林立且喧鬧的暹羅區，可360度欣賞夜景，美不勝收！55樓是時尚的摩登歐洲菜餐廳，56樓為酒吧，可在此享用本店自豪的馬丁尼、輕食，還有雪茄。

DATA 交BTS七隆站步行7分 住55～56F H Centara Gurande at Central World, 999/99 Rama I Rd. ☎0-2100-6255 時16時～翌1時（餐廳18時～） 休無 E E

別冊 MAP P11C3

Sirocco&Sky Bar

「Sirocco」餐廳的頂端設有「Sky Bar」，彷彿漂浮在天空般

曼谷首屈一指的知名酒吧

本店距離地面247m，能將曼谷市區及昭披耶河的全景進收眼底。「Sirocco」是歐洲菜餐廳，若想輕鬆小酌一杯，請到「Sky Bar」。

烤鴨胸肉B1800。酒精類飲料約B400左右～

DATA 交BTS鄭皇橋站步行7分 住63F H Lebua at State Tower, 1055 Silom Rd. ☎0-2624-9555 時18時～翌1時 休無 E E

別冊 MAP P17D3

Vertigo&Moon Bar

天台酒吧的先驅

坐在360度沒有任何遮蔽物的露天座位上，感覺就像漂浮在光海般！這裡可以享用以法國菜為基底的獨創無國界餐點及特調雞尾酒。

DATA 交BTS沙拉鈴站、MRT是隆站步行15分 住H曼谷悅榕莊（→P113）61F ☎0-2679-1200（代） 時17時～翌1時（餐廳18～23時） 休無 E E

1.也很推薦在日落時段來，可看見天空的顏色不斷變換
2.鱈魚與西班牙辣味香腸佐菜豆泥及摩洛哥莎莎醬B1800

曼谷人常逛景點導覽

適合成熟女子的潮流酒吧＆酒廊

喜歡夜遊的曼谷年輕人總會打扮時髦，到時尚的Lounge Bar。
不妨來這裡啜飲熱帶水果調製的雞尾酒，盡享南國的夜晚。

通羅街 別冊MAP P20A4 Face Bar

復古的古民家酒吧

這間酒吧以傳統泰式木造家屋作為店面，相當隱密。在充滿古董風格的店內設有沙發床、包廂式空間以及吧台等，可坐在自己喜歡的位置好好放鬆。店內亦附設餐廳，可點道地的泰國菜。

DATA 交BTS通羅站步行5分
住29 Soi 38, Sukhumvit Rd. ☎0-2713-6048
時11時～翌0時30分 休無 E E

我推薦爽口的水果雞尾酒

1.以獨特的彩繪作為室內裝潢 2.充滿歷史感的地板與樑柱極具復古風格 3.伏特加與西瓜汁特調的雞尾酒「Asian Thai」B315 4.泰式前菜拼盤B620，最適合當作下酒菜

蘇坤蔚路 別冊MAP P19D4 Wine Connection

曼谷最具代表性的紅酒吧

這間酒吧是引領曼谷紅酒風潮的名店。由於紅酒的價格合理，料理又好吃，因此餐廳及酒吧區總是連日客滿。另附設紅酒商店與熟食店。

DATA 交BTS鵬蓬站步行10分
住1F. Rain Hill, 777Sukhumvit Rd., Soi 47 ☎0-2261-7217
時11時～翌1時30分 休無 E E

1.圍繞著紅酒櫃排列的桌位。天花板的裝飾也相當獨特 2.位於店內中央的紅酒櫃。本店提供30種以上的杯裝紅酒B160～，瓶裝紅酒B750～ 3.每盤小菜都是B90。照片中是蕃茄煮淡菜及烤蝦串等

小小知識 在俱樂部及高級酒吧，有時會在入口處檢查訪客的ID（身份證）。另外，穿著海灘涼鞋及短褲等過於隨便的服裝可能會遭拒絕入店，須特別注意。

Check!

禁酒時間及禁酒日要注意！

泰國與台灣不同，未滿20歲禁止飲酒。酒類販售也有限制（請詳見P76欄外），酒吧及餐廳等場所大多只有在11～14點、17～24點的時段才能飲酒。而在佛教節慶等一年數日的禁酒日，酒吧及酒場都會休業，建議旅客最好在飯店室內飲酒。

Up&Above Restaurant&Bar

坐在可眺望市區的露天座位欣賞夜景

這間位於日系飯店24樓的全日餐廳於2012年開業，可在此俯瞰整個曼谷市區，欣賞美侖美奐的夜景。本店提供泰國菜等各國餐點，還有種類豐富的雞尾酒。

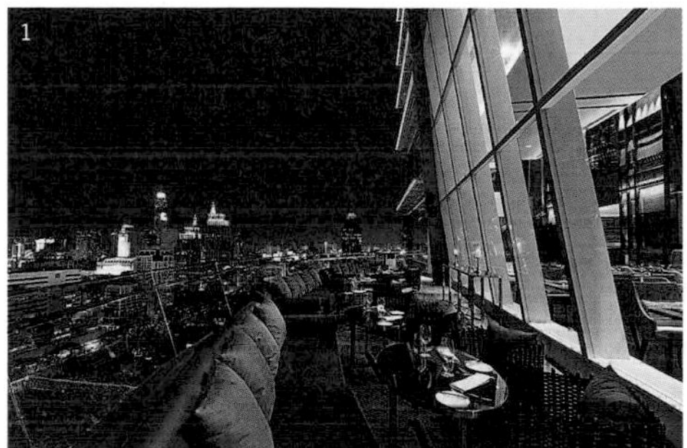

DATA 交直通BTS奔集站
住H曼谷大倉新頤酒店（→P111）24F
☎0-2687-9000（代）
時6時～翌1時（用餐～22時30分） 休無
E E

1. 晚間特別推薦開放式露天座位
2. 飯店內設有餐廳，瀰漫著一股沉穩的氛圍
3. Rock star Martini B475

Nest

慵懶地窩在鳥巢乾杯

這間酒吧位於精品酒店的頂樓，以都會之巢為概念的內部裝潢相當獨特。砂地上到處置有孵蛋籃及床舖等，能讓人放鬆。料理是風格洗練的泰式無國界料理。

DATA 交BTS那那站步行10分
住Rooftop LeFenix Hotel, 33/33 Sukhumvit Soi 11 ☎0-2255-0638
時18時～翌2時 休無 E E

1. 坐在開放式露天座位，吹著晚風相當舒服 2. 添加辣椒，略帶微辣的芒果瑪格麗特B280

Long Table

位於高層大樓的時尚餐廳

本店以摩登洗練的泰國菜深受好評。店內置有全長24m的長桌，四周並置有白色沙發，呈現異空間的氣氛。可將曼谷夜景盡收眼底的露天座位區及酒吧也極具人氣。

DATA 交BTS阿速站步行7分
住Column Tower 25F 48 Sukhumvit Soi 16 ☎0-2302-2557～9 時17時～翌2時(最終點餐22時45分) 休無 E E

1. 如同店名一樣，店內置有長桌。亦備有豐富的酒類飲料 2. 以香料及香草調味牛肉的牛肉沙拉B550

盡享曼谷特有的美麗夜景

精選河岸餐廳

下面介紹幾間位於昭披耶河沿岸、以美麗夜景自豪的精選餐廳！
你可以在此欣賞夜間點燈的寺院與大皇宮、摩登造型的橋等各具魅力的夜景。

The Deck

黎明寺近在眼前

這間位於昭披耶河東岸的餐廳可眺望對岸夜間點燈的黎明寺，是人氣景點。餐廳2樓的露天座位是特等席，由於相當有人氣，建議最好趁早預約。

DATA ㊇昭披耶河交通船塔頰碼頭步行5分
㊟36-38 Soi Pratoo Nok Yoong, Maharat Rd.
☎0-2221-9158 ㊋11～22時（週五～日～23時）
㊡無 需預約 Ⓔ Ⓔ

1. 2樓的露天座位。4樓亦設有酒吧，也可在此欣賞黎明寺 2. 柚子沙拉及雞尾酒蝦B240。濃厚的水果風味中帶點微辣 3. 海鮮義大利麵B290。為香草與香料香氣濃郁的泰式風味

Supatra River House

邊欣賞大皇宮邊享用頂級晚餐

坐在露天座位，一邊眺望對岸的大皇宮，一邊品嘗前宮廷廚師親手烹調的道地泰國菜。本店將奠定女性權利、深受國民愛戴的已故素帕他女士之宅邸改建為店面，充滿懷舊氣氛。

DATA ㊇在瑪哈拉碼頭（別冊MAP/P20B2）搭免費接送船3分 ㊟266 Soi Wat Rakhang Arunamarin Rd. ☎0-2411-0305 ㊋11時30分～14時30分、17時30分～23時 ㊡無 需預約 Ⓔ Ⓔ

1. 在露天座位區點上蠟燭，氣氛相當浪漫 2. 週六19時30分～20時也有泰國舞蹈表演。照片是炸餛飩及鮮蝦春捲等前菜拼盤B220

Khinlom Chom Sa-Phan

一邊欣賞橋景，一邊享用海鮮大餐

這間海鮮餐廳位於橫跨昭披耶河的拉瑪8世橋下。如同其店名──「品嘗風，欣賞橋景」所述一般，本店的橋景相當美麗，值得你專程來訪欣賞。

DATA ㊇BTS國家運動場站搭車20分
㊟11/6 Samsan Soi 3, Samsan Rd. ☎0-2628-8382 ㊋11～24時
㊡無 需預約 Ⓔ Ⓔ

1. 外型宛如豎琴的拉瑪8世橋 2. 使用活河蝦所做成風味絕佳的泰式酸辣蝦湯B390

也很推薦搭乘昭披耶河郵輪，在附晚餐的郵輪上盡享美麗夜景。☎0-2541-5599
㊋19時出航（River City碼頭 別冊MAP/P11C3）㊎B1700 URL www.chaophrayacruise.com 需預約 Ⓔ

購物

曼谷是泰國精美傳統工藝品的寶庫，

有泰絲、青瓷、斑加隆等，

若想找便宜可愛的雜貨，別忘了到市場挖寶。

想買可分送的伴手禮就到超市選購吧！！

蔚為發燒話題的大型夜市！

徹底介紹 碼頭夜市

碼頭夜市是將19世紀的碼頭遺跡改建為充滿復古色彩又時尚的夜市。
廣大的建地上擠滿了超過1500家店舖，下面將介紹幾間非去不可的精選店舖！

1.2.4.5.這裡可以看到流行服飾、年輕設計師的攤位、針對觀光客的伴手禮店等各種商店。如果已有目標，就能根據商店編號尋找攤位 3.靠近石龍軍路的入口

6.昭披耶河上所看到的夜景 7.美食景點「The Harbour Market」
8.在「Asiatique Sky」摩天輪可欣賞曼谷夜景

碼頭夜市

Asiatique the Riverfront

相當於一座東京巨蛋大的市場

碼頭夜市是將以前丹麥的貿易公司曾使用過的碼頭遺跡重新開發為市場。諸如拱形屋頂倉庫及木材工廠等，都是將當時的建築改建為風格獨具的景點。整個市場分成4大區，共計大小約1500家商店及約40間餐廳在此營業。

DATA ㊋BTS鄭皇橋站步行一會到沙吞碼頭轉搭專用船10分
㊟2194 Charoenkrung Rd.
☎02-108-4488
㊐17～24時（視店鋪而異）
㊡無

由於石龍軍路會塞車，建議最好搭乘專用船前往碼頭夜市。不過往沙吞碼頭方向的末班船為23時30分，要特別注意

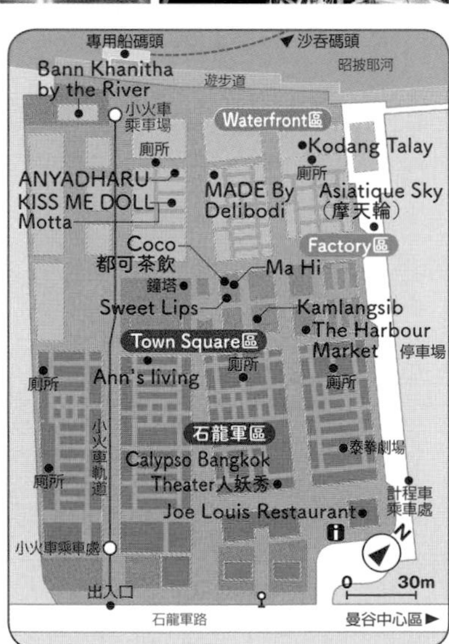

位於Town Square地區的「The Harbour Market」（商店編號T14）為美食景點，由泰國菜、海鮮餐廳、酒吧、甜點及飲料店等9間店鋪所構成。

想買伴手禮就到這裡

精選商店

這裡有許多販售泰式雜貨及泰國品牌產品的商店，我們精選下列5間商店詳細介紹！

商店編號 2067、2075

Ann's Living

激發少女心的亞洲雜貨

店內所陳列的商品，都是愛好旅行的店長找到泰國北部及寮國的山岳民族所織的織品，再自行設計、手工製作的包包、鞋子，還有諸多雜貨。

1.使用孟族織的布料再用皮革滾邊製成的化妝包B220　2.使用泰國山岳民族的織品製作的懶人鞋B590　3.棉布迷你托特包B290。提手部份使用的是麂皮　4.束口袋B180。漩渦圖案的拼布相當可愛

商店編號 H05·08

Anyadharu

講究香味的SPA產品

專售多達40種以上香氛精油等各種SPA產品的香氛品牌專賣店。裝潢別緻的店內瀰漫著芳香精油的香味。

1.芳香蠟燭（小）B325。以檸檬草及茉莉香最受歡迎　2.散發檸檬草香氣的沐浴按摩油B315～385　3.共20種身體乳液B635～780

商店編號 H47

MADE By Delibodi

自然＆手工製雜貨

這家是SPA產品品牌「Delibodi」旗下經營的商店。除了堅持使用自然素材手工製成的首飾外，店內亦有服裝及餐具等。

1.手環B180。橘色與藍色的搭配充滿民族風格　2.色彩繽紛的手工製針式耳環B150

商店編號 H17-18

Motta

泰籍設計師的手工雜貨

高級服飾及雜貨相當有人氣。諸如以半寶石製成的首飾等，每樣都是手工製作而且相當可愛。

蟬翼紗製的玫瑰迷你手提包B280

商店編號 H20

Kiss Me Doll

色彩繽紛的絲巾專賣店

在曼谷中央部亦設有店鋪的人氣絲巾品牌店。絲巾的設計款式相當豐富，例如以該品牌的旋轉木馬標誌為設計圖案等，共計約1000種！絲巾的材質種類也相當多樣化，像是棉、泰絲等，應有盡有。

泰雪紡綢絲巾B980

小歇一會

精選美食＆咖啡店

以下網羅了能享受河畔氣氛的餐廳、可輕鬆享用的美食廣場以及甜點專賣店等美食店。

商店編號 R08

Baan Khanitha by the River

超人氣名店登場！

本店於2012年開業。充分展現素材原味的料理吃起來不會過辣，很適合初次品嘗泰國菜者。而位於2樓靠窗的河景座位，將為情侶們製造一個浪漫的夜晚。

泰式鮮蝦柚子沙律Yam Som O B260，是道含雞肉與鮮蝦、味道香辣的沙拉

商店編號 T06A

Ma Hi

在當地也極具人氣

2013年6月開幕的泰國菜餐廳，特徵是忠實重現道地泰國菜風味。作風豪快的河蝦金邊粉是必吃的一道料理！

1.盛在椰子殼裡的泰式酸辣蝦湯B200，口感相當溫和
2.份量十足的炒鮮蝦金邊粉B160

商店編號 R02-03

Kodang Talay

盡享河岸的氣氛！

本店是氣氛休閒的泰國菜＆海鮮餐廳，可品嘗從曼谷近郊海邊所購得的新鮮素材原味。亦設有靠近碼頭的露天座位。

炸鱸魚佐魚露B550

商店編號 T07

Sweet Lips

果香濃郁的人氣甜點店

這間人氣甜點店擁有種類豐富的芒果甜點，亦提供喝得到原汁原味的奶昔、什錦水果可麗餅等充滿泰式色彩的甜點。

綿滑的牛奶冰B79是店長所構思的菜單。入口即化的口感令人上癮

商店編號 T06

CoCo都可茶飲

CoCo Fresh Tea&Juice

添加粉圓的爽口飲料

一開店就大排長龍的飲料專賣店。非常推薦添加了以樹薯粉製成口感滑溜的粉圓「Kaimuk」的飲料。

1.使用綠茶及百香果汁所調製的熱帶水果特調B50,是最受歡迎的人氣飲品　2.添加粉圓與自家製布丁的珍珠布丁奶茶B55

商店編號 T11

Gamlangsib

泰式雞肉飯是本店招牌

本店將亞洲圈的靈魂美食「雞肉飯」稍加變化，變成泰式風味。提供6種套餐B99～330，均附茉莉香米、湯、青菜等。

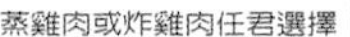

蒸雞肉或炸雞肉任君選擇

小小資訊　目前預定在昭披耶河的另一側興建第2座碼頭夜市，目標2～3年後開幕，計畫由飯店及購物商城所構成。

\ 千萬別錯過 /

表演秀&娛樂設施

魅力十足的人妖秀、泰國傳統人偶劇、以及泰國國內規模最大的摩天輪等，碼頭夜市的娛樂活動也很多采多姿。

石龍軍區 Calypso Bangkok Theater

充滿魄力的人妖秀讓人著迷

由70位人妖表演者在舞台上載歌載舞，呈現高水準的表演秀，相當有人氣。從排舞到性感十足的鋼管舞、隨著舞台上多次更換場景，都讓觀眾鼓掌叫好。表演結束後，還能跟他們一起合照留念。

DATA ☎0-2688-1415～7
㊋每天的20時15分～、21時45分～共2場公演（每場次約1小時15分） ㊡無
㊎B1200（線上預約為B900，附飲料1杯）
※需在2天前預約

表演秀的重頭戲——排舞

活動場地 Asiatique Sky

泰國規模最大的摩天輪

Asiatique Sky 於2012年底開業，這座點燈後的摩天輪成為碼頭夜市的新象徵。Asiatique Sky高60m，也是泰國規模最大的摩天輪。每次搭乘會繞3圈，費時10～15分。

DATA ㊋與設施相同
㊎成人B300，兒童B200

曼谷的夜景一覽無遺。從入口就能看到摩天輪

商店編號S13 Joe Louis Restaurant

品嘗傳統美味與表演

這間是由泰國傳統人偶劇「Joe Louis Theater」所經營的餐廳。每週二～日都會舉行1場迷你秀，可在餐廳前方的廣場欣賞。店內提供泰式前菜拼盤B250～等料理，可品嘗泰國傳統的美味。

1.1樓的餐廳　2.每週二～日舉行的迷你秀

攻略重點

其一 鎖定喜歡的地區去逛！

由於碼頭夜市佔地約12萬㎡、擁有超過1500家店舖，想一次逛完根本是不可能的任務。不過每個區域各有特色，建議鎖定符合自己喜好的地區再逛。

其二 避免人潮擁擠時用餐

大多訪客習慣先逛一圈後再用餐，不過等到19點左右，不管哪家餐廳全都客滿。因此建議最好在購物前先用餐，或是21點以後再用餐，只要錯開時段就能避免人擠人。

其三 曼谷最具代表性的夕陽拍攝景點！

Waterfront區的遊步道可欣賞夕陽逐漸沉入對岸的景象，因此這裡也成為在當地人之間口耳相傳的絕佳夕陽拍攝景點。不妨來挑戰拍出碼頭夜市的招牌與夕陽一起入鏡的照片。

其四 想慢慢逛挑平日去，想感受市場活力就挑週末去

週末的碼頭夜市不僅觀光客眾多，連當地的訪客也很多。雖然能充分感受到曼谷的活力，但若想慢慢逛心儀的店舖，最好選擇平日去逛。

這裡擁有許多可愛又便宜的商店♪

當地女性常逛的焦點購物中心

曼谷到處可見大型購物中心，從高級精品路線到平民路線一應俱全，
下面介紹3間當地女性常逛的購物中心。來這裡可以挖出流行服飾及雜貨等寶物喔！

Terminal 21

以機場為概念的熱門話題景點

這間直接連結車站、共計9層樓的大型購物中心，是以機場為設計概念。各樓層分別以「巴黎」、「倫敦」、「東京」等世界都市為主題，配合各樓層主題的內部裝潢也充滿個性。本館主打當地小型休閒服飾品牌，終日可見當地的民衆，相當熱鬧。

DATA ㊋直通BTS阿速站、MRT蘇坤蔚站 ㊟2, 88 Sukhumvit Soi 19, Sukhumvit Rd. ☎0-2108-0888(代) ㊛10～22時(部分店舖有異) ㊡無

樓層導覽

6F	〈好萊塢〉電影院、電器用品、手機專賣店
5F 4F	〈舊金山〉美食廣場、餐廳、咖啡店
3F	〈伊斯坦堡〉鞋類、包包、首飾、雜貨、美妝
2F	〈倫敦〉男裝、運動用品
1F	〈東京〉女裝
MF	〈巴黎〉泰國設計服飾
GF	〈羅馬〉女裝．男裝
LG	〈加勒比海〉超市、甜點、熟食

1.2.5樓附設美食廣場（→P44），LG則有超市 3.2樓的「倫敦」館置有一輛雙層巴士 4.Sugar Cream（1F）的二手連身裙B1190 5.Define Romance（1F）的連身裙B1590 6.Define Romance（1F）的花紋圖案上衣B890

Baanying Café & Meal

別冊MAP ● P18B2

全天候提供茶類與餐點

店內除了提供乳酪蛋糕等自家製甜點外，亦備有泰國菜和義大利麵等豐富的餐點。多達約20種的水果奶昔B50～也請務必一試。

1.紅毛丹果凍B50，可加點喜好口味的冰淇淋B50做裝飾 2.店內為木造建築，相當舒適

DATA ㊟5F ☎0-2108-0836 ㊛10～22時 ㊡無 Ⓔ🄴

大型免稅商店「King Power Downtown Complex」亦有豐富的泰式雜貨與點心。
㊋BTS勝利紀念碑站步行5分 ☎0-2677-8899（代） ㊛9～21時 ㊡無 別冊MAP/P8A3

The Platinum Fashion Mall

人氣NO.1的 超低價批發中心

本館為泰國最大規模的批發站，分成本館（ZONE1～2）與新館（ZONE3）兩棟大樓，7個樓層共計約有1800家店舖，以批發價銷售流行配件。本館深受當地女性的鼎力支持，甚至還有業者前來採購！

1.幾乎所有店舖都只接受現金交易，最好先換錢後再去　2.狹窄的通道兩側都是店舖　3.Alex Shop（ZONE2/3F）的夏季洋裝B350　4.Brotherhood（ZONE1/2F）的短褲B200　5.Top Bag（ZONE3/3F）的條紋肩背包B490　6.Chic Room Accessories（ZONE2/5F）的5連手環B150

樓層導覽

	ZONE 1～2	ZONE 3
6F	泰式雜貨、美食廣場、超商	—
5F	童裝、首飾、禮品、咖啡店	鞋類
4F	女裝．男裝	鞋類、包包、皮帶
3F	女裝、換匯所	包包
2F	女裝、飲食店、換匯所	女裝
1F	女裝、飲食店、換匯所	女裝
BF	女裝、褲子、換匯所	—

DATA ㊋BTS七隆站步行15分 ㊟Petchaburi Rd. ☎0-2121-8000（代） ㊐9～20時（週三、六、日8時～。部分店舖有異） ㊡無

Amarin Plaza

鎖定平價泰式雜貨

這間購物中心匯集了許多以在地民眾為顧客群的店舖。來這裡一定要到本館3樓的「Thai Craft Market」逛逛，這裡匯集了約40間泰式雜貨店，可以用便宜的價格買到陶瓷器及泰絲製品等。

樓層導覽

樓層	
5F	各種補習班、書店
4F	餐廳、咖啡店
3F	女裝．男裝、泰式雜貨（Thai Craft Market）、美容沙龍
2F	女裝．男裝、眼鏡、藥粧店
1F	女裝．男裝、珠寶、時鐘、雜貨、布料

1.2.雜貨、衣服、書店、美容沙龍等全集中在本館　3.TONPO（3F）的象型醬油瓶各B100　4.TONPO（3F）的玫瑰木製湯匙B80（2支1組）　5.TONPO（3F）的青瓷小盤B100（任選4個1組）　6.Headwork Decor（3F）的棉質披肩

DATA ㊋BTS七隆站步行1分 ㊟496-502 Ploenchit Rd. ☎0-2256-9111（代） ㊐10～21時（部分店舖有異） ㊡無

規模、人氣都是曼谷一等一

週末到恰圖恰週末市集

在這個超級巨大的市集，可以用低於市價的價格買到各種商品，就算逛一整天也逛不完。除了購物外，在雜亂無章的市集內感受熱氣瀰漫的氣氛，也是逛市集的一種樂趣！

1.位於建地內中央的鐘塔，是最佳的集合地點

2-4.6.擺得密密麻麻的商品，這裡是亞洲雜貨的寶庫。還能享受殺價的樂趣

5.到了下午人潮洶湧，擠得無法筆直行走

7.來杯新鮮椰子汁或柳橙汁等補充水分

8.到麵類或飯類等的飲食店用餐或是吃冰等零食來補充能量

曼谷北部　別冊 MAP P5C1

恰圖恰週末市集

Chatuchak Weekend Market

所有店鋪共計超過1萬家

在這個只在週六、日開業的市集，從服飾、雜貨、陶器、家飾到觀葉植物等商品，應有盡有。在小店擠得密密麻麻的市集內，錯綜複雜的通道宛如迷宮般。建議最好在氣溫較涼、人潮較少的上午時段去逛。

DATA ㊋BTS慕七站步行3分，或是MRT甘烹碧站步行1分　㊟Phahon Yothin Rd.
☎0-2272-4440(綜合導覽)
㊐週六、日的8～18時左右(視店鋪而異)
㊡週一～五

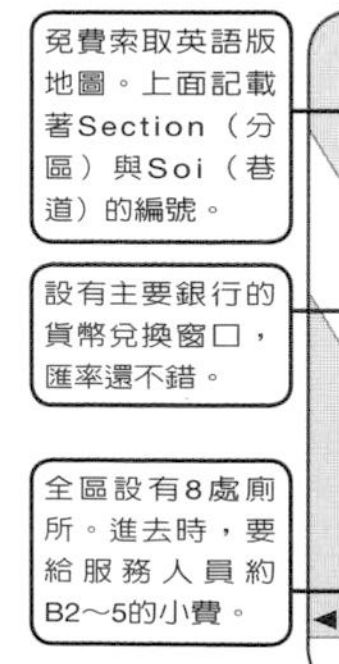

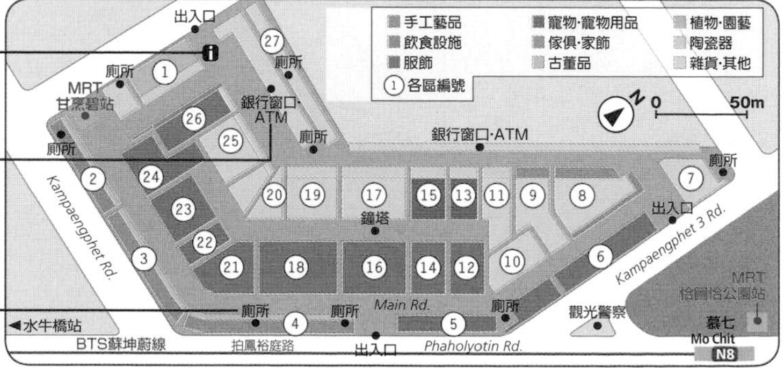

小小資訊　市集內所到之處都有飲料小吃攤，衛生方面雖無問題，卻不夠周到，最好選擇食材流動率快的店面。此外，身體狀況差時最好避免吃路邊攤。詳見P69的逛市場的訣竅。

便宜可愛的配件小物大集合！

※上面標示的是取材時的金額，僅供參考。

女演員風格的帽子，採寬帽緣設計 B200

附蝴蝶結帽子 B200

原創設計A4包 B450

舒適好穿的塑膠製涼鞋 B250

合成皮革製民族風鞋 B370

刺繡圖案相當可愛的小包包 B400

印有大象圖案的T恤 B150

綴上寬衣領的上衣 B150

亞洲風花紋的女用薄背心 B200

以異素材拼接的成熟風連身裙 B500

超便宜的短褲，只要 B100

象紋化妝包，12個1組B150

蠟燭（3個1組） B200

芒果樹製的手鐲 B80

綢緞材質製的髮箍 B150

以玻璃裝飾的項鍊 B250

以水草編織的手工扇 B30

草藥球 （大）B60 （小）B40

心型香皂。6個1組 B180

目標不光只有購物！

DAY&NIGHT到市場選購可愛又平價的伴手禮

曼谷到處都有市場。不但購物超划算，同時也是讓人感受到熱氣瀰漫、濃厚泰國色彩的人氣觀光景點。由於人潮混雜，請務必小心扒手。

Day

是隆路　別冊MAP P17C2

Lalaisap Market

平日日間時段變成粉領族專屬市場

這個市場位於辦公商區，到了午餐時段，粉領族就會聚集在此，因此又被稱為「粉領族市場」。這裡陳列許多可在辦公室及渡假區使用、價格公道且適合女性的配件小物。

DATA ㊋BTS沖暖詩站步行3分 ㊟Soi 5, Silom Rd. ☎視店鋪而異 ㊕6～18時左右 ㊡週六、日

1. 中午12點前後是公司的午休時間，也是人潮最擁擠的時段　2. 高雅的連身長裙B59　3. 附小花裝飾的化妝包，打折後B350

Day

運羅周邊　別冊MAP P15C1

Pratunam Market

相當於批發價的超低價格

在這裡可用超低價格買到各種服飾，據說也有採購員來此採購。由於售價近乎批發價，故幾乎所有店舖都禁止殺價。交通雖有些不方便，卻很值得一逛。

1. 下午人潮比較擁擠，建議最好上午來逛　2. 薄背心1件B70，3件B150

DATA ㊋BTS披耶泰站步行20分 ㊟Ratchaprarop Rd. ☎視店鋪而異 ㊕8～16時左右 ㊡無

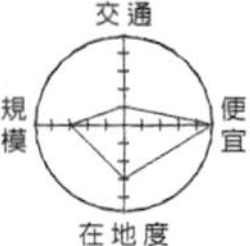

Day

中國城　別冊MAP P21D4

Pahurat Market

買布製品請來這裡

這裡是位於印度街的知名市場，有不少布料店專賣製作傳統民族服飾紗麗用的鮮艷布料。

這裡的人潮較少，可專心購物

DATA ㊋MRT華藍蓬站搭車7分 ㊟Pahurat Rd. ☎視店鋪而異 ㊕8～17時左右 ㊡週一

小小資訊　碼頭夜市、恰圖恰週末市集的詳細介紹請分別參閱P60、P66。

※本書刊載的商品與價格均為取材時的資料。另外結帳只收現金，不可刷卡。營業時間也會視天候與顧客人數而更動。

🐾逛市場的訣竅

服裝、攜帶物品

帽子、涼鞋及飲料是必攜品，以做好防暑對策。另外還有計算機，可用來殺價。由於市場扒手多，包包一定要片刻不離身。

判斷要慎重、迅速

由於在人潮中很難中途折回，因此發現喜歡的物品就要立刻購買！不過幾乎所有店舖都沒有試衣間，也不能退還商品。

可以殺價嗎？

大部分的店舖都可以殺價，大量購買者比較容易殺價。其中，也有些店舖概不打折。

Sampheng Market

趣味雜貨大集合！

在狹窄的巷道內排列著許多店舖。商品從服飾到雜貨，種類繁多，因此又被稱為「批發商市場」，商品售價全都近乎批發價。

1. 大容量髮圈與串珠2包只要B80！　2. 巷道的路寬相當狹窄，勉強可與人擦肩而過。另外，大多店舖都售有鈕扣、串珠及文具等

DATA ㊋MRT華藍蓬站搭車7分
㊟Samphan Thawong Bangkok
☎視店舖而異　㊌8～17時左右　㊡無

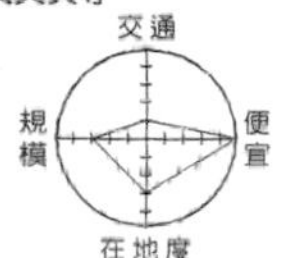

路旁一整排都是店面

Pak Khlong Talat花市

Pak Khlong Talat

色彩繽紛的花田

這裡是花市。由於鮮花禁止帶回台灣，在曼谷滯留期間，不妨買些鮮花插在飯店裡做裝飾吧。

DATA ㊋MRT華藍蓬站搭車10分
㊟Chakraphet Rd.　☎視店舖而異
㊌24 小時　㊡無

拍蓬夜市

Patpong Night Market

位於知名鬧區的夜市

由於外國觀光客相當多，因此店員會拉抬價格，但卻很好殺價。道路的兩側有Go Go Bar，可在外面觀看感受其氣氛。

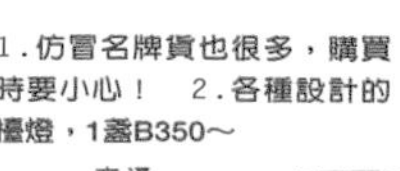

1. 仿冒名牌貨也很多，購買時要小心！　2. 各種設計的檯燈，1盞B350～

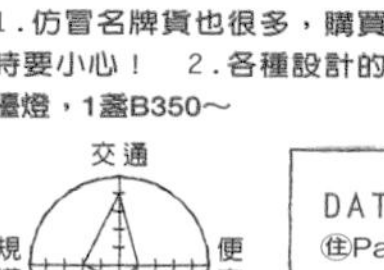

DATA ㊋BTS沙拉鈴站步行3分
㊟Patpong Rd.
☎視店舖而異
㊌18時～翌1時左右　㊡無

翁聿夜市

On Nut Night Market

這裡擺滿了女用商品！

這個市場專賣女性用品，從服裝、包包、鞋子到飾品，應有盡有。道路很寬，能讓人徹底逛個仔細，可以隨意來此一逛。另設有飲食區。

1. 位於車站正前方，交通相當方便　2. 鞋子種類相當豐富，從平底鞋到涼鞋一應俱全

DATA ㊋BTS翁聿站步行一會即到　㊟Soi 79～81,Sukhumvit Rd.　☎視店舖而異　㊌16～22時左右　㊡無

令人一見鍾情的美麗光澤

在「Jim Thompson」邂逅頂級泰絲

泰絲是泰國的傳統工藝品，其美麗與品質也被備受全世界肯定。
不妨到這間舉世聞名的泰絲頂級品牌店，一探泰絲的真髓。

是隆路 別冊MAP P17C1

Jim Thompson Main Store

泰國最知名的高級泰絲品牌店

1948年，美國人Jim Thompson創立這家高級泰絲品牌店。由專業師傅一針一線織出頂級的絹絲，其美麗的光澤、光滑的質感以及種類豐富的細緻花紋，只有在這裡才能看得到。從招牌商品絲巾及化妝包等小物到衣服及家飾用品，一應俱全。

DATA ㊇BTS沙拉鈴站、MRT是隆站步行3分 ㊟9 Surawong Rd.
☎0-2632-8100 ㊋9～21時 ㊡無
☑有諳英語的員工

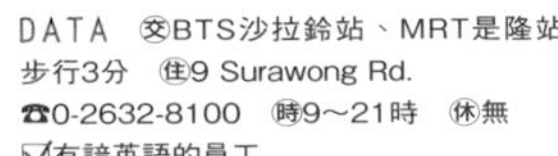

［主要分店］
- Central World店 （別冊MAP/P15C3）
  ☎0-2613-1453 ㊋10～22時 ㊡無
- Siam Paragon店 （別冊MAP/P14B3）
  ☎0-2129-4449 ㊋10～21時 ㊡無
- Emporium店 （別冊MAP/P19C3）
  ☎0-2664-8615 ㊋10～21時 ㊡無
- Ⓗ曼谷文華東方酒店店 （別冊MAP/P11C3）
  ☎0-2630-6767 ㊋9～20時 ㊡無
- 蘇凡納布國際機場店
  ☎08-1376-4054（Terminal West店）
  ㊋24小時 ㊡無

1.店內共3層樓，全都擺滿了引以自豪的泰絲製品 2.3樓為家飾區。亦可訂做窗簾及床單等
3.色彩繽紛的披肩及絲巾是招牌人氣商品
4.店內亦有各種珠寶盒及化妝包等美麗有質感的小物 5.連泰國的名媛也相當喜愛的泰絲包
6.白堊岩建築，為是隆路的象徵之一

小小資訊 曼谷市內亦有暢貨中心，絲巾等商品價格約市價的5～7折！同時還有數千種以上的布料。
㊇BTS挽節站步行7分 ㊟153 Soi Sukhumvit 93 ☎0-2332-6530 ㊋9～18時 ㊡無

Check！

誰是Jim Thompson？

1906年生於美國德拉瓦州。他以美國陸軍的身份前往曼谷赴任，後來深深地被泰絲所吸引，決定在此永住。他致力於復興衰退的泰絲，將泰絲扶植為泰國一大產業。1948年，他創建了「Jim Thompson」的前身「泰絲公司（Thai Silk Company Ltd.）」。1967年，他在馬來西亞失蹤，然而他所立下的功績卻一直傳承至今。

金湯普森博物館

Jim Thompson's House & Museum

金湯普森以前居住的宅邸對外公開。在這裡可以看到亞洲美術中少見的雕刻及陶瓷器收藏品，其價值據說相當於國寶級。

DATA ㊋BTS國家運動場站步行5分
㊟6 Soi Kasemsan 2, Rama I Rd. ☎0-2216-7368
㊓9～17時 ㊡無 ㊎B100 Ⓔ

名品Collection

包括以南國植物為主題的
「Tropical」系列及
各種色彩圖案相當漂亮的配件。
除了泰絲製品外，亦有使用
休閒棉及高級皮革
所製成的原創商品。

布偶（小）

這是被稱為「暹羅象」的人氣商品。有多種色彩與花紋

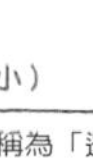

鑰匙圈

招牌人氣小物。除了照片中的泰絲製鑰匙圈外，亦有皮革製鑰匙圈

零錢包

以4色泰絲織成摩登的圖案。外型小巧，適合送禮

化妝包

相當別緻的黑白花紋。棉製材質，可輕鬆隨性地使用

面紙包

上面鑲有許多小象圖案。是泰國特有的設計

絲巾

鮮艷的黃色與花紋所構成的南國風情畫。質感相當光滑

手帕

上面印有各種姿勢的大象圖案。為棉製

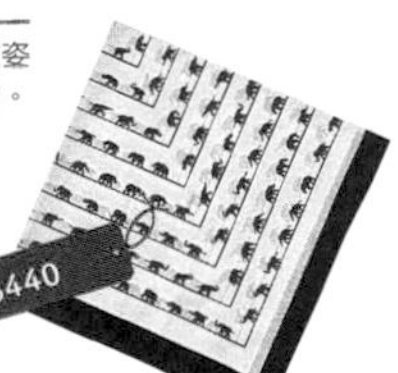

披肩

美麗的色彩與柔軟的觸感為魅力所在。色彩與圖案也相當豐富

玫瑰包

屬於圖案相當華麗的「Tropical」系列。鈕扣為心型

手提包

使用經PVC（聚氯乙烯）加工過的泰絲與橘色皮革所組成

迷你肩背包

以色彩繽紛的泰絲織成美麗的圖案。另有藍色與紫色等

泰國最具代表性的2大陶瓷器

令人著迷的青瓷&班加隆

風格樸素的青瓷與金彩華麗耀眼的班加隆，是泰國2大美麗的傳統陶瓷器。
由於市面上充斥許多類似商品，建議最好到專賣店購買真品。

Ceradon 青瓷

13世紀泰國素可泰王朝時代時，自中國流傳而來的瓷器。使用的是自然落灰釉，以冰裂紋（開片紋）及表面如同玻璃般的光澤為其魅力。

盤子
B180
以蓮葉為設計。蓮葉脈等紋路也仔細描繪出來Ⓐ

沙拉碗　B395
以人氣極高的香蕉葉為造型。另有平坦型Ⓐ

小盤子　B68
招牌藍色的小盤子。可用來盛裝調味料或首飾等小物Ⓐ

色
以如同翡翠般的翡翠綠為主流。亦有藍、褐、白等各工坊獨自的顏色

冰裂紋
玻璃質的表面底下可看到的獨特紋路。這是將瓷器以約1200℃燒烤後產生熱收縮所產生的紋路

素燒
不上釉藥、刻意保留素燒部份作為設計上的亮點，極具現代風格

茶杯與茶托
B290
招牌色的人氣商品。葉子造型的茶托相當可愛Ⓐ

調味料罐　B395
為可愛的小象造型！象鼻部份為壺嘴Ⓐ

茶壺　B1800
茶壺及壺蓋的握把部份為細竹片製。採用露出素燒部份的摩登設計Ⓐ

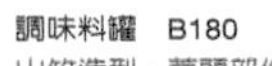

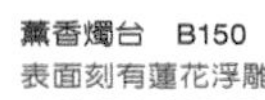

調味料罐　B180
山竹造型，蒂頭部份採用素燒。湯匙另售B28Ⓐ

薰香燭台　B150
表面刻有蓮花浮雕。燭光會從鏤空部份發出亮光Ⓐ

●是隆路

A 別冊MAP P17C1 The Legend

匯集各種日常生活用的青瓷製品

這家青瓷專賣店以貨色齊全豐富而受到好評。店內所陳列的眾多商品，全都是自清邁的工廠所進貨，瓷器色彩幾乎都以招牌綠及深藍色為主。除了造型簡約的盤子及紅茶茶壺外，還有以象、山竹等具泰國特色的動植物為題材的獨特設計商品，以及將未上釉藥的素燒瓷器加以組合的商品等，種類相當多樣化。價格範圍有高有低。

DATA　㊋BTS沙拉鈴站步行1分
㊟3F Thaniya Plaza, Silom Rd.
☎0-2231-2170　㊒10～19時
㊡無　Ⓔ

小小資訊　「Thai Isekyu」有開設班加隆繪畫教室。開課時間為週二、四、五的9～12時及13～16時2場，費用為B300＋材料費。材料費視製作物品而異，像是紅酒杯B700、咖啡杯B700等。

保養方法

青瓷

由於青瓷充滿光澤的表面質地近似玻璃，因此可輕易地去除污垢。使用後，與一般餐具一樣以餐具用洗劑清洗即可。可放進微波爐微波，基本上不可放進烤箱，這點要注意。

班加隆

班加隆的圖案與顏色都是經高溫燒烤定色的，因此不須擔心會掉色，不過清洗時小心別用力刷洗柔軟的金彩部份。亦可使用海綿及餐具用洗劑清洗。不可放進微波爐微波，這點一定要注意。

班加隆

「班加隆（Benjarong）」的語源來自梵語的「五彩」。這是在白瓷上以五彩繽紛的顏料塗色，經燒烤後定色的傳統瓷器，13～18世紀期間為皇室專用的瓷器。

小咖啡杯
B2500
泰國常見的蓮花圖案。大量使用金彩，相當豪華Ⓒ

調味料罐
B600
相當有人氣的設計，可從象鼻倒出調味料。壺蓋的握把為小象！Ⓑ

湯匙　各B350
上面所描繪的是泰國的花卉。可購買同款不同色的湯匙，相當可愛Ⓑ

金彩
班加隆的特徵之一，約於200年前確立這項技術。以使用24k金為主流

色
自古以來的傳統色為深紅、藍、綠。近來也出現了粉紅及黃色等柔和的顏色

圖案
以金色描繪邊緣，畫好圖後，再度用金色滾邊。一般以蓮花、稻穗、寺院等為題材

鮮奶油&砂糖、托盤組
B1100
使用柔和色彩繪製的花紋。可分售Ⓑ

小物盒　B400
以淡淡的柔和色彩所繪製的花紋相當可愛。可用來放飾品或裝調味料Ⓑ

調味料罐　B1350
以少見的橘色為基調。在厚度薄且堅固的骨瓷上上色Ⓒ

托蛋架　B950
以罕見的黑色為底色，更能突顯白花圖案與金彩，相當別緻Ⓒ

啤酒杯　B1600
使用現代風格的淡色描繪傳統的花紋。啤酒的口感也會變得額外順口Ⓑ

●蘇坤蔚路

B 別冊MAP P18B2 Thai Isekyu

泰國首屈一指的高品質名店

店內全都是原創的班加隆，其纖細的畫工與品質深受肯定。店長為日本人，因此店內商品以日本人偏好的色彩與圖案居多。平日下午4點以前都可以來店內參觀瓷器繪畫。

DATA ㊋BTS阿速站、MRT蘇坤蔚站步行5分 ㊟1/16 Soi 10 Sukhumvit Rd. ☎0-2252-2509 ㊐9～17時 ㊡週日 Ⓔ

●蘇坤蔚路

C 別冊MAP P18B2 Siam Ceramic Handmade

傳承3代的班加隆專賣店

本店商品是在位於曼谷南部的自家工廠進行製作。瓷上作畫用的白瓷，使用的是最高級品的骨瓷。Ⓗ曼谷文華東方酒店（→P110）等高級飯店所使用的也是本店的瓷器。

DATA ㊋BTS阿速站、MRT蘇坤蔚站步行3分 ㊟202 Sukhumvit Rd. ☎0-2653-3729 ㊐10時30分～23時 ㊡無 Ⓔ

尋找獨一無二的雜貨

充滿溫度的
泰國自然素材雜貨

使用棉、藤、椰子樹等自然素材製成的泰國雜貨，其魅力在於融合簡樸與摩登的設計。每一樣價格都相當實惠，一次採購也很OK。

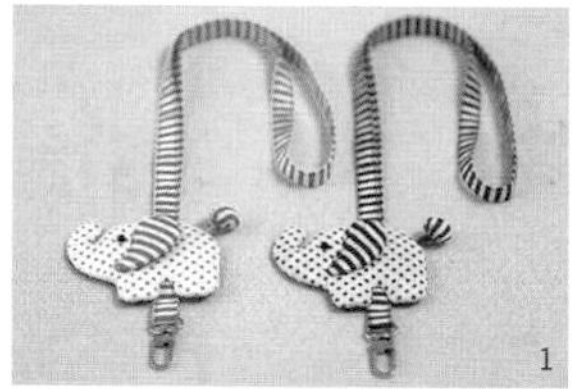
1

2

3

4

5

6

7

8

1.大象識別證掛繩，各B120Ⓐ 2.人氣極高的蝴蝶結系列棉布手提包B210Ⓐ 3.大中小化妝包組B475Ⓐ 4.嘟嘟車手機吊飾B1500Ⓑ 5.沐浴手套B330Ⓒ 6.泰文字綴珍珠項鍊，各B1680Ⓑ 7.鑲粉晶象型吊墜B1200～Ⓑ 8.毛巾B730Ⓒ

●蘇坤蔚路

Naraya

別冊MAP ● P19C3

以技巧熟練的手工藝師傅所製作的特製花紋布製小物聞名（又稱曼谷包）。除了招牌商品蝴蝶結包與化妝包等外，還有豐富的色彩、花紋及各種尺寸的商品。商品價格實惠也是本店人氣高的原因，像是化妝包約B40～。

DATA 交BTS鵬蓬站步行1分 住654-8 Corner of Sukhumvit 24 ☎0-2204-1145 時9時～22時30分 休無 E

●蘇坤蔚路

Sistema

別冊MAP ● P18B2

以泰文字、數字、象及嘟嘟車等泰國特有主題為裝飾的飾品最有人氣。本店所有商品都會放進孟族手工製的布袋妥善包裝，深受顧客好評，也很適合送禮。

DATA 交BTS阿速站、MRT蘇坤蔚站直結 住Terminal 21（→P64）3F ☎0-2108-0971 時10～22時 休無 E

●蘇坤蔚路

Planeta Organica

別冊MAP ● P19D4

清邁的有機商品專賣店。店內擁有各種講究觸感、穿著感、舒眠的自然素材製商品，除了小物外，亦售有衣服及寢具。

DATA 交BTS通羅站步行10分 住18/3 Soi 49,Sukhumvit Rd. ☎0-2662-6694～5 時10～18時 休無 E

現在「Naraya」在曼谷共有16家店舖。除了2012年開幕的碼頭夜市（→P60）店外，尚有Central World（→P87）、東急MBK（別冊MAP/P14A3）店、拍蓬街（別冊MAP/P17C1）店等。

泰國傳統工藝品

布製品

除了泰絲外，棉製品的製造也相當興盛。泰國北部山岳民族的刺繡及拼布也是泰國特有的手工藝。

編織品

以藤、竹、泰產水草「Lipao」手工編織的製品，包括包包、小物及傢俱等。不但堅固耐用，用久了顏色也會別有一番味道。

銀飾

為泰國北部的工藝品，其中又以山岳民族克倫族等的銀製品最有名。種類包括首飾、餐具、以及含銀絲的編織包等。

9

10

11

12

13

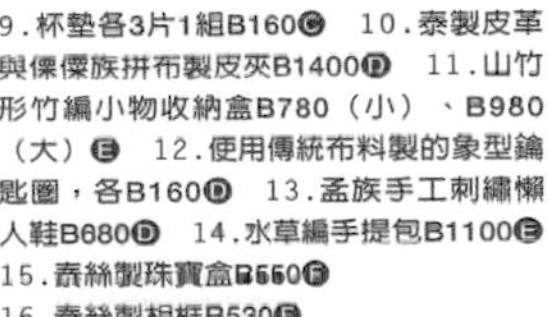

9.杯墊各3片1組B160Ⓒ　10.泰製皮革與傈僳族拼布製皮夾B1400Ⓓ　11.山竹形竹編小物收納盒B780（小）、B980（大）Ⓔ　12.使用傳統布料製的象型鑰匙圈，各B160Ⓓ　13.孟族手工刺繡懶人鞋B680Ⓓ　14.水草編手提包B1100Ⓔ
15.泰絲製珠寶盒B660Ⓕ
16.泰絲製相框B530Ⓕ

14

15

16

D ●暹羅 Lofty Bamboo

別冊MAP ● P14A3

本店專售以克倫族、孟族等泰國北部山岳民族所織的布料製成的小物。店長為日本人，店內陳列各種有品味的衣服、包包及小物等。

DATA ⓧBTS國家運動場站步行1分 ㊟2F Shop 2A13, MBK Center, 444 Phayathai Rd. ☎0-2611-7121 ㊕10時30分～20時 ㊡無 Ⓔ

E ●是隆路 Tamnan Mingmuang

別冊MAP ● P17C1

專售以泰國水草及竹子編織品的專賣店。店內擺滿了小物收納盒、家飾用品等。此外，亦售有織紋細膩的編織包等精緻商品，須費時數個月才能完成。

DATA ⓧBTS沙拉鈴站步行1分 ㊟3F, Thaniya Plaza, Silom Rd. ☎0-2231-2120 ㊕10～19時 ㊡無 Ⓔ

F ●是隆路 Anita Thai Silk

別冊MAP ● P16A3

創業於1959年的泰絲老店，店內陳列各種以帶有美麗光澤與色彩的泰絲製成的小物、化妝包及地墊等。另外亦受理訂做泰絲洋服B3900～（約4日）。

DATA ⓧBTS素拉刹站步行10分 ㊟294/4-5 Silom Rd. ☎0-2234-2481 ㊕9～18時（週六～17時30分）㊡週日 Ⓔ

將道地泰國味帶回家

到超市 選購分送伴手禮

街上到處可見的超市是伴手禮的寶庫。可以用實惠的價格購買調味料及零食等，讓你回國後也能嘗到泰國味。看到寫有泰文的包裝也會覺得心情愉快。

調味料＆真空包裝食品

咖哩醬　各B18
共有綠咖哩、紅咖哩、黃咖哩3種口味。可加入雞肉等喜歡的配料與椰奶一起煮Ⓐ

甜辣醬　B27
酸酸甜甜的泰國招牌調味料。吃炸雞塊或甜不辣時可沾醬食用Ⓐ

泰式什錦火鍋醬　B36
泰式什錦火鍋專用沾醬。添加豆腐發酵製成的紅豆腐乳，使味道更有深度Ⓐ

金邊粉・泰式酸辣蝦湯調理包　各B75
袋內裝有香草及醬料等的調理包。附外語食譜，可在家輕鬆調理Ⓑ

魚露　各B7～8
魚露是煮麵及炒菜等泰式料理不可或缺的調味料。有60ml的迷你瓶等各種容量Ⓐ

Meal Kit拉帕　B69
泰國東北地方的沙拉「拉帕」調味粉。只要將包裝內的調味料與絞肉一起拌炒即完成Ⓑ

泰式什錦炒飯調味粉　B63
泰式什錦炒飯「Kaopud」的調味包。只要倒進鍋內與白飯一起拌炒，最後擺上荷包蛋即完成Ⓑ

泰式酸辣蝦湯高湯塊　B20
泰式酸辣蝦湯的高湯塊。與鮮蝦、菇類一起放進鍋內煮開，就能煮出一鍋好湯Ⓐ

●蘇坤蔚路

Fuji Super（1號店）

Fuji Super (Branch 1)

別冊MAP ● P19C3

位於日本街上的日系超市

曼谷市區有4間分店（→P90欄外），這間1號店於2012年重新開幕。店內除了售有生鮮食品與日本食材外，也有許多豐富的泰式調味料及零食等。是當地日本人的專屬超市。

DATA　㊋BTS鵬蓬站步行3分
㊟593/29-39, Sukhumvit Soi 33/1　☎0-2258-0697
㊋8～22時　㊡無　Ⓔ

●暹羅

伊勢丹超市

Isetan Super Market

別冊MAP ● P15C3

日系超市特有的齊全貨色與商品陳列

日系百貨公司「伊勢丹」附設的超市。特色是人氣商品旁會附上特別標示，方便顧客尋找商品。除了盒裝巧克力等外，也有各種伴手禮。

DATA　㊋BTS七隆站步行7分
㊟CentralWorld（→P87）內 伊勢丹5F
☎0-2255-9898（代）
㊋10～21時　㊡無　Ⓔ

小小資訊　在泰國，販賣酒類飲料的時間有限制，只有在11～14時、17～24時這2個時段才能在商店及超市買酒。其他時間及逢舉行佛教、皇室相關儀式之日或節日、選舉前日及當天，一律禁止販售酒類飲料。

購買平價美妝品到這裡

暹羅 別冊MAP P15C3 **Boots**

曼谷市內約有150間店鋪，是泰國主要的藥妝店。店內售有各種使用泰國藥草與水果製成的自有品牌護膚商品，價格實惠為其魅力。

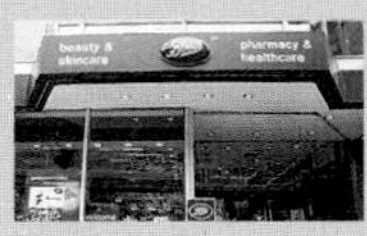

DATA ㊂BTS七隆站步行1分 ㊟Amarin Plaza (→P65) GF ☎0-2256-9946 ㊕8～22時 ㊡無 Ⓔ

從左到右依序為甜蜜香氣相當療癒的杏仁椰子沐浴露B78、Papaya – Pineapple Hawaiian Cool Peel Gel B49、含乳油木的甜芒果身體磨砂膏B149

零食&飲料

山竹口味威化餅
榴槤口味威化餅
各B22
內夾新鮮水果製成的奶油餡。榴槤口味可以成為親友間的話題!?Ⓑ

芒果乾 B19
充分活用素材本身的自然甜味且價格實惠，深受大眾歡迎。價格便宜Ⓓ

Calbee蝦味先
(泰式酸辣湯口味) B20
Calbee的招牌零嘴泰國限定口味。微辣的滋味，最適合當下酒菜Ⓒ

牛奶巧克力 B99
除了象型外，亦有哈努曼（神猴）等傳說或神話中神明的形狀。4個裝Ⓑ

泰國啤酒各B33～34
(350ml罐裝)
除了常見的勝獅SINGHA啤酒外，亦有TIGER、大象CHANG、LEO等品牌的啤酒，種類相當豐富Ⓒ

山竹汁 B30
將帶有高雅甜味的高級水果榨成果汁。果汁含量33%，味道清爽Ⓐ

椰子乾 B55
果肉經緩慢乾燥，保留新鮮椰子的口感。樸實的甜味為其特徵Ⓐ

拉帕口味百力滋餅乾棒 B13
泰國限定的泰式沙拉「拉帕」口味。由於香辣的口味大受歡迎，造成商店陸續缺貨！Ⓒ

驅蟲噴霧 B90
含尤加利樹及柑橘類抽出物。在泰國是不可或缺的必備品Ⓑ

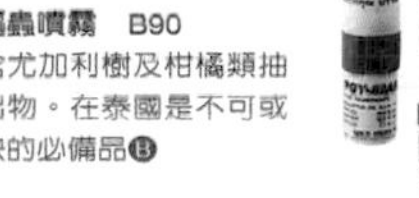

酷比涼涼鼻吸劑
各B9～20
含薄荷成份的薄荷棒，為泰國人的愛用品。可疏通鼻塞及舒緩頭痛Ⓑ

日用品

牙膏 B33
泰國民眾自古以來一直使用的老牌牙膏之一。添加天然萃取物Ⓑ

山竹香皂、檸檬草香皂 各B65
使用自然素材製成的人氣商品。山竹有美膚功效，有肌膚老化問題則適用檸檬草Ⓐ

●暹羅
C Big C Supercenter

別冊MAP ● P15C3

位於市中心的大型超市

泰國人專屬的大型量販店。除了衣服及日用品外，2樓整層都是大型超市，貨色相當齊全。另設有散裝乾果賣場及泰國菜熟食區。

DATA ㊂BTS七隆站步行7分
㊟97/11 Ratchadamri Rd.
☎0-2250-4888
㊕9～24時 ㊡無 Ⓔ

●蘇坤蔚路
D Tops Market

別冊MAP ● P19D3

當地民眾也經常光顧的平民超市

在曼谷擁有92間分店的大型連鎖超市。規模雖然不大，店內卻陳列許多泰式調味料及零食等人氣主打商品。開店時間很早，相當方便。

DATA ㊂BTS鵬蓬站步行3分
㊟745 Soi 41, Sukhumvit Rd.
☎0-2662-6390
㊕8～23時 ㊡無 Ⓔ

1.擠得水洩不通的帳篷　2.狹窄的通道擠滿了人潮　3.由於以前附近有鐵路，因此這裡才被稱作鐵道夜市（Talad Rodfai）　4.青空美甲沙龍的指甲油約B100　5.鞋子價格也超便宜！

最新夜市

來去「拉查達鐵道夜市」！

2015年1月，規模之大堪稱曼谷之首的拉查達鐵道夜市正式開幕。約上千家店鋪的彩色帳篷排滿整個夜市，陳列的商品除了有衣服、鞋子、首飾、美妝品等外，亦有二手衣及古董雜貨等。每樣商品的價格都超便宜，這也是拉查達鐵道夜市的魅力之一。購物後可以好好享受逛路邊攤的樂趣。

這裡是在地年輕人專屬的購物中心，每樣商品都是當地價。一到週末就會特別熱鬧！

這些是戰利品！

1.連身裙B50。左右不對稱的肩帶為亮點　2.直條紋短褲B50　3.樹脂素材製涼鞋B150　4.針式耳環各B20。設計相當多樣化

泰國文化中心　別冊 MAP P9C2

拉查達鐵道夜市

Talad Rodfai Ratchada

DATA　㊋MRT泰國文化中心站步行3分
☎視店鋪而異　㊐17時左右～翌1時左右
㊡週一

晚餐就吃路邊小吃！

1.這裡有泰國菜、碳烤漢堡等，種類相當豐富
2.發現鬆餅！

小小資訊　諸如「拉查達鐵道夜市」等夜市，愈晚會愈混亂擁擠，狹窄的道路勉強只能讓行人擦肩而過。若想仔細觀看商品，建議最好在夜市開市後稍早的時段或平日來逛。

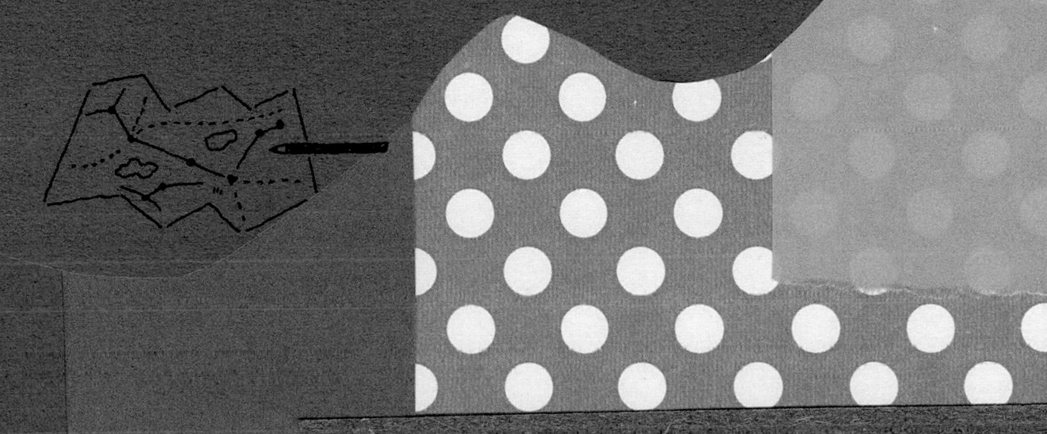

遊逛

舉凡購物中心到處林立的購物區、

在地外國人居多的時尚區等，

曼谷各區各有其個性。

首先先從3大寺院巡禮開始介紹！

3大寺院巡禮①

到臥佛寺與金身大臥佛面對面

來到曼谷一定要親眼瞧瞧大臥佛，任誰都會被其宏偉的身軀與耀眼奪目的金身所震撼。寬闊的境內建有本堂、迴廊及佛塔，瀰漫著泰國僧院特有的莊嚴氣氛。

臥佛寺
Wat Pho

曼谷最古老、歷史最悠久的佛教寺院

別名「涅槃寺」。18世紀末，拉瑪1世下令重新整修大城王國時代即存在的寺院；到了19世紀，拉瑪3世下令大幅整修，終於完成現在的大伽藍。拉瑪3世在位時期，曾在此設立佛教、醫學及文學等學問所，因此臥佛寺也是一座教育中心。直到現在，臥佛寺內仍保留泰式古法按摩學校，也是泰式古法按摩的總本山，可到這裡體驗按摩。臥佛寺有多個入口，一般觀光客都是從Thai Wang Road的大門進入。

DATA ㊛MRT華藍蓬站搭車約15分
㊋8時30分～18時30分
㊡無
㊎B100（附礦泉水）

全身以金箔覆蓋、從頭到腳長達46m的大臥佛

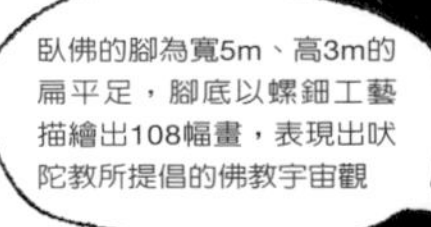

1 釋迦佛堂

大臥佛所橫躺的佛堂。這尊臥佛像呈現出開悟後的釋迦牟尼進入涅槃前的模樣，其超然的表情是必看的重點。1832年，由拉瑪3世下令修建。

參拜大雄寶殿及佛堂時，首先進入前先雙手合十，脫掉帽子與鞋子後再進入殿內。接著在佛像面前正座，雙手合十並敬禮。此外，泰國有可積功德的「Tambun（布施）」習俗，到寺院參拜時供奉鮮花及捐香油錢也是Tambun的一種。

如何參觀3大寺院

Model Route

- 臥佛寺［需1小時］
  - 步行10分
- 玉佛寺＆大皇宮（P82）［需3小時］
  - 步行5分到碼頭，搭遊船3分
- 黎明寺（P84）［需1小時］

參觀寺院的禮儀

不可穿著背心短褲等露出肌膚的服裝。另外，腳掌被視為不淨之物，不可在佛像面前露出腳掌。境內禁煙、禁酒，有時也會禁止飲食及攝影、嚴禁用閃光燈。

+α行程備案

早晨7點30分可參加臥佛寺舉辦的泰式瑜伽「Rusie Dutton」（→P98）。另外由於玉佛寺與大皇宮的售票截止時間較早，如果打算下午才逛的話，請先逛玉佛寺。

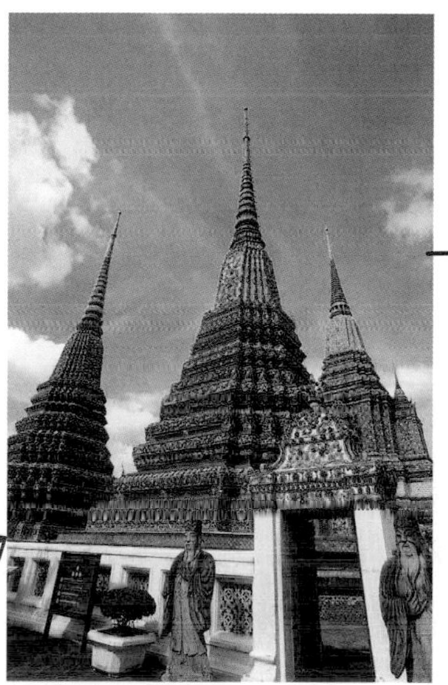

2 佛塔

可看到4座以陶瓷片裝飾的佛塔，綠色代表拉瑪1世，白色代表拉瑪2世，黃色代表拉瑪3世，藍色則代表拉瑪4世，並分別供奉其遺物。

3 迴廊

大雄寶殿外圍環繞著雙重迴廊。外廊上置有約250尊佛像，內廊則置有約150尊佛像，其姿態包括站姿及坐姿，還能欣賞各種手印，喜歡佛像者千萬別錯過。

大雄寶殿內的壁畫描繪釋迦牟尼的生涯，而在8扇門上則以螺鈿工藝呈現出泰國史詩拉瑪堅的故事

4 大雄寶殿

臥佛寺的主佛原是昭披耶河西岸的Wat Saracina所供奉的佛像，由拉瑪1世下令將這尊佛像移到臥佛寺。主佛的臺座內供奉著拉瑪1世的遺骨。

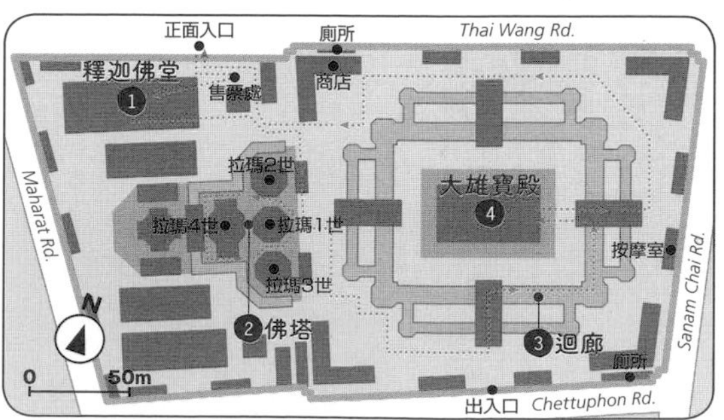

還有泰式古法按摩！

臥佛寺乃是泰式古法按摩的發祥地。至今在臥佛寺境內也設有學校，可在此做按摩療程B260～（30分）。

3大寺院巡禮②

富麗堂皇的皇室專用寺院玉佛寺&大皇宮

玉佛寺位於皇宮境內，為歷代國王的菩提寺。
安置在大雄寶殿的翡翠佛像千萬別錯過，別名又稱作「翡翠佛寺」。

玉佛寺&大皇宮

Wat Phra Kaeo & Grand Palace

認識皇室文化的歷史

1782年，由曼谷王朝的創建者拉瑪1世（帕佛陀約華朱拉洛）所修建的皇宮。在佔地21萬8400㎡的廣大境內，林立著歷代國王增修改建的玉佛寺以及壯麗的宮殿。其中四周有迴廊環繞的玉佛寺境內有大雄寶殿及諸多佛塔、佛堂，可看之處相當多。現任泰國國王並非居住在此，現在大多將這座皇宮作為祭典及迎賓館使用。

DATA ㊋MRT華藍蓬站搭車約15分 ㊌8時30分～16時（售票時間～15時30分）
㊡無 ㊎B500

1 大雄寶殿

為拉瑪1世在位時所興建的建築，外觀以金箔及彩色玻璃馬賽克裝飾得金碧輝煌。內部裝飾也相當華美，還有描繪佛祖釋迦牟尼生涯的壁畫等，充分呈現佛教的世界觀。

主佛是以翡翠雕成、身披金色袈裟、高66cm的玉佛。又稱為「因陀羅的寶石」

2 雙金塔

在名為大平台的臺座東側矗立著2座金色高塔，據說是拉瑪1世為了獻給自己的雙親而建立，為玉佛寺內最古老的佛塔。內部禁止參觀。

托塔的兩尊神像「夜叉Yak」與「猴神Mok」

小小資訊 參觀寺院時會檢查服裝（→P81），其中又以皇宮的檢查最為嚴格，不但不能繫領巾，穿及膝的短褲也會被阻擋。入口處有提供長袖衣服與沙龍裙等的租借服務，須先付B200保證金，等歸還衣物時就會退回。

內部供奉佛舍利子

3 樂達納舍利塔

這座金光耀眼的斯里蘭卡式佛塔，據說是拉瑪4世仿效位於大城府帕席桑碧寺內的佛塔所興建的。內部不開放參觀。

Na Phra Lan Rd.
Sanamchai Road
威悉猜悉門（正門）
❹迴廊的壁畫
服裝租借處
高棉式碧隆天神殿
祈禱堂
❸樂達納舍利塔
❷雙金塔
玉佛寺博物館
❼
純泰式藏經閣
❶大雄寶殿
廁所
售票處
玉佛寺
廁所
休憩所
披曼猜悉門
阿瑪林宮
武隆碧曼宮
宮殿前庭
❻兜率皇殿
❺節基皇殿
Phra Buddha Rattanastan
皇宮
N
0 30m

4 迴廊的壁畫

光是依序觀看壁畫也很有意思

曼谷王朝的創建者帕佛陀約華朱拉洛（拉瑪1世）下令將改寫自印度史詩《羅摩衍那（Ramayana）》的泰國古典文學巔峰之作──《拉瑪堅（Ramakian）》的內容描繪在迴廊的牆壁上。有關故事簡介可參照P100。

5 節基皇殿

現在作為迎賓館使用。拉瑪5世在位時創建，屋頂與尖塔採泰式設計，並融入使用大理石的維多利亞式建築要素。宮殿內有一部分作為博物館，對外公開。

6 兜率皇殿

拉瑪1世在位時所興建，為泰國傳統寺院式十字形建築。1789年遭到燒毀，其後重建，重現原貌。可入內參觀。

7 玉佛寺博物館

本館匯集了許多玉佛寺及皇宮相關物品，並展示玉佛四季更換的服裝與整座皇宮的迷你模型等物品。

發現珍奇佛像！

獅身仙女
雙手合十、擅長歌藝的樂人。據說是拉瑪王子心儀的天女

金那羅
傳說中的半人半鳥神，在史詩《拉瑪堅》中登場，扮演協助拉瑪王子的角色

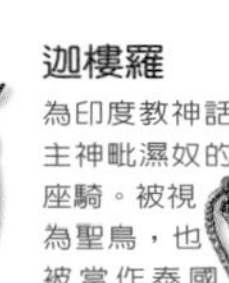

那加
擁有5個頭的蛇神，可驅邪

迦樓羅
為印度教神話主神毗濕奴的座騎。被視為聖鳥，也被當作泰國的國徽

何謂曼谷王朝

又名卻克里王朝，自1782年至今由拉瑪1世～9世9名國王所治理。下令修築玉佛寺的拉瑪1世、對泰國近代化貢獻良多的拉瑪5世等，至今仍深受泰國國民所敬愛。另外，前任國王蒲美蓬（拉瑪9世）集泰國國民的尊敬於一身，泰國國內到處都飾有國王的照片。

3大寺院巡禮③

到「曉寺」黎明寺攀登主塔♪

融合泰國佛教與印度教的特色、以色彩鮮艷的彩瓷做裝飾的巨大佛塔，
是黎明寺的主要看點。可走階梯攀登到主塔中段，隔著昭披耶河欣賞皇宮等景色。

黎明寺
Wat Arun

矗立於河岸的舊王朝象徵

位於昭披耶河西岸的寺院。黎明寺始於18世紀，建立吞武里王朝的達信大帝（鄭信）在這塊土地上建立自己的菩提寺「鄭王寺（曉寺）」。本寺最具象徵性的主塔，則是拉瑪3世在位時所建造。有階梯可通往主塔的中央部，可在此眺望對岸的大皇宮及臥佛寺等景色。此外，若想欣賞黎明寺的全景，對岸是最佳的觀景地點。

DATA ㊋塔顛碼頭搭船3分後下船，棧橋步行1分
㊐8時30分～18時
㊡無 ㊎B50

夜晚點燈也很美

從對岸所見黎明寺的美麗姿態

主塔的階梯相當陡，爬階梯時須多小心

以色彩鮮艷的彩瓷做裝飾、高67m的高棉式佛塔。主塔上方置有印度神像，由此可見此塔深受印度教之影響。

主殿的外牆與樑柱均以中國式馬賽克做裝飾，殿内的牆上繪有釋迦牟尼佛的生涯。主佛釋迦牟尼佛像的臺座下供奉著拉瑪2世的遺骨。

搭船前往

前往黎明寺可搭乘昭披耶河交通船。先在塔顛碼頭入口處支付船費B3，等交通船抵達碼頭。每隔10～15分有一班。

黎明寺於日落後才開始點燈，從塔顛碼頭北側的遊步道及公園可清楚觀賞點燈後的美景。
另外，建議可搭乘昭披耶河交通船（→P58），在船上也能欣賞點燈美景。

\ 3大寺院周邊可見的 /

美不勝收的佛像＆佛塔

3大寺院周邊到處都有歷史上相當重要的寺院以及參拜者衆多的佛像。下面將介紹非看不可的5大景點。

蘇泰寺

Wat Suthat

寺內2尊美麗的名佛不容錯過

佛堂内所安置的Phra Sri Sakyamuni佛像，是素有曼谷最美佛像之稱，有著修長體型的素可泰王朝時期傑作。此外，正殿的主佛Phra Buddha Trilokkachet以及色彩鮮豔的壁畫也不容錯過。

Phra Sri Sakyamuni佛像的臉型長，有一雙微睜的細長鳳眼

DATA
㊋MRT華藍蓬站搭車15分
㊐8～20時 ㊡無
㊎B20

主佛Phra Buddha Trilokkachet

金山寺

Wat Saket

位於山丘上金碧輝煌的佛塔

這座高79m的佛塔是由拉瑪3世下令建造的，在人工山丘上重現大城王朝的普考同寺（金塚塔）。正殿與佛堂位在山麓上。

DATA
㊋MRT華藍蓬站搭車15分
㊐8～17時 ㊡無
㊎B10

登上344級樓梯後就能抵達佛塔。露台的視野絕佳，可望整個曼谷市街

雲石寺

Wat Benchamabophit

純白顯眼的大理石寺院

1899年，拉瑪5世下令建造這座融入西洋建築要素的寺院。佛殿的主佛乃是仿製有泰國最美佛像之稱的彭世洛府成功佛。

DATA
㊋MRT華藍蓬站搭車15分
㊐8～17時 ㊡無
㊎B20

圓潤的臉型、彎曲如弓的眉毛等，都是大城王朝後期佛像的特徵

金佛寺

Wat Traimit

金碧輝煌的純金佛像

在泰國，那些屈指可數的金色佛像都是在灰泥塑像上重複貼上金箔而成，不過本寺的金佛卻是以幾近百分百純金所鑄造而成。來本寺一睹金佛風采的觀光客可說是絡繹不絕。

DATA
㊋MRT華藍蓬站步行8分 ㊐8～17時
㊡無 ㊎B40(博物館須另付B100)

金佛高約3m，重達5.5 t。黃金純度約40～99%

曼谷國立博物館

National Museum

必看的佛像收藏

展示各種泰國佛教美術品。館內佛像是依照年代順序排列，可清楚了解自素可泰王朝、大城王朝等佛像樣式的變遷。亦藏有不少自遺跡挖出的發掘品

DATA
㊋MRT華藍蓬站搭車20分 ㊐9～16時
㊡週一、二 ㊎B200

國寶級的Phra Phuttha Sihing佛像則放在別館

年輕人群集的流行發信地

來逛曼谷NO.1的鬧區暹羅

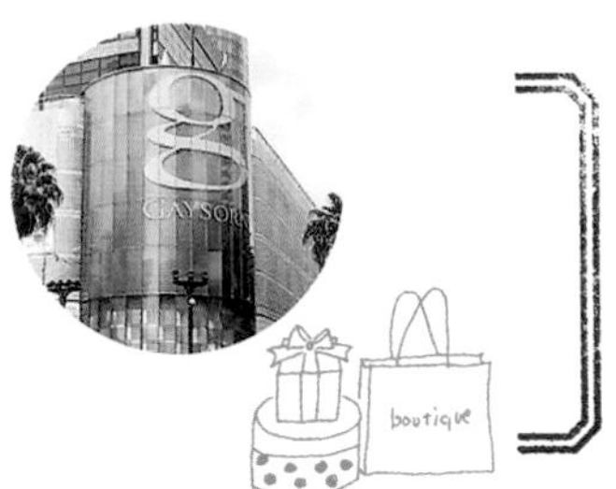

暹羅是曼谷最大的鬧區，眾多大型購物中心（SC）及美食景點均集結於此。
由於景點相當多，可以多花點時間慢慢逛。

一目了然！

區域解說

沿著地圖，介紹從國家運動場站到暹羅站的主要景點。

A 別冊MAP P14B3 Siam Paragon

在地年輕人支持率NO.1

直通BTS暹羅站的大型設施。除了國內外品牌專櫃外，還包括雜貨專賣店、各國料理餐廳等約300家店舖進駐。另外，位於GF、匯集了家居SPA用品及各國熟食店的「Food Hall」也別錯過，而亞洲規模最大的水族館「暹羅海洋世界」也相當有人氣。

DATA ㊋直通BTS暹羅站
㊟991 Rama I Rd. ☎0-2690-1000(代)
㊕10～22時(部分店舖有異) ㊡無

其他要Check Shop
iberry（→P28）、MK Gold（→P36）、Exotique Thai（→P89）、Jim Thompson（→P70）、Harnn（→P27）、Pranali（→P26）、Mt. Sapola（→P27）、Mad About Juice（→P30）等

伴手禮這裡買

Gourmet Market

生鮮食品及調味料一應俱全的高級超市。專賣零嘴、真空包裝食品等泰國食材專區「Gourmet Thai」相當有人氣。
㊟GF ☎㊕㊡與設施相同

B 別冊MAP P14B3 Siam Square I

以年輕人為取向的最新購物中心

這間7層樓高的購物中心於2014年開幕。除了泰國最具代表性的品牌「NaRaYa」外，亦有時尚、美粧、飲食店等進駐。

DATA ㊋直通BTS暹羅站
㊟254 Phayathai Rd.
☎02-255-9994-7
㊕10～22時 ㊡無

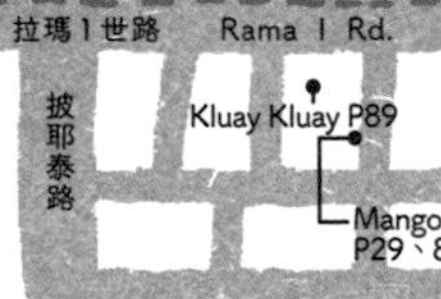

C 別冊MAP P14B3 Siam Center

2013年重新開幕

由泰籍設計師一手打造的購物中心，匯集了不少泰國本土品牌專賣店。約有120家商店及約30間各國休閒餐廳進駐。

DATA ㊋BTS暹羅站步行1分
㊟979 Rama I Rd. ☎0-2658-1000～19(代)
㊕10～22時(部分店舖有異) ㊡無

小小資訊 位於暹羅北方的「Baiyoke Tower2」（別冊MAP/P15C1）為高309m的高樓大廈，站在84樓的展望台上，整個曼谷市區的景色盡收眼底。㊕10時～22時30分 ㊡無 ㊎B300(18時以後為B400)

D 別冊MAP P15C3 CentralWorld

堪稱泰國規模最大的購物中心

佔地55萬㎡、7層樓高的館內，匯集了500家商店、50間飲食店，以及百貨店、電影院、飯店等設施。每間店鋪的空間不但寬廣，貨色也很齊全。日系百貨「伊勢丹」亦進駐本館。

DATA 交BTS七隆站步行5分
住4/1-2,4/4 Ratchadamri Rd. ☎0-2640-7000(代)
時10～22時(部分店舖有異) 休無

其他要Check Shop
Karmakamet（→P27）、Jim Thompson（→P70）、Soda（→P88）、Nara（→P32）、NaRaYa（→P74）等

伴手禮這裡買

Central Food Hall

專售世界各國食材的高級超市。專售泰國食材及家居SPA用品等的專區也相當有人氣。住L7 ☎0-2613-1629 時休與設施相同

遊逛重點
BTS捷運系統路線下方搭建了空中步道「Sky Walk」，可直達主要購物中心。有屋頂，不須穿越馬路，相當便利。開放通行時間為6～24時。

G 別冊MAP P15D3 Central Embassy

2014年開幕！奢華度NO.1

眾多高級名牌精品雲集的購物中心。 地下樓層的路邊小吃風美食廣場內有不少泰國鄉土菜餐廳，也很推薦旅客品嘗。

美食廣場也很時尚

DATA 交直通BTS奔集站
住2 BTS Phloen Chit, Phloen Chit Rd. ☎02-119-7777
時10～22時 休無

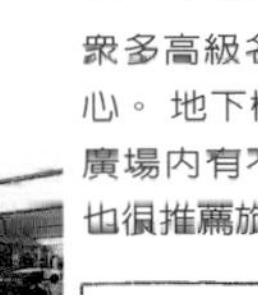

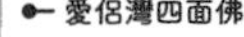

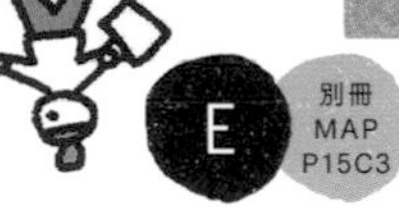

E 別冊MAP P15C3 Gaysorn

曼谷的上流社會購物中心

網羅全球知名的高級名牌精品，是泰國皇族與藝人喜愛的購物中心。全館為共5層樓，擁有約100間店鋪進駐。來此要鎖定在2樓的泰國品牌以及3樓的泰國雜貨。

其他要Check Shop
Thann（→P27）、Pan Puri（→P26）等

DATA 交BTS七隆站步行1分
住999 PhloenChit Rd.
☎0-2656-1149(代) 時10～20時(部分店舖有異) 休無

F 別冊MAP P15D3 Central Chidlom

擁有約40年歷史的老鋪百貨

泰國最具代表性的百貨公司。充滿高級感的7層樓建築內，網羅了國內外品牌、服飾、家電及化妝品等商店。

DATA 交BTS七隆站步行1分 住1027 Phloen Chit Rd.
☎0-2793-7777(代)
時10～22時(部分店舖有異)
休無

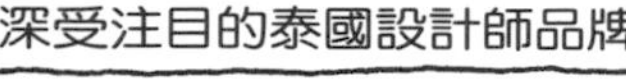

深受注目的泰國設計師品牌

下面介紹4家深受曼谷女性支持的泰籍設計師自創品牌！

Soda

別冊 MAP ● P15C3

主題是Funky & Chic

由泰籍女性設計師Duangta Nandakwang所創的品牌。從充滿渡假風的連身裙到T恤等休閒服飾，應有盡有。不會過於花俏又不失氣質的設計相當有人氣。

DATA
☎0-2252-7868
時10時～21時30分 休無 E

→上衣價位B2490～，短褲價位B1490～

Kloset

別冊 MAP ● P14B3

充滿女人味的柔和曲線

深受泰國藝人喜愛的泰國當地品牌，以大量使用果凍色等女性化設計為特徵。每季發表的原創印花深受好評，主要以雲及動物為題材。

DATA
☎0-2658-1729
時10～22時
休無 E

←上衣B4250，短褲B4250

Senada

別冊 MAP ● P14B3

深受20幾歲粉領族的壓倒性支持

採用高級棉花與細緻蕾絲等的女性化設計，以及使用粉色及米色等柔和色彩，是該品牌的一大魅力。從連身裙、上衣、褲子到首飾等小物，一應俱全。

DATA
☎0-2252-2757
時10～21時
休無 E

→店內有許多充滿女人味設計的配件

Sretsis

別冊 MAP ● P15D3

由3姊妹攜手打造少女系 & 個性派設計

由畢業於倫敦知名設計學校的Pim與她的兩個妹妹攜手創建的服飾品牌，店名是取自將「Sisters」倒著唸而來。主打融合東西要素、講究細節、「可愛又不失成熟」的服飾。

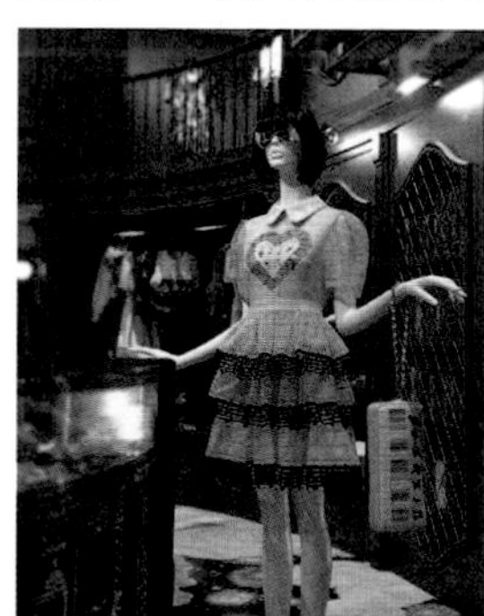

DATA
☎0-2160-5874
時10～22時
休無 E

←連身裙B15500，手拿包B5100

泰國最具代表性的啤酒「勝獅SINGHA」所創的品牌「Singha Life」，於Siam Center（→P86）3樓設有門市。以該品牌的獅子商標為設計的服飾、包包及小物等，每一樣都充滿時尚感。亦有女裝。

\ 這些店也不容錯過 /

泰式雜貨專賣店

購物中心內也有不少間人氣雜貨專賣店。
千萬別錯過可愛的泰式雜貨喔！

Exotique Thai

別冊 MAP ● P14B3

時尚亞洲雜貨

匯集泰國各知名雜貨店配件的複合商店。除了青瓷、班加隆外，亦有家居SPA用品品牌商品。

Emporium（→P90）亦設有店鋪

DATA
☎時休與設施相同 Ⓔ

Fai Sor Kam

別冊 MAP ● P14B3

高級棉製配件

充滿高級感的泰式雜貨專賣店。除了有各種棉製品及織品外，亦有芳香精油蠟燭。

棉製大象布偶B1180

店內陳列眾多商品

DATA
☎0-2610-9717
時10時30分～22時
休無 Ⓔ

\ 名店雲集 /

想大啖美食就到暹羅廣場

暹羅廣場一帶到處林立著美味好吃的人氣美食店，
下面介紹3間精選美食店。

Kluay Kluay

香蕉甜點專賣店

本店是曼谷也相當少見的香蕉甜點專賣店。包括炸點心在內，店內各式極具個性的菜色全都是由女性店長所獨創。使用泰國農園直送的新鮮香蕉為素材，是本店甜點美味的秘訣所在。

DATA 交BTS暹羅站步行2分
住2F Lido Theatre, Siam Sq.,Soi3 ☎0-2658-1934
時10時30分～20時30分 休無 Ⓔ Ⓔ

1.香蕉奶油牛奶B35，這是將以奶油煎過的香蕉片放入帶有鹹味的淡奶內做成

2.香蕉裹上甜甜圈麵衣油炸而成的炸香蕉B40 3.炸香蕉餛飩B35。炸得酥脆的麵皮內夾有香蕉薄片 4.本店位於Lido Theater 2樓

Mango Tango

想吃芒果甜點就來這裡

本店是以芒果甜點聞名的咖啡店，使用來自泰國各地的嚴選芒果，並提供布丁、冰品等超過30種大量使用南國水果製成的甜點。

芒果專賣店的招牌餐點——Mango Tango B140

整面玻璃窗為本店標誌

DATA →P29

Som Tam Nua

價格便宜也是本店的一大魅力，店內擠滿了年輕人，相當熱鬧

新派Som Tam正夯

本店是經常大排長龍的知名依善菜餐廳。如同本店店名一樣，Som Tam（青木瓜沙拉）是本店的招牌菜，切成細絲的青木瓜口感柔和，與酸辣度絕佳的醬汁相當搭配。

種類豐富的Som Tam當中，最受歡迎的是加水煮蛋B75

DATA 交BTS暹羅站步行2分 住Siam Square Soi 5
☎0-2251-4880 時11時～21時30分 休無 Ⓔ Ⓔ

到處可見時尚景點

在泰日本貴婦愛逛的蘇坤蔚路

本區擁有許多深受日本人喜愛的高品味雜貨專賣店及餐廳。
從主線蘇坤蔚路逐漸延伸到閑靜的Soi（巷道），四周綠意盎然，也很適合散步。

Emporium

本區最具代表性象徵

本館是曼谷高級購物中心的先驅，由8層樓的購物中心與7層樓的百貨公司所構成。位於4樓的雜貨專賣店「Exotique Thai」及美食街也別錯過。

DATA ㊫直通BTS鵬蓬站 ㊟622 Sukhumvit Rd. ☎0-2269-1000(代) ㊓10～22時(部分店鋪有異) ㊡無 Ⓔ

Pick Up

Greyhound Café

由泰國服飾品牌「Greyhound」所經營的咖啡店，以黑白為基調的內部裝潢相當時尚。除了提供香蕉聖代「香蕉巧克力」B125等甜點外，亦提供泰國菜。

DATA ㊟2F ☎0-2664-8663 ㊓㊡與設施相同 ⒺⒺ

資生堂 Qi SPA

本店使用基於「氣」的概念所獨創的「Qi」系列產品進行護膚療程，深受在泰日本人及泰國名媛的喜愛。臉部療程B1800～（60分～）等。另附設美髮沙龍。

DATA ㊟1F ☎0-2664-8543 ㊓10時～19時30分 ㊡無 ⒺⒺ

泰國創意設計中心TCDC

為推動泰國的設計及支援設計師所設立的設施。除了免費入場參觀的常設展示外，也會隨時舉辦企劃展。附設的賣店內陳列的全是充滿個性的商品。

DATA ㊟5F ☎0-2664-8448 ㊓10時30分～21時 ㊡週一 Ⓔ

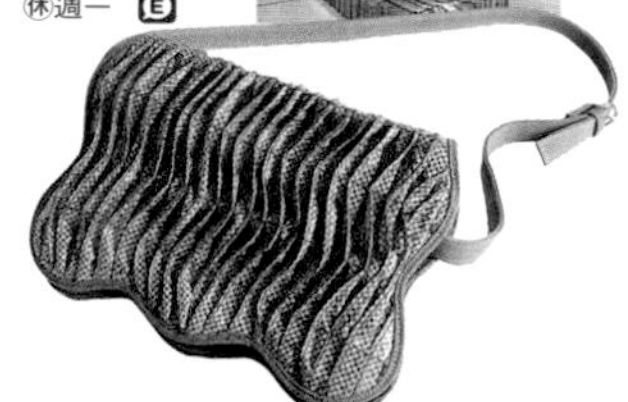

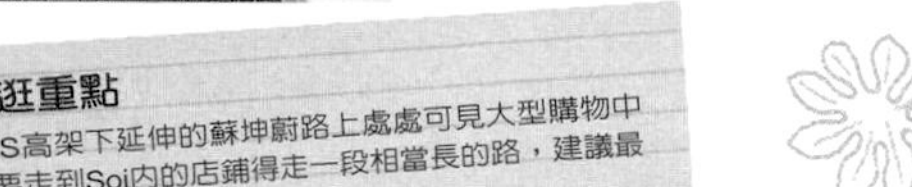

遊逛重點

沿著BTS高架下延伸的蘇坤蔚路上處處可見大型購物中心。若要走到Soi內的店鋪得走一段相當長的路，建議最好在BTS站搭計程車前往。

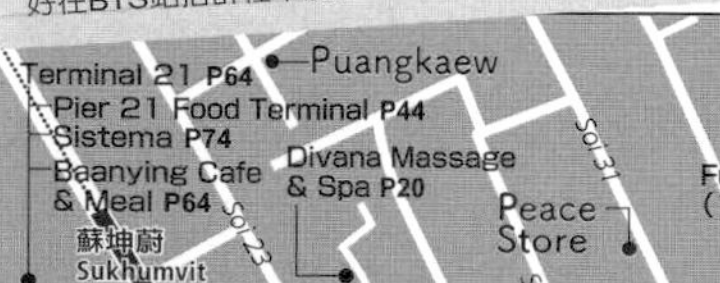

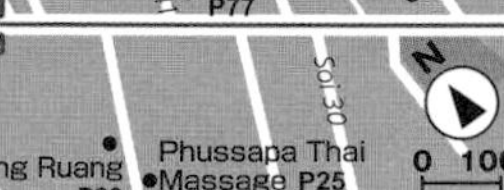

日系超市「Fuji Super」於本區有4間店鋪，分別是1號店（→P76）、規模最大的2號店（別冊MAP/P19D1）、規模較小的3號店（別冊MAP/P19D2）以及最新的4號店（別冊MAP/P19D3）。

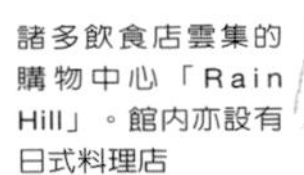

交通流量多的蘇坤蔚路。沿路上可看到BTS從旁經過

綠意盎然的班哲希利公園是附近居民的休息場所

諸多飲食店雲集的購物中心「Rain Hill」。館內亦設有日式料理店

購物中心 別冊 MAP P19C3

The EmQuartier

2015年開幕的購物中心

為結合購物商城與住宅的最新複合設施，由3棟大樓所構成，賣場面積約25萬㎡，相當寬敞。館內亦有時尚的咖啡店等，適合在此小歇一下。

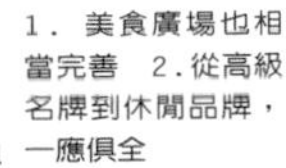

1．美食廣場也相當完善　2．從高級名牌到休閒品牌，一應俱全

DATA ㊋直通BTS鵬蓬站
㊟689, 693, 695 Sukhumvit Rd.　㊓10～22時
㊡無　Ⓔ

商店 別冊 MAP P19D3

Near Equal

位於巷道內、內行人才知道的商店

在清邁等地採購的餐具、布製小物、家飾雜貨等優質泰式雜貨相當有人氣。使用串珠及半寶石一顆顆手工製成的飾品，也是本店的招牌商品。

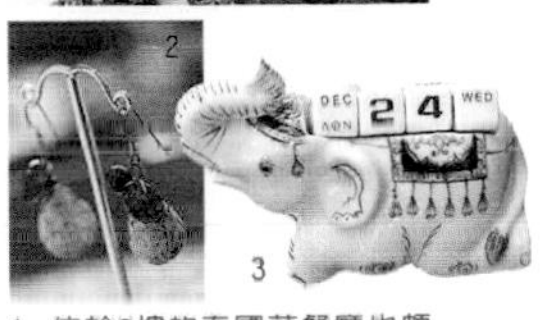

1．位於2樓的泰國菜餐廳也頗受好評　2．手工製針式耳環約B120～。有各種顏色與設計款式　3．可愛的象型萬年曆B290

DATA ㊋BTS鵬蓬站步行15分
㊟22/2 Soi 47, Sukhumvit Rd.
☎0-2258-1564
㊓10～21時
㊡無　Ⓔ

商店 別冊 MAP P19C2

Peace Store

日籍店長所經營的複合式商店

店內的廚房用品、包包以及披肩等，全都是由店長山根久美子小姐所設計、挑選的，是間相當時尚的雜貨專賣店。有不少日本人來此一舉採購。

1．店內陳列的傢俱與生活雜貨　2．以孟族手工刺繡的布料製成的插針墊B295～　3．水牛角製成的項鍊，各B450～

DATA ㊋BTS鵬蓬站步行6分　㊟7/3 Soi 31 Sukhumvit Rd.
☎0-2662-0649
㊓10～18時　㊡週三
Ⓔ

餐廳 別冊 MAP P19C2

Puangkaew

深受在泰日本人支持的美味

充滿家庭氣氛的獨棟餐廳。本店提供大量使用香草的傳統泰國菜，辣味卻相當溫和。以鳳梨殼盛裝的泰式炒飯B200，也是本店的招牌菜。

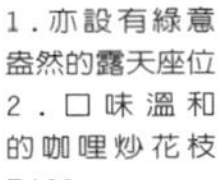

1．亦設有綠意盎然的露天座位　2．口味溫和的咖哩炒花枝B160

DATA ㊋BTS阿速站、MRT蘇坤蔚站步行8分　㊟108 Sukhumvit Soi 23　☎0-2258-3663　㊓11～14時、17～22時（週六、日為11～22時）
㊡無　ⒺⒺ

人氣景點位在巷道內

到Soi 55一帶的名流區探索通羅街

自蘇坤蔚路延伸而出的Soi 55一帶，是高樓公寓林立的高級住宅街。
不但有時尚的露天咖啡店與酒吧等在此雲集，據說連泰國藝人也經常蒞臨。

遊逛重點

往BTS通羅站北側延伸的Soi 55以及其他由此延伸而出的巷道上，到處都有獨棟商店及SPA。想靠步行逛一圈相當耗時耗力，建議可多利用通羅巴士（參見欄外）。

Chico

使用自然素材製成的優質雜貨

所有使用天然木、麻等嚴選素材製成的餐具及小物，都是由日籍店長Chico親自設計、挑選的。每個細節都周到仔細，且實用性高，也是本店商品大有人氣的原因。

DATA 交BTS通羅站步行10分
住109 Sukhumvit Soi 53 ☎0-2258-6557
時9時30分～18時
休週二 E

1.氣氛閑靜的獨棟商店，亦附設咖啡店　2.3.小物雜貨貨色齊全，價格也相當實惠

Fancy House Ruri

店內擺滿了嚴選泰式雜貨

日籍店長Ruri將自宅客廳改建成商店。店內陳列了山岳民族手工製的布製小物、泰文字時鐘等充滿溫度的商品，這些商品不但方便使用，而且耐用。

1.本店位於巷道內，可別錯過了　2.上面有瑤族細膩的手工刺繡的化妝包　3.木雕嘟嘟車擺飾B90～

DATA 交BTS通羅站搭車5分 住55 Soi Thonglo 19, Sukhumvit 55 Rd. ☎0-2712-8768
時9～17時 休無

小小資訊　若想到呈南北向延伸的Soi 55閒逛，建議最好搭乘往返的通羅巴士比較便利。通羅巴士沒有固定站牌，可自由上下車，只要在想下車的地點按鈴即可。時5時50分～21時15分，每班間隔5～10分　金B7（1次）。上車處詳見別冊MAP/P20A3

購物商城 別冊 MAP P20A1

J Avenue

也有不少歐美人在咖啡店休息

通羅街的地標

本館日系商店及咖啡店雲集，是日本人專屬的購物商城。除了「大戶屋」等日本料理店外，館內也附設超市（時6～24時），相當便利。

DATA 交BTS通羅站搭車5分 住Soi Thonglo 15, Soi 55 Sukhumvit Rd.
☎時視店鋪而異 休無 E

Pick Up

Mousse & Meringue

這間人氣甜點咖啡店的總店位於蘇坤蔚路上。店內提供約30種自家製蛋糕，味道不會太甜，且口感如同店名般相當鬆軟。例如莓果乳酪蛋糕B160（照片）等。

DATA
☎0-2712-6053
時10時30分～21時30分 E E

購物大樓 別冊 MAP P20A2

8 Thonglor

與「J Avenue」並列通羅街最具代表性的景點

來自世界各國的貴婦也經常蒞臨

這座購物商業大樓內有紅酒及廚房用品專賣店、芳香精油專賣店等獨具特色的店鋪雲集在此，亦附設24小時營業的超市、泰國及印度菜餐廳等。

DATA 交BTS通羅站步行15分 住88/36 Sukhumvit 55
☎0-2714-9515(代) 時視店鋪而異 休無 E

Pick Up

I Nail

這間美甲沙龍提供良心的價格，讓訪客能輕鬆來店。來客可坐在皮製的斜躺式沙發上，一邊放鬆一邊做指甲。提供SPA基礎美甲護理B550等。

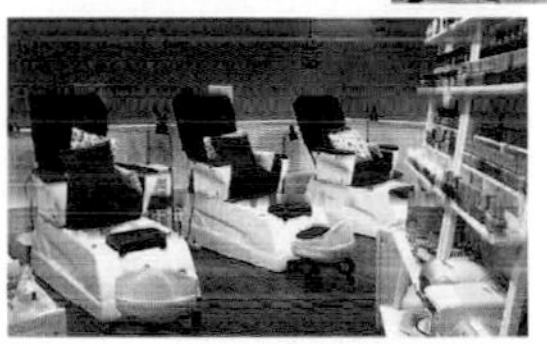

DATA ☎0-2713-8310
時11～20時 E E

餐廳 別冊 MAP P20A4

Lan Na Thai

在古民家品嘗摩登美味

這是間移建到大城時期民家的獨棟餐廳。可在此享用傳統技法加上獨門點子變化而成的摩登泰國菜，每道菜味道都相當洗練，而且辣度適中。

1.店內的木質地板、木板牆及木製樑柱等營造出典雅的氣氛
2.檸檬草蝦B675

DATA 交BTS通羅站步行3分 住Face Bangkok, 29 Soi 38 Sukhumvit Rd. ☎0-2713-6048 時11時30分～14時30分、18時30分～23時 休無 E E

餐廳 別冊 MAP P20A3

Bo.lan

健康摩登的泰國菜

這裡可享用澳洲籍主廚Dylan精心烹調的泰式無國界套餐。本店使用有機蔬菜實踐慢食，也獲得當地雜誌極高的評價。

1.店內裝潢以泰國民家為概念
2.基本上，每3個月會調整一次套餐料理的菜單與價格

DATA 交BTS通羅站步行8分 住24,Soi Paidee Madee,Sukhumvit 53 ☎0-2260-2962 時12時～14時30分、18時～22時30分 休月週一、二、週三上午 需預約 E

曼谷的辦公商圈

在是隆路發現 當地粉領族的最愛！

本區在白天與夜晚擁有截然不同的面貌。白天是曼谷最朝氣蓬勃的辦公商圈，
到了夜晚則搖身變成燈紅酒綠且熱鬧（有點可疑？）的鬧區，喧囂聲一直持續到深夜。

Lalaisap Market

鄰近粉領族的專屬攤販街

這條攤販街通稱為「粉領族市場」、「午餐時間市場」等。顧客群以在附近上班的粉領族為主，幾乎清一色都是女性。這裡售有各種服飾，從上班服到休閒服飾一應俱全。（DATA→P68）

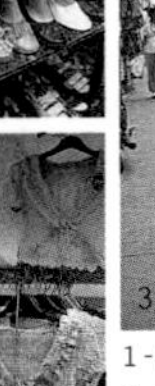

1-2.涼爽的涼鞋B150及上衣B100等
3.午餐時段可看到許多粉領族

Trinity Mall

與粉領族市場一起逛

鄰近Lalaisap Market的購物商城，館內有超過100間服飾類的小店鋪。另外亦附設超市、美食廣場及咖啡店等，相當便利。

DATA ㊋BTS沖暖詩站步行2分
㊟425/129 Silom Soi 5, Silom Rd. ☎0-2234-6390～1(代)
㊐7～19時(週六為10～17時)
㊡週日
※㊐㊡部分店鋪有異
Ⓔ

整排都是原創設計的店鋪

Madame Heng

自1949年起延續至今的藥皂

添加泰國藥草製成的香皂老店，長年來一直深受泰國女性顧客的愛用。不但具有除臭的效果，亦具有預防痘痘與黑斑的功效。店內除了售有各種香皂外，也有入浴劑等產品。

DATA ㊋BTS沙拉鈴站步行1分
㊟2F Thaniya Plaza BTS Wing, Silom Rd. ☎0-2632-9515
㊐9～20時 ㊡無 Ⓔ

1.亦備有多樣化的禮盒
2.添加海草成份及胡椒薄荷等的天然香皂B60

遊逛重點

以BTS沙拉鈴站為起點，是隆路的南側為辦公商圈，北側則是鬧區，只要記住這個原則就會很好逛。由於此區狹窄，光靠步行就能逛完。

是隆路區的拍蓬街及塔尼亞街是曼谷首屈一指的鬧區，會出現招攬員招攬觀光客。此外，有時也會出現有業者推銷仿錶、仿名牌包或引導人到可疑按摩中心等情況，要特別注意。

鬧區可疑度排行榜

1 拍蓬街
別冊MAP ● P17C1～2

整條路上，可觀賞漂亮小姐跳舞的Go Go Bar一間接著一間。從黃昏起開始變成「行人專用道」，21～24時則是夜市（DATA→P69）最熱鬧的時段。

2 塔尼亞街
別冊MAP ● P17C1

路上一整排都是日本人專屬酒吧與俱樂部。到處充斥著寫日文的招牌，還有操著一口破日文的人出來拉客。最熱鬧的時段是20～23時。

3 蘇拉旺路
別冊MAP ● P16B1～2

通稱「按摩路」。沿路上及其巷道內到處可見泰式按摩店，還有按摩師站在外頭攬客。最熱鬧的時段是18～22時。

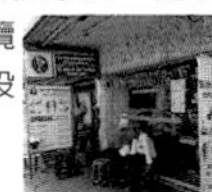

餐廳 別冊MAP P17C2 Bua

午餐時段粉領族總是爭相排隊

宛如時尚咖啡店般的泰國菜餐廳。本店菜單以招牌菜為主，堅守傳統的手工主義。一到中午時段，店內總是擠滿了附近的商務人士及粉領族，夜晚則有許多情侶來店光顧。

1.泰式炒麵「蛋皮包金邊粉」B160　2.色彩柔和且充滿流行要素的內部裝潢

DATA ⊗BTS沙拉鈴站步行2分 ㊟1/4 Convent Rd. ☎0-2237-6640 ㊚11～23時 ㊡無 Ⓔ Ⓔ

咖啡店 別冊MAP P17C1 Bug&Bee

甜點大有人氣的咖啡店

正對是隆路、24小時營業的休閒咖啡店。除了早上及中午時段的附飲料套餐外，亦提供各種使用熱帶水果做成的蛋糕及可麗餅等原創甜點。

DATA ⊗BTS沙拉鈴站步行1分 ㊟18 Silom Rd. ☎0-2233-8118 ㊚24小時 ㊡無 Ⓔ Ⓔ

1.連4樓也有座位，當地的民眾及觀光客在此熱鬧到深夜　2.Smoothie Ruby Rose B86與芒果乳酪蛋糕B165

小吃街 別冊MAP P17C2 康彎路 Convent Rd.

解饞的平價美食

從傍晚到深夜這段期間，沿路可看見一整排路邊攤。由於桌位少，建議購買類似日本烤雞肉串的「Moo Ping」以及將丸子類等串成一串的「Luk chin」等來代替零嘴，可邊走邊吃。

1.Luk chin 1串B10～25　2.泰式烤雞B50，以炭火烘烤的雞肉皮脆又香味四溢　3.美味伴隨著煙味一起飄散

DATA ⊗BTS沙拉鈴站步行2分 ㊟Convent Rd. ㊚17～23時左右 ㊡無

購物中心 別冊MAP P17D2 Silom Complex

是隆路的路標

直結BTS沙拉鈴站的複合式大樓重新整修後，變得更時尚便利。GF～5F為知名百貨公司Central Chidlom，並附設超市。餐廳樓層也有許多美食店。

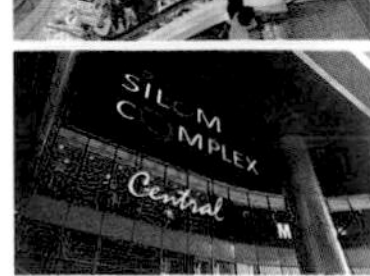

DATA ⊗直通BTS沙拉鈴站 ㊟191 Silom Rd. ☎0-2632-1199 ㊚商店10時30分～21時，飲食店10時30分～22時 ※視店鋪而異 ㊡無 Ⓔ

1.挑高、充滿開放感的大廳　2.正面玄關的外觀採用流行時尚的設計，以吸引顧客的注意

便宜住宿區大變身！

逛遍便宜可愛物品＆便宜飲食聖地考山路

考山路是亞洲首屈一指的背包客天堂，不過近年來氣氛佳的商店及咖啡店有急速增加的趨勢。除了住宿外，連飲食、泰式雜貨及按摩價格也都相當便宜，夜生活也很令人期待。

Lofty Bamboo

充滿溫度的手工布製小物

布製小物專賣店「Lofty Bamboo→P75」的總店。從布料的顏色、花紋、織法到設計等，全都是本店原創，由泰國北部的山岳民族手工製成。從小物到服飾，一應俱全。

DATA ㊇警察署前步行5分 ㊟G10 Buddy Hotel, 265 Khaosan Rd. ☎0-2629-4715 ㊋10時30分～19時30分 ㊡無 Ⓔ

1.使用克倫族手織布所做的束口化妝包，各B650　2.店內亦有種類豐富的包包及飾品　3.連身裙B1390、包包B400、帽子B790　4.繡有店名的環保購物袋B290。使用素攀武里府的手織棉布製成

Moka Coffee&Gallery

特製甜點與藝術的融合

由藝術家Moka小姐及負責餐點的Gey小姐這對好朋友共同經營的咖啡館。本館是改建自古民家，拖鞋走進店內後，就能享用根據本店講究的配方所做的比利時鬆餅與飲料。

DATA ㊇警察署前步行5分 ㊟92 Soi Rambutree ☎081-901-0109 ㊋11～21時 ㊡週日、一 ⒺⒺ

1.可看到遠自加拿大而來的常客身影　2.什錦水果比利時鬆餅B150及冷泡咖啡B100～　3.Moka小姐（左）與Gey小姐　4.店內亦售有Moka小姐的畫作及雜貨

遊逛重點

從BTS或MRT站無法以步行方式走到考山路，建議從BTS國家運動場站搭計程車前往比較方便，車程約15分。考山路的主要街道長約200m，以位於西側角落的警察署為基點，搭計程車也大多在此下車。位於考山路北側的Rambuttri Road上也有商店、飯店等林立，相當熱鬧，可以這2條路為中心遊逛。

考山路不但是來自世界各地背包客的集散地，同時也是相當知名的夜間娛樂地。到處林立的酒吧愈夜氣氛愈HIGH，有許多人在此狂歡到深夜。雖然女性在此單獨行走沒問題，不過考山路、Rambuttri Road以外的地方人煙稀少，須特別小心。

1.街上到處都能看到國外的背包客　2.招牌上寫著「在考山路能做的事」。推薦內容有參拜寺院、按摩及購物等　3.考山路上林立著飲食店、飯店及商店，相當熱鬧

餐廳&酒吧　別冊MAP P21D1

Buddy Beer

在寬廣的露天座位用餐或夜間小酌都OK

中庭設有舒適露天座位的酒吧＆餐廳。除了提供輕食、泰國菜、燒烤料理等外，亦提供來自世界各國約12種啤酒，相當推薦。本店24小時營業，早、午餐及飲料均有提供。

1.露天座位洋溢著濃假區的氣氛　2.泰式炒麵金邊粉B140　3.莫吉托B150與泰國生啤酒B100～

DATA ㊮警察署前步行4分 ㊟201 Khaosan Rd. ☎0-2629-4744 ㊭24小時 ㊡無 Ⓔ Ⓔ

餐廳&酒吧　別冊MAP P21C1

Silk Bar&Restaurant

考山路最具代表性的人氣景點

可俯瞰考山路景色的露天座位相當有人氣

本店位於考山路的中心，也是街上的名店之一。店內設有大螢幕可觀看運動賽事實況轉播，愈夜氣氛也愈熱絡。另外，亦備有各項泰式、西式菜色及飲料。

1.黑胡椒蠔油炒牛肉B200　2.Sex On The Beach雞尾酒B105　3.綜合水果奶昔B70　4.態度親切的工作人員

DATA ㊮警察署前步行4分 ㊟129-131 Khaosan Rd. ☎0-2281-9981 ㊭11時～翌2時 ㊡無 Ⓔ Ⓔ

按摩　別冊MAP P21D1

Chaidee Massage

由日本人經營，令人安心的沙龍老店

1998年於考山路開業的按摩專門店。除了提供泰式按摩30分B150～外，亦提供腿部、芳香精油按摩，店內常有來自世界各國的旅客來訪，相當熱鬧。

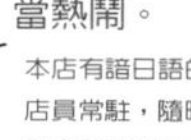

本店有語日語的店員常駐，隨時歡迎您的光臨！

腿部按摩30分B150～，在室外按摩也OK

DATA ㊮警察署前步行6分 ㊟1F Viengtai Hotel, Rambuttri Rd. ☎0-2629-2174 ㊭9～24時 ㊡無 Ⓔ Ⓔ

寺院　別冊MAP P21C1

Wat Chana Songkhram

歷史悠久、四周被民宿環繞的寺院

自大城王朝時代起一直深受曼谷市民虔誠信奉的寺院。寺名的「Chana」帶有「勝利」之意，據說來此祈求與勝敗相關或戰勝困難等事相當靈驗，請務必來此參拜。

1.本寺供奉的主佛金碧輝煌　2.境內有據傳為釋迦牟尼佛所留下的足跡

DATA ㊮警察署前步行1分 ㊟Chakkraphong Rd, Chana Songkhram ㊭8～21時左右 ㊡無 ㊎免費

免費舉辦仙人體操

7點30分在臥佛寺做泰式瑜伽

每天早晨在臥佛寺的按摩場前都會舉辦泰式瑜伽。涼爽的清晨，在淵源悠久的寺院境內做瑜伽別有一番感受。不妨早起去做瑜伽吧。

泰式瑜伽（Rusie Dutton）乃是源自於印度的瑜伽，如同其泰語唸法rusie（＝仙人）、 Dut（＝伸展）、ton（＝自己）一樣，據說這是仙人們為了調整自己身體的歪斜與身體狀況而發展出一套自我整體法。據傳自200年以前就已出現這套整體法，約10幾年前起才開始在臥佛寺舉辦這項活動。這套整體法是透過伸展關節與肌肉來促進血液與氣的流動，幫助維持結實又健康的體態。

〔體驗DATA〕
㊋臥佛寺（→P80）的按摩場前（MAP/P81）
㊐7時30分左右開始，約30分　㊡無
※雨天中止　㊎免費

1.2.參加者以按摩師及附近居民為主，近年來觀光客也有增加的趨勢。若參加者較少時，有時也會採一對一教學
3.4.臥佛寺境內仍保留做泰式瑜伽姿勢的仙人雕像及身體經絡示意圖等

小編也參加了！

1 早晨7點30分集合

前往臥佛寺的按摩場前。脫掉鞋子待機。參加者人數每天都不同，有時參加者只有2～3人，有時也有10人以上。

2 開始做動作

沒有事先說明就突然開始進行教學，只要照著講師的動作及呼吸模仿即可。每個動作左右各做3～5次，共計約10個動作，以緩慢的速度進行

3 結束

結束後，身體會慢慢地發汗。講習結束後，可在按摩小屋拿到招待的茶飲，冰冰涼涼的好好喝！

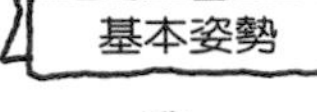

基本姿勢

剛開始先從頸部轉動等動作較少的姿勢開始做起，再慢慢進入運用全身的姿勢。大部分動作連初學者也能夠輕易學會。

雙腳打開與肩膀同寬，維持背部挺直的姿勢彎腰
〔功效〕整腸作用、長壽、健康

以單手抓住腳尖，將膝蓋打直
〔功效〕強化腰部與腿部的彈性

將腿向後彎曲並抓住，身體向前傾以伸展全身
〔功效〕腹痛、整腸作用

關於呼吸法，伸展時要吸氣，姿勢維持不動；恢復時再慢慢地吐氣

這位就是講師
泰國臥佛寺傳統按摩學校的Luzon講師

小小知識　臥佛寺佔地寬廣，請從觀光用的正面入口進去，舉辦場地就位於大雄寶殿的內側。亦可從面向Chetuphon Rd.的出入口進去。

追加行程

曼谷還有很多推薦的行程，
例如世界遺產大城府、
泰國特有的水上市場等，
不妨參加當地的Local Tour輕鬆觀光。

認識泰國文化的娛樂秀

豪華絢爛的泰國舞蹈＆泰國國技泰拳讓人大感興奮!!

在劇院餐廳表演的泰國舞蹈以及在泰拳競技場上演競技賽的泰拳，
都是在台灣看不到的精彩表演，請務必來此親身體驗。

優雅的舞蹈讓人目不轉睛☆

泰國舞蹈

戴著面具演出的「倥」舞，公認是泰國傳統舞蹈的最高峰。「倥」舞所表演的是從印度史詩「羅摩衍那」衍生而來的泰國史詩「拉瑪堅」神話，以前只限在宮廷上演。演員們根據角色的不同戴上不同的面具，隨著旁白的講述展開故事情節。此外，還有結合「倥」舞與大衆戲劇的「拉康舞」及各地民族舞蹈等，建議可到有經典泰國舞蹈表演的劇院餐廳，一邊用餐一邊欣賞表演。

1.2.高難度的「倥」舞經典場面不斷 3.樂團現場演奏古典樂器也是表演不可或缺的一環 4.套餐料理包括前菜、主菜、咖哩及甜點

Sala Rim Naam

最高級飯店的專用劇院

位於Ⓗ曼谷文華東方酒店內的劇院餐廳。你可以在泰國北部的傳統建築物內，一邊品嘗泰國菜套餐，一邊欣賞泰國舞蹈，另外也會上演地方舞蹈等，相當有看頭。

DATA 交Ⓗ曼谷文華東方酒店的棧橋搭乘酒店專用船5分 住Ⓗ曼谷文華東方酒店（→P110）對岸建地內 ☎0-2437-3080 時12～15時、19～23時（表演20時15分～，所需時間1小時） 休無 金B2400（表演搭配套餐）需預約 Ⓔ Ⓔ

拉瑪堅神話

簡介

講述大城王國的拉瑪王子、其弟及猴將軍哈努曼等人，與拐走拉瑪王子之妻悉達的楞加國王托薩堪所率領的夜叉軍團對戰的故事。歷經一番苦難後，拉瑪王子終於擊敗托薩堪，救出悉達。途中，拉瑪王子對天女瑪諾拉抱著淡淡情愫等也是本劇的看點之一。

小小資訊 到「三攀民俗文化村」（→P109）也能欣賞泰國舞蹈與泰拳表演。

Ruen Thep

可在觀光名勝輕鬆觀賞

位於Silom Village Trade Center內可容納200人的劇院餐廳。在此可欣賞一部份「空」舞劇以及地方舞蹈等表演。

DATA ㊋BTS沖暖詩站步行12分 ㊟Silom Village Trade Center, 286 Silom Rd. ☎0-2635-6313 ㊌19時～21時15分（表演20時15分～21時） ㊡週日 ㊎B700 需預約 Ⓔ Ⓔ

1.舞者戴上宛如佛塔般的頭冠，相當罕見的舞蹈，據說是起源於佛像的手印。美麗的手部動作是焦點所在　2.套餐包括咖哩、泰式酸辣蝦湯等料理

Sala Thai

可近距離觀賞舞蹈

位於Ⓗ Indra Regent Hotel內的老店。舞台設置在餐廳的中央，周圍由高一層的觀衆席所圍繞。由於距離相當近，可仔細欣賞舞蹈。

DATA ㊋BTS七隆站步行15分 ㊟4F Indra Regent, 120/126 Ratchprarop Rd. ☎0-2208-0022 ㊌19時～21時30分（表演為20時30分～，所需時間約50分） ㊡週日～五 ㊎B1050（表演搭配套餐）需預約

1.舞者們身穿華麗的泰絲製民族服飾跳舞　2.套餐內容包括泰式酸辣蝦湯、沙拉、咖哩、甜點及咖啡

犀利的招式讓人驚心動魄☆

泰拳

素有「世界最強的格鬥技」之稱的泰拳類似自由搏擊，是種結合拳法、膝法、肘法、摔技等技巧的格鬥技。其來源始於泰國農村為了向神明祈求豐收，舉辦獻給神明的遊戲。後來與鄰近國家交戰時逐漸發展，到了16世紀發展為一種武術體系，成為泰國軍人必備的國技。在泰拳館等有舉行比賽。

1.選手的速度及魄力都超級驚人！　2.每當選手使出踢腳或拳擊招式時，全場便歡聲雷動。據說踢腿攻擊的得分較高

Ratchadamnern Stadium

在歷史悠久的拳擊場，特別是在週四時會舉辦大型活動，當地觀衆情緒會特別激昂。館內空調設施完善，在2～3樓座位也有舉辦賭局。

DATA ㊋BTS拉差貼威站搭車10分 ㊟1 Ratchadamnern Nok, Ave. ☎0-2281-4205 ㊌週日、一、三、四18時30分～23時30分 ㊡週二、五、六 ㊎靠近格鬥台側B2000，2樓座位B1500，3樓座位B1000

倫披尼泰拳技擊館

Lumpini Boxing Stadium

本館於2014年時從曼谷中心部的倫披尼遷移到此。共有5000個座位，館內亦設有泰拳博物館、餐廳及按摩店等。

DATA ㊋BTS慕七站車程25分 ㊟6 Ram Untra Rd.位於Royal Thai Army Sports Center內 ☎0-2522-6843 ㊌18時～20時30分（週六為16時～） ㊡週一、三、四、日 ㊎靠近拳擊場側B2000，2樓座位B1500，3樓座位B1000（票價因活動而異）

觀戰的流程

❶ 買票後坐在觀眾席上

可到泰拳館正面的售票處購買當日券。想坐靠格鬥台側的位置也可向售票人員購買。1天約有10場比賽，第7場則是主要活動

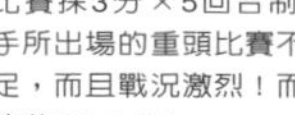

❷ 觀賞比賽

比賽採3分×5回合制。人氣選手所出場的重頭比賽不但魄力十足，而且戰況激烈！而選手所表演的Wai Khru（感謝教練及泰拳神之舞）也是一大看點。

❸ 拍照留念

坐在靠格鬥台側的觀衆，在比賽後可與選手一起拍照留念。記得攜帶相機！

泰拳館的入口處旁設有商店。拳擊手套造型鑰匙圈B190等

騎象體驗詳見P108

當地遊Local Tour①

世界遺產古都 大城府深度一日遊

14～18世紀時期，大城府曾是大城王朝的首都，繁盛一時。至今還能從留下的遺跡與寺院窺見大城府的昔日風采。想從曼谷到大城一日遊，建議參加Local Tour就能有效率地參觀主要景點。

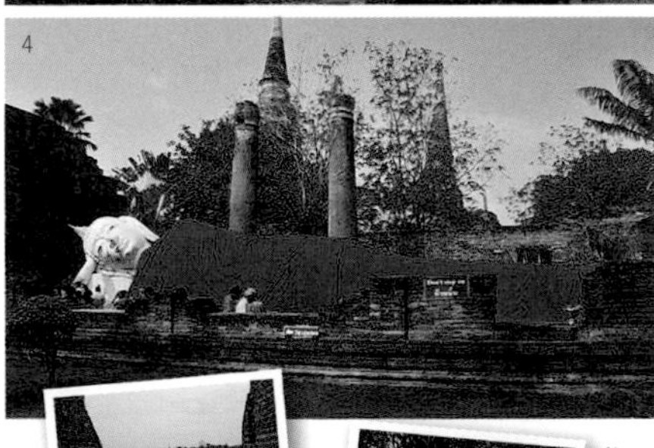

1.大佛塔高72m，其左右兩側有兩尊巨大的佛像坐鎮　2.前來參拜主佛黃金釋迦牟尼佛像者絡繹不絕。該堂內亦有供奉星期佛（→P104）　3.環繞大佛塔的迴廊上排列著佛像　4.據說這尊巨大的涅槃佛身上原本貼滿金箔

由於大佛塔的階梯相當陡，最好穿著方便步行的鞋子

在境內還能遇見身穿袈裟的和尚

必看

A　MAP P105B2

亞柴蒙考寺

Wat Yai Chai Mongkol

象徵繁華的佛教寺院遺跡

由大城王朝初代烏通王於1357年所建立。有著尖銳的塔頂、採用斯里蘭卡式建築的大佛塔，是第20代國王納瑞宣王為慶祝脫離緬甸的統治，於1592年所建造。可爬階梯登上大佛塔的中段，參觀禮拜堂。另外本寺擁有衆多景點，例如橫臥在室外的涅槃佛、本寺主佛釋迦牟尼佛等。

DATA
㊋觀光服務處搭車10分
㊐8～17時　㊡無　㊎B20

小小知識　供奉佛像的御堂必須脫鞋與脫帽才能參觀。另外，寺院對泰國人而言是相當神聖的場所，因此嚴禁做出攀爬佛塔與佛像臺等行為。

大城History

隨運河繁榮而昌盛的國際都市

1350年，烏通王開創了大城王朝。被昭披耶河及其支流所環繞的大城，自古素有水都之稱。拜運河所賜，大城成為東南亞最大的交易地點，17世紀時進入全盛時期。

日本村與山田長政

17世紀時，有許多日本商人前來大城，其後逐漸形成了1500餘名日本人所居住的日本村。其中，日本村的首領山田長政深受國王的信賴，還被提拔為親衛隊長。

滅亡，成為世界遺產

1767年，大城王朝遭到緬甸大軍的入侵，宣告終結。現在大城仍保留許多美麗的佛像、寺院以及皇宮遺跡，1991年以「古都大城」的名義被列入世界遺產。

1.拍照留念時要注意一定要蹲下，千萬不能讓自己的頭高過佛頭 2.據說瑪哈泰寺是由大城王朝第3代波隆摩羅闍一世所建造，但至今尚無定論 3.建地內的佛塔除了塔頂呈圓形高棉式建築外，亦夾雜著塔頂呈尖狀的斯里蘭卡式建築

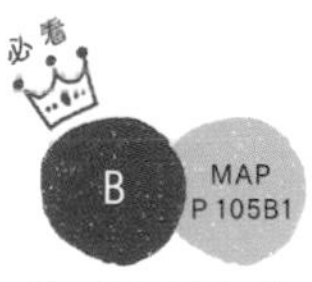

必看

B MAP P105B1

瑪哈泰寺

Wat Mahathat

被菩提樹纏繞的神秘佛頭

為14世紀的泰國最具代表性的佛教寺院遺跡。興建當時，原有一座高達44m的黃金佛塔，後來遭到緬甸大軍侵略而毀壞，現在仍保留毀壞的佛像與斷垣殘壁。位於佛塔後方、被菩提樹纏繞的佛頭是必見的景點。

DATA
交觀光服務處步行15分
時8～18時　休無　金B50

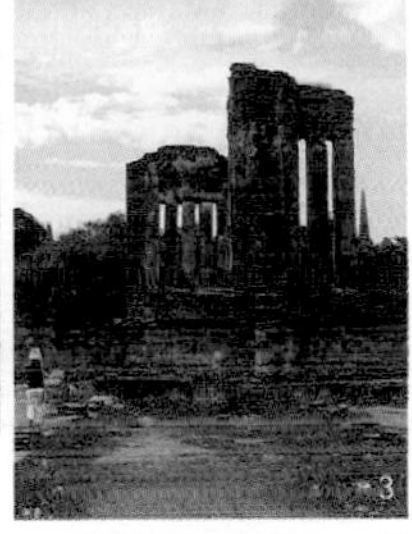

1.3座佛塔的高度約40m，興建於1491年 2.建地內到處可以看到腐朽的佛塔及佛像 3.現在只留下禮拜堂遺跡以及崩塌的牆壁

必看

C MAP P105A1

帕席桑碧寺

Wat Phra Si Sanphet

三代國王長眠於3座佛塔

本寺以供奉3名大城王朝國王遺骨的佛塔而聞名。這裡原是大城王朝最初的皇宮所在地，1426年由於皇宮被燒毀，遷移到其他地方，於是在此興建皇家寺院。1767年遭到緬甸大軍入侵而遭到毀壞，如今只留下這些佛塔。

DATA
交觀光服務處步行10分
時7～18時　休無　金B50

邦芭茵夏宮

Bang Pa-In Palace

泰國歷代國王的夏宮

由大城王朝第26代巴薩通王於1632年所建造，作為夏宮使用。現為皇族的別墅，也是接待來自世界各國重要人物的迎賓館。在美麗的庭園中，可看到不少中國式建築及文藝復興式建築等。

DATA ㊂觀光服務處搭30分
㊋8～16時 ㊡無 ㊎B100

1.需檢查服裝，請避免穿著太暴露的服裝　2.據說拉瑪4世曾在這座天文台觀測天體。可眺望宮殿

拉嘉布拉那寺

Wat Ratchaburana

保存泰國最古老的壁畫

於1424年建立，第8代國王包若瑪拉嘉二世為了安葬其兩位哥哥所建造的寺院。寺院絕大部份已遭到緬甸軍所破壞，不過還看得到禮拜堂及壁畫等。此外，可爬階梯登上佛塔的中段。

DATA ㊂觀光服務處步行15分 ㊋8～18時
㊡無 ㊎B50

1.高棉式寺院　2.佛塔的地下室內仍保留大城王朝時代的壁畫，據說是泰國最古老的壁畫

那普拉門寺

Wat Na Phra Men

來此參拜2尊稀有的佛像

據傳於13世紀時所建造，15世紀時重建。主殿供奉的大佛身穿王衣，頭戴寶冠。而禮拜堂內供奉著2尊墮羅缽底時期的綠色佛像，為大城王朝中期的作品。

DATA
㊂觀光服務處搭車6分
㊋8～17時 ㊡無
㊎B20

大城府規模最大的正殿

羅塔蘇卡寺

Wat Lokkaya Sutha

橫躺在草原上的涅槃佛

運河沿岸的野外，橫躺著一座高5m、長達28m的巨大涅槃佛。據說這裡以前曾建有寺院，如今卻已不見往昔的蹤影，只保留可放置鮮花及供品的祭壇。

DATA ㊂觀光服務處步行15分
㊋24小時 ㊡無
㊎無(聊表心意程度)

佛像的頭髮部份呈蓮花狀

星期佛與顏色

在泰國，會根據星期幾供奉不同的佛像與顏色，據說參拜自己出生日的星期佛像，或是穿戴星期代表色就會帶來幸運。照片中為那普拉門寺的佛像。

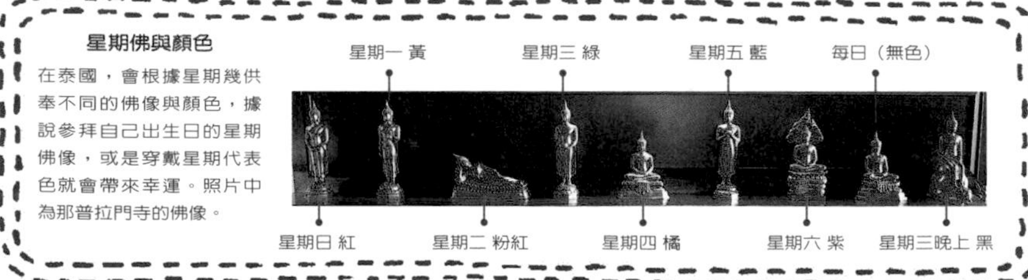

小小知識
受到2011年洪水的影響，有些遺跡禁止進入，不過現在已經解除禁令，可以入內參觀。
深受吠陀宗教影響的寺院除了供奉週日～週六7尊星期佛外，又增加了每日佛及週三晚間的日佛，共計9尊。

大城觀光建議

從曼谷到大城觀光可當天來回，但由於大城府內靠走路移動會很吃力，建議最好參加當地的Local Tour，可搭車遊逛主要景點。另外，由於遺跡內並沒有附解說的招牌，最好有導遊在一旁導覽。

隨時補充水分

●從曼谷出發的Local Tour

一般一日遊行程都是早晨出發，內容包括參觀主要遺跡與騎象體驗。亦有上午、下午出發的半日遊行程。

●自助前往

你也可以選擇從曼谷搭鐵路及巴士到大城，再轉搭計程車或嘟嘟車逛大城的方式。車站前也有提供公共自行車出租（1天約B60）服務，不過道路相當不平穩、路上無號誌燈、也沒有英文招牌、天氣又相當炎熱等，因此並不推薦。

［曼谷～大城之間的交通］

- 從泰國國鐵華藍蓬站到大城的車程約1小時15分～2小時，B15～66，1天35班。
- 從曼谷北部巴士總站（別冊MAP/P5C1）到大城的車程約1小時30分～2小時，B65，每隔20分一班

［觀光服務處（TAT）］

㊟108-22 Si Sanphet Rd. ☎035-246076
㊕8時30分～16時30分 ㊡無 MAP/P105A1

1日遊

7:00 從曼谷市內的飯店出發
↓ 巴士

8:00 搭遊船度過昭披耶河到大城
↓ 船

視天候狀況，也可能改成巴士

11:00 自助式午餐（船內）
↓ 船

12:00 抵達大城的碼頭

參觀邦芭茵夏宮、阿育陀耶日本村、亞柴蒙考寺、瑪哈泰寺、帕席桑碧寺、騎象體驗（費用另付）

瑪哈泰寺

16:30 從大城出發
↓ 巴士

18:00～19:00 抵達曼谷市內的飯店

巡遊世界遺產
大城府觀光（不附晚餐）

【出發／所需時間】7時左右／約12小時
【舉辦日】每天 【費用】B2100～
【詢問／報名處】JTB Thailand My Bus（→別冊P22）

當地遊Local Tour②

悠遊在運河中 體驗水上市場♪

昔日素有「水都」之稱的曼谷，其充滿復古情懷的水上市場也是相當有人氣的觀光景點。由於水上市場幾乎都位於曼谷郊外，想獨自前往有點困難，建議參加Local Tour比較方便。

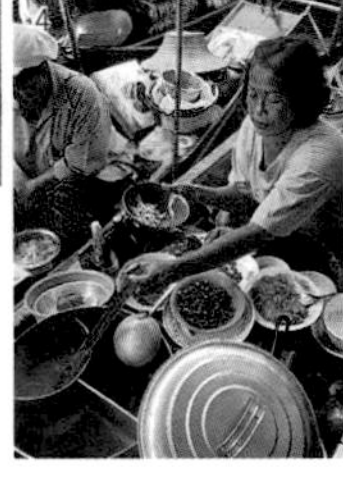

1.觀光客搭乘小船參觀市場　2.有不少販售伴手禮的攤販，相當熱鬧　3.運河上不時會出現塞船的情況　4.販賣麵食的小船。店家在狹窄的空間也能手腳俐落地進行調理　5.6.載滿當季熱帶水果的小船。就算只買1顆，店家也會當場切好裝袋再拿給顧客

曼谷郊外　別冊MAP P4A4

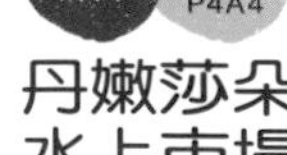

丹嫩莎朵水上市場

Damnoen Saduak Floating Market

每天開市、以觀光客為取向的市場

開設於曼谷中央部西南方約90km處的丹嫩莎朵運河上，是曼谷最有名的水上市場。這裡匯集了許多載滿新鮮蔬菜與水果、食品及日用雜貨等的小船，在運河上進行買賣的景象充滿復古情懷。

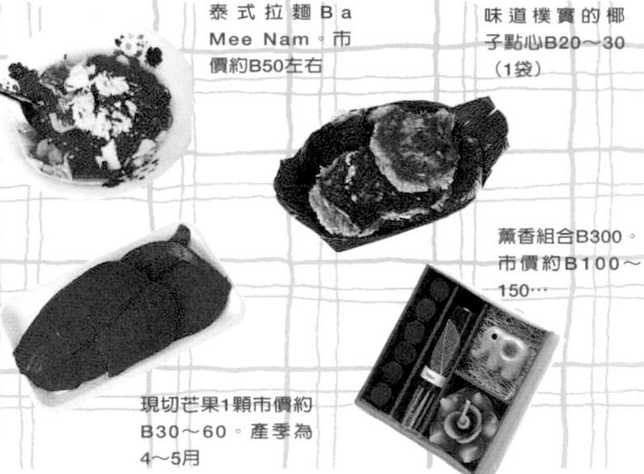

泰式拉麵Ba Mee Nam。市價約B50左右

味道樸實的椰子點心B20～30（1袋）

薰香組合B300。市價約B100～150…

現切芒果1顆市價約B30～60。產季為4～5月

物價略高

泰式雜貨及泰絲等商品上沒有貼標價，售價採交涉制，且店家會哄抬價格。同時也要注意店家強行推銷。購買食品請先確認價格後再點餐，最好備妥零錢。

扒手與強盜多

在人潮混亂不堪的市場中，針對觀光客行搶的扒手與強盜也到處橫行。因此貴重物品一定要片刻不離身，包包挪到身體前方拿好。

衛生方面？

現在市場有供應自來水，水果與果汁都有清洗乾淨再榨汁，食物也經過加熱處理，因此危險度也大幅降低。但由於河川的水質污濁，最好多加小心。

若是獨自前往大林江水上市場的話，可在伊勢丹（別冊MAP/P15C3）前的巴士站搭乘79號巴士，上車後告訴車掌要在「Talat Nam Taling Chan（泰語發音）」下車，並領取郵票大小的車票。若是搭乘跳錶計程車，則單程車費約B150。

火車一來立刻火速收攤!?
鐵軌上的市場

位於美功車站鐵軌上的市場（別冊MAP／P4A4）。攤販們通常都是在鐵軌的兩側擺攤，販售水果及日用品，只有在火車通過時，可以目睹攤販火速收攤的情景。等火車慢慢通過後，攤販們會再度不集不徐的將商品恢復原狀，這般有趣的景象正是美功鐵道市場吸引人之處。

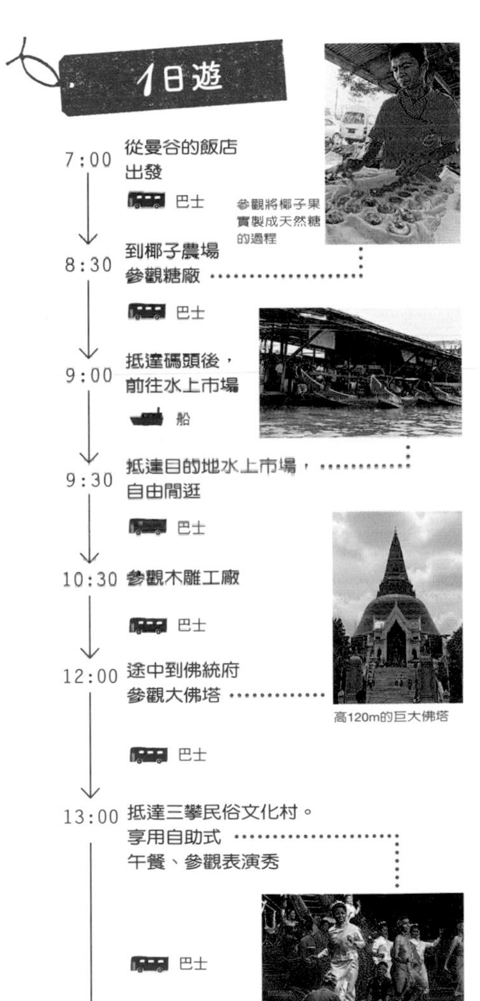

1日遊

7:00 從曼谷的飯店出發

巴士

參觀將椰子果實製成天然糖的過程

8:30 到椰子農場參觀糖廠

巴士

9:00 抵達碼頭後，前往水上市場

船

9:30 抵達目的地水上市場，自由閒逛

巴士

10:30 參觀木雕工廠

巴士

12:00 途中到佛統府參觀大佛塔

高120m的巨大佛塔

巴士

13:00 抵達三攀民俗文化村。享用自助式午餐、參觀表演秀

巴士

欣賞泰國傳統舞蹈等表演

17:00 抵達曼谷

大林江水上市場

Taling Chan Floating Market

離曼谷最近的水上市場

從曼谷搭車30分即可抵達，僅週末才有的水上市場。河川上設有竹筏式座位，販售泰式拉麵及海鮮、糕點、水果等的小船攤販會在此停靠。其中又以價廉味美的海鮮為其最大特色。若時間充裕，可以向攤販買麵包來餵魚，還可選擇搭乘數種不同的遊船行程，船上還會有導遊以英語及泰語介紹沿途風景，欣賞附近的水上人家及寺院也是不錯的選擇。

安帕瓦水上市場

Amphawa Floating Market

週末限定的夜市

開設在安帕瓦河兩岸的市場（僅在週五～日的15時～21時營業），販售物品與麵食的攤販小船都匯集在此。這裡也是相當有人氣的賞螢火蟲景點。有各式新奇設計的雜物與道地美食，價位相當親民，是當地人最愛去，也是最具有在地風味的週末市集，商品類型和丹嫩莎朵水上市場有所差異。因與美功鐵道市場距離較近，建議可安排在同一天走訪。

提到泰國觀光就想到騎象！

視野遼闊！騎象體驗國王般的氣氛

據說大象是古時泰國國王的座騎，現在，騎象體驗已成為人氣觀光行程之一。
在曼谷，可提供各種情境任君挑選，最適合初次體驗騎象。

普蘭寺前是經典的拍照地點

遊客眾多時，拍照地點附近會聚集許多大象，造成大塞車

↑→餵象吃東西及肢體接觸
♥餵象用的水果與蔬菜，一籃B50～

體驗行程
繞境內1圈(約10分)
㊎B200往返遺跡(約20～30分)㊎B400
[象的數量]約30頭

大城府 MAP P105A1

大城府象園
Ayutthaya Elephant Palace

在遺跡前與大象一起拍紀念照

為曼谷周邊的騎象體驗設施當中規模最大的象園。可爬階梯登上高達2層樓的象背，坐在座椅上散步。往返行程的範圍擴及帕席桑碧寺、皇宮遺址附近。注意別只顧欣賞壯觀的遺跡而不慎從象背摔下。

DATA ㊇大城的觀光服務處(P105)步行5分
㊟Pa Thong Rd.,Ayutthaya ☎035-211-001
㊓9～17時 ㊡無 ※天氣不佳時中止 Ⓔ

所需時間會因大象的身體狀況與心情而改變，請多見諒。

（馴象師Nun先生）

坐在大象的膝蓋拍紀念照（費用另計B40）

小小資訊

騎象體驗注意事項：避免穿著高跟鞋或涼鞋等容易穿脫的鞋子，以免行進途中掉落。為避免摔下來，請務必握緊座位上的繩索，並保持平衡。另外禁止站在象背上，相當危險。

大象周邊商品大集合

長賣商品
迷你鑰匙圈
B75/Near Equal
→P91

棉製杯墊，共10色
各B95/Near Equal
→P91

象型陶製芳香蠟燭台
B70/暹邏天使劇場

合成皮革製鑰匙圈3個1組B100/恰圖恰週末市集→P66

顏色不同、香味也跟著不同的香氛包
各B130/Fancy House Ruri→P92

泰國文化中心站周邊　別冊MAP P9D2

暹邏天使劇場

Siam Niramit

體驗行程
繞境內一圈(約5～10分)
金B200 [象的數量]2頭

曼谷中心區獨一無二的景點

擁有可容納2000名觀衆的巨型劇場、以精彩的劇場表演為賣點的大型設施。在下午5點開演前，可在境內體驗騎象。除此之外，諸如泰國文化室外展示、商店等也很值得一逛。

DATA 交MRT泰國文化中心站搭乘免費接駁車5分 住19 Thiam Ruammit Rd. ☎0-2649-9222 時17時～22時30分。表演為20時～21時30分 休無 金B1500(含入場費及表演觀賞費) E

1.騎象繞廣場一圈。可在象背上欣賞傳統樂器演奏及古典舞蹈等迷你表演 2.舞台上會出現河川等強而有力的精彩表演，千萬別錯過！ 3.仿效水上市場的室外展示

在綠意盎然的園內散步

體驗行程
繞廣場一圈（約15分）
金B120
[象的數量]約3頭

↓在大象雜技表演時，小象也正努力向母親看齊！

曼谷西部　別冊MAP P4A4

三攀民俗文化村

Sampran Riverside

表演時間令人期待

在郊外寬廣的建地上林立著餐廳、劇院、工藝館等諸多觀光設施。騎象體驗可在設施內的廣場騎象繞一圈。最有人氣的是能夠欣賞泰國舞蹈及泰拳等表演的「泰國民俗表演」。

DATA 交曼谷中心區搭車1小時 住Km.32 Pet Kasem Rd., Sampran, Nakorn Pathom ☎0-3432-2588～93 時9～16時（表演場次為13時30分、14時45分起，每場約1小時） 休無 金B50（含表演秀為B600） E

介紹令人嚮往的知名飯店

保證住宿環境舒適
奢華的豪華飯店

既然來到曼谷，一定要到一流的知名飯店住上一晚。在泰國特有的美麗裝潢與溫暖的款待下，讓你享受高水準的住宿體驗。

石龍軍路 別冊MAP P11C3

曼谷文華東方酒店

Mandarin Oriental, Bangkok

深受世界各國VIP及皇族喜愛的曼谷象徵

1876年開業，與曼谷市區共創繁榮、歷史悠久的酒店。座落於昭披耶河沿岸，由保留創業當時風采的作家翼、花園翼及河翼3棟建築所構成。館內為美麗的殖民地式建築，所有客房都配置柚木傢俱及泰絲等，氣氛相當典雅。其中又以作家套房特別有名，這是以小說家威廉·薩默塞特·毛姆等喜愛本飯店的著名作家之名字作為命名。

DATA ㊋BTS鄭皇橋站步行15分 ㊟48 Oriental Ave. ☎0-2659-9000(代) ㊎高級客房B14150～ 393室 Ⓔ Ⓡ Ⓟ Ⓕ

訪客也可使用！

主要設施

Sala Rim Naam(泰國菜&泰國傳統舞蹈) →P100
Author's Lounge(下午茶、輕食) →P50
The Oriental SPA(SPA)→P23
THE VERANDAH(泰國&各國菜色)

1.客房面積為40㎡～，相當寬敞 2.昭披耶河景色可盡收眼底的附陽台套房也相當有人氣 3.諸多名人曾住過的作家翼 4.由花草點綴的大廳仍保留創業之初的氣氛 5.客房備品是使用英國的芳療品牌「Aromatherapy Associates」等 6.在酒店內的商店也可購買特製商品。檸檬草洗髮精B630等 7.面向昭披耶河的花園

名牌酒店的歷史

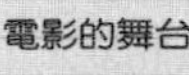

1876年開業，為曼谷首間西式飯店。自此，曼谷文華東方酒店成為小說家約瑟夫·康拉德、泰絲大王金湯普森等諸多知名人士及各國皇族及VIP經常光顧的酒店。本酒店以無微不至的周到服務聞名，服務水準在世界上也是名列前茅。

電影的舞台

在曼谷文華東方酒店長達130餘年的歷史當中，首度獲得許可拍攝的作品，就是辻仁成原作小說改編電影『再見，總有一天』（2010年）。全片中出現的館內景色，例如女主角所住的就是小說家威廉·薩默塞特·毛姆曾住過的作家套房，此外還有Author's Lounge（→P50）等，拍得相當唯美，令人印象深刻。

暹羅周邊 別冊MAP P15D4 曼谷大倉新頤酒店 Okura Prestige Bangkok

日本式溫暖的待客之道

2012年，日本最具代表性的老牌酒店於曼谷開設分館。基於大倉新頤酒店的創業理念「簡約優雅」下，館內採取泰日融合設計。館內亦設有日本料理店「山里」、可俯瞰市區景色的SPA等設施，提供旅客細心周到的服務。

DATA ⊗直通BTS奔集站 ㊟57 Wireless Rd. ☎0-2687-9000(代) ㊎B 9800～ 240室

E R P F

1.時尚的高樓酒店。浮在半空中的室外泳池也相當有人氣
2.客房內備有浴缸及免治馬桶

石龍軍路 別冊MAP P11C3 曼谷香格里拉大酒店 Shangri-La Hotel, Bangkok

無微不至的服務與豪華設施

本飯店緊臨昭披耶河，在世界著名雜誌的飯店排行榜上經常榜上有名。由香格里拉樓與Krungthep樓所構成，兩館均擁有可眺望昭披耶河景色的河景客房，相當有人氣。館內的泰國菜及中國菜餐廳、SPA等設施的水準之高，在曼谷市內也是首屈一指。

DATA ⊗BTS鄭皇橋站步行1分 ㊟89 Soi Wat Suan Plu, New Rd. ☎0-2236-7777(代) ㊎香格里拉豪華房B 11000～,Krungthep豪華陽台客房B14100～ 802室

E R P F

1.客房裝潢為泰式風格 2.Krungthep樓亦有可俯瞰昭披耶河景色的豪華陽台客房

沙陸路周邊 別冊MAP P17D3 The Sukhothai Bangkok

充滿素可泰王朝式建築之美

本飯店以古代素可泰王朝為概念，全館採用素可泰式建築，以泰國美術品作為擺設，相當優雅。客房裝潢也統一採用柚木材質與泰絲，讓人充分感受泰式氣氛。館內亦設有各項設施，例如泰國菜名店「Celadon」、被自然環境環繞的「Spa Botanica」等。

DATA ⊗MRT倫披尼站步行20分 ㊟13/3 South Sathorn Rd. ☎0-2344-8888(代) ㊎高級客房B12800～ 210室

E R P F

1.客房使用的是美麗的泰絲被單、枕套 2.在住宿樓層處可見的佛塔像是本酒店的象徵

昭披耶河西岸 別冊MAP P10B3 曼谷半島酒店 The Peninsula Bangkok

全館均為視野絕佳的河景客房

以香港為根據地的頂級酒店。本館為面臨昭披耶河的37層高樓建築，大廳採開放式挑高設計。全館客房均可欣賞河景，連標準房的面積也有46㎡，客房之寬敞堪稱曼谷首屈一指。此外，客房亦備有附電視大理石浴缸的浴室等豪華設備。

DATA ⊗BTS鄭皇橋站前的沙吞碼頭搭專用船2分 ㊟333 Charoen Nakorn Rd. ☎0-2861-2888(代) ㊎豪華客房B19800～ 370室

E R P F

1.在河岸上也相當顯眼的高樓酒店。面朝河川的餐廳及酒吧等設施也相當有人氣 2.使用木製傢俱，營造出沉穩的氣氛

配合旅遊目的精選

人氣飯店list

觀光都市曼谷擁有各種類型的飯店，BTS站周邊及昭披耶河沿岸到處可見世界知名的大型連鎖飯店。

暹羅周邊 別冊MAP P12A1

曼谷瑞吉酒店

The St. Regis Bangkok

以美國紐約為根據地

以「貴族宅邸」為概念的豪華酒店。館內裝潢融合泰式與現代風格，所有客房的裝潢也走優雅風格。同時各客房均擁有專屬管家，24小時全天候滿足您的需求，這是只有本館才能享有的服務。

DATA 交直通BTS拉差丹利站 住159 Ratchadamri Rd. ☎0-2207-7777(代) 金豪華客房B9700～ 228室 E R P F

↑位於15樓的游泳池，景觀絕佳 ←從寬敞的窗戶可眺望綠景及市區景色。所有客房均附浴缸

蘇坤蔚路 別冊MAP P18B1

索菲特曼谷素坤逸酒店

Sofitel Bangkok Sukhumvit

2012年重新開幕

位於蘇坤蔚路旁的法國知名飯店品牌，立地條件絕佳。所有客房均設置相當於地板到天花板般高的落地窗與木頭地板，空間相當寬敞。館內的高空景觀法國餐廳「L'Appart」、首度進軍泰國的高級SPA品牌「L'Spa」等均深受好評。

DATA 交BTS阿速站、MRT蘇坤蔚站步行5分 住189 Sukhumvit Rd. Soi 13-15 ☎0-2126-9999(代) 金豪華客房B5415～ 344室 E R P F

↑館內裝潢採摩登法式風格 ←客房沐浴用品使用的是法國品牌「歐舒丹」

暹羅周邊 別冊MAP P15C4

曼谷暹羅安納塔拉酒店

Anantara Siam Bangkok

優雅的室內裝潢與服務

館內的天花板以泰絲做裝飾、陳列美術工藝品，還有美麗的庭園，裝潢相當優雅。客房裝潢為摩登泰式風格。館內的泰國菜餐廳「Spice Market」及SPA等設施也深受好評。

DATA 交BTS拉差丹利站步行2分 住155 Ratchadamri Rd. ☎0-2126-8866(代) 金豪華客房B7030～ 354室 E R P F

暹羅 別冊MAP P15C3

Intercontinental Bangkok

以離車站近、寬敞的客房而大受歡迎

位於BTS七隆站正前方。客房空間之寬敞堪稱曼谷首屈一指，連一般豪華客房面積也有45㎡。館內有自助式餐點備受好評的「Espresso」等6間餐廳。

DATA 交BTS七隆站步行1分 住973 Phloenchit Rd. ☎0-2656-0444(代) 金豪華客房B5940～ 381室 E R P F

是隆路 別冊MAP P17D2

曼谷都喜天麗飯店

Dusit Thani, Bangkok

有「天國之街」之稱的老牌飯店

曼谷首屈一指的名牌飯店，許多來自世界各地的VIP經常蒞臨。風格沉穩的大廳與泰式裝飾，顯得相當雅緻。客房分成東館與本館，其中又以附陽台的本館最受歡迎。

DATA 交MRT是隆站步行1分 住946 Rama Ⅳ Rd. ☎0-2200-9000(代) 金高級客房B6500～ 517室 E R P F

[標記索引] E英語OK、R餐廳、P游泳池、F健身房

Renaissance Bangkok Ratchaprasong

為知名飯店品牌「萬豪」集團旗下品牌之一，以「現代泰式」為主題。館內有中國菜餐廳「飛鴨」等3間餐飲設施。

DATA ㊋BTS七隆站步行3分 ㊟518/8 Ploen Chit Rd. ☎0-2125-5000(代) ㊎豪華客房B4500～ 333室

E R P F

曼谷康萊德酒店

Conrad Bangkok

以泰絲與木材佈置、充滿個性的客房深受好評。可直達購物中心「All Seasons Place」。

DATA ㊋BTS奔集站步行5分 ㊟87 Wireless Rd. ☎0-2690-9999(代) ㊎豪華轉角客房B8650～ 391室

E R P F

曼谷蘇坤威斯汀大酒店

The Westin Grande Sukhumvit

雖座落於熱鬧的大馬路上，不過客房全位於10樓以上，相當安靜。所有客房均設置特製床鋪「天夢之床Heavenly Bed」，相當舒適。

DATA ㊋BTS阿速站、MRT蘇坤蔚站步行1分 ㊟259 Sukhumvit Rd. ☎0-2207-8000(代) ㊎豪華客房B6100～ 362室

E R P F

曼谷W酒店

W Bangkok

2012年開幕的時尚飯店。客房內處處可見泰國國技泰拳的要素，裝潢設計充滿玩心。

DATA ㊋BTS沖暖詩站步行3分 ㊟106 North Sathorn Rd. ☎0-2344-4000 ㊎詳見官網 395室

E R P F

曼谷艾美酒店

Le Meridien Bangkok

全館內部裝潢相當時尚，客房內設有玻璃窗的浴室、觸碰式螢幕IP電話等最新設備，提供旅客舒適的住宿空間。

DATA ㊋BTS是隆站、MRT沙拉鈴站步行7分 ㊟40/5 Surawong Rd. ☎0-2232-8888(代) ㊎Vista Room B8500～ 282室

曼谷千禧希爾頓酒店

Millenium Hilton Bangkok

座落於昭披耶河沿岸，充滿度假村氣氛。除了挑高12層樓的氣派大廳外，所有客房均為河景客房，極具開放感。

DATA ㊋BTS鄭皇橋站前的沙吞碼頭搭專用船約5分 ㊟123 Charoennakorn Rd. ☎0-2442-2000(代) ㊎豪華客房B9900～ 533室

曼谷素戈孫酒店

The Sukosol Bangkok

為商務旅客居多的都市型飯店，客房裝潢採取簡約、富機能性設計。館內亦有泰國菜、日本料理等5間餐飲設施。

DATA ㊋BTS披耶泰站步行6分 ㊟477 Sri Ayutthaya Rd. ☎0-2247-0123(代) ㊎豪華單人房B4000～ 482室

E R P F

曼谷蘇坤喜來登大酒店

Sheraton Grande Sukhumvit, Bangkok

直通BTS站，交通相當便利。客房裝潢採摩登設計，連最普通的「Grand Room」面積也有45㎡大，空間相當寬敞。

DATA ㊋直通BTS阿速站 ㊟250 Sukhumvit Rd. ☎0-2649-8888(代) ㊎豪華客房B6400～ 420室

E R P F

曼谷JW萬豪酒店

JW Marriott Hotel Bangkok

萬豪集團旗下最高級的飯店。所有客房均附有蓮蓬頭浴缸，深受好評。

DATA ㊋BTS那那站步行5分 ㊟4 Sukhumvit Rd.,Soi 2 ☎0-2656-7700(代) ㊎豪華客房B6700～ 441室

E R P F

Crowne Plaza Bangkok Lumpini Park

針對外國旅客的服務相當完善。客房均設有附蓮蓬頭浴缸等設備。

DATA ㊋BTS是隆站、MRT沙拉鈴站步行3分 ㊟952 Rama Ⅳ Rd. ☎0-2632-9000(代) ㊎高級客房B4700～ 243室

E R P F

曼谷悅榕莊

Banyan Tree Bangkok

高達60層樓的超高樓酒店，所有客房均為套房。「Vertigo & Moon Bar」（→P55）等設施也相當有人氣。

DATA ㊋BTS沙拉鈴站、MRT是隆站步行15分 ㊟21/100 South Sathon Rd. ☎0-2679-1200(代) ㊎豪華客房B5800～ 327室

E R P F

皇家蘭花喜來登酒店

Royal Orchid Sheraton Hotel & Towers

位於昭披耶河沿岸，所有客房均為河景客房，並設置特製床鋪。

DATA ㊋沙吞碼頭搭專用船約10分 ㊟2 Soi 30 Charoen Krung Rd.(Captain Bush Lane) ☎0-2266-0123(代) ㊎豪華河景客房B16000～ 726室

E R P F

泰國出入境的流程

入境泰國

1 抵達 Arrival

蘇凡納布國際機場及廊曼國際機場是泰國空中的玄關。飛機降落後，請依照「ARRIVAL」的標示前往入境審查。

2 入境審查 Immigration

請到標示為外國人專用的「Foreign Passport」櫃台排隊，辦理時請向審查官出示填寫好的出入境卡與護照（有時審查官也會要求出示回程機票或電子機票）。拍完大頭照後，審查官就會在護照蓋上入境章，連同出境卡一起退還，完成審查作業。出境時會用到出境卡，請務必妥善保管。

3 提領行李處 Baggage Claim

到標示有所搭班機編號的行李轉盤，領取在台灣機場托運的行李。萬一行李遲遲沒有出現或是行李箱有破損的情況下，請將行李存根（Claim Tag）出示給機場人員看，並向他說明情況。

4 海關 Customs Declaration

若行李在免稅範圍內，則從不須申告的「Nothing to Declare」（顯示綠燈）的大門出關。有時也會發生被機場人員擋下檢查行李的情況。若行李超過免稅範圍時，則須前往「Goods to Declare」（顯示紅燈）。

5 入境大廳 Arrival Lobby

蘇凡納布國際機場的入境大廳位於航廈的2樓，設有觀光服務處與兌換所。搭乘計程車要到1樓，蘇凡納布機場捷運的月台則位於地下1樓。

●入境卡的填寫範例

2張橫長形的卡片連在一起，左側是入境卡，右側是出境卡。背面也有填寫欄位。飛機上會分發，請事先填妥。

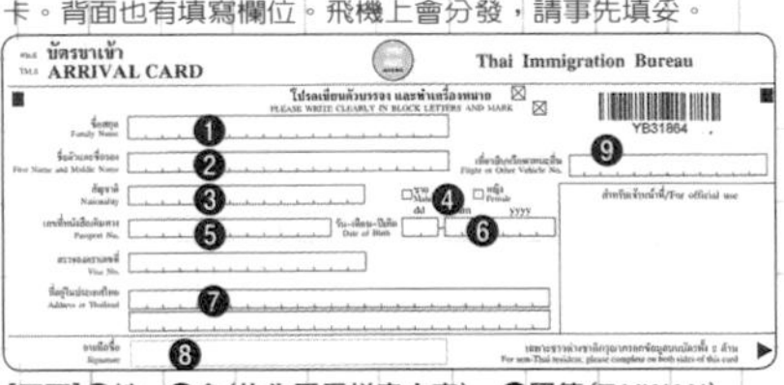
TM.6 ARRIVAL CARD

Thai Immigration Bureau

PLEASE WRITE CLEARLY IN BLOCK LETTERS AND MARK ☒

Family Name ❶

First Name and Middle Name ❷

Nationality ❸

Male / Female ❹

Passport No. ❺

Date of Birth ❻

Flight or Other Vehicle No. ❾

Visa No.

Address in Thailand ❼

Signature ❽

YB31864

[正面]❶姓　❷名（均為羅馬拼音大寫）　❸國籍（TAIWAN）　❹性別（Male是男性，Female則是女性）　❺護照號碼　❻出生年月日　❼在泰國的住宿地點（飯店名稱等）　❽與護照相同的簽名　❾入境泰國時的航班

For non-Thai resident only

PLEASE MARK ☒

PLEASE COMPLETE IN ENGLISH

Type of flight ❿ ☐ Charter ☐ Schedule

First trip to Thailand ⓫ ☐ Yes ☐ No

Traveling on group tour ⓬ ☐ Yes ☐ No

Accommodation ⓭ ☐ Hotel ☐ Friend's Home ☐ Youth Hostel ☐ Apartment ☐ Guest House ☐ Others

Purpose of visit ⓮ ☐ Holiday ☐ Meeting ☐ Business ☐ Incentive ☐ Education ☐ Conventions ☐ Employment ☐ Exhibitions ☐ Transit ☐ Others

Yearly income ⓯ ☐ Under 20,000 US$ ☐ 20,000-40,000 US$ ☐ 40,001-60,000 US$ ☐ 60,001-80,000 US$ ☐ 80,001 and over ☐ No income

Occupation ⓰

Country of residence City/State ⓱ Country ⓲

From/Port of embarkation ⓳

Next city/Port of disembarkation ⓴

[背面]❿航班類別　⓫第一次來泰國嗎　⓬是參加團體旅行嗎　⓭住宿設施　⓮旅行目的　⓯年收入　⓰職業　⓱現在住址（縣市區名稱）　⓲現在住址（國名）　⓳搭乘地點　⓴來泰國後的下個目的地

●泰國入境時的限制

○主要免稅範圍

・攜帶、帶出的外幣總額超過US$2萬以上須申告。攜帶泰國當地貨幣並無限制，但帶出金額不得超過B5萬。此外，到鄰近諸國帶出的金額則不得超過B50萬。

・酒精類飲料不得超過1L。

・香煙限帶200根（或250g）。※現正加強取締攜帶香煙，違反者得處高額罰款。

・相機及攝影機1人僅限帶1台，包含軟片在內金額不得超過B1萬。

○主要禁止攜帶物品

・嚴禁輸出入麻藥、色情物品、動植物的一部分或相關製品。此外，未經政府機關的許可，不得輸出入火器、彈藥、爆炸物、佛像、古器及古董品等。

出國時的注意事項

記得在出發前1個月～10天前做好確認

●泰國的入境條件

○護照剩餘效期

入境時須滿6個月以上。

○簽證

經空路入境，以觀光為目的停留15天以內的旅客且由蘇凡納布國際機場進出者，可於出發前透過線上申請落地簽證，並備有6個月內4×6相片一張、簽證費B2000，以及已確認機位之回程機票與1人B1萬以上現金。

○機場的出發航廈

桃園機場分成第1、第2航廈，兩個航廈皆有直飛蘇凡納布國際機場的航班，而飛往廊曼國際機場的航空集中在第1航廈。

○攜帶液體物品搭機限制

若是搭機手提行李攜帶超過100ml以上的液體物品時，就會在台灣出境時檢查行李的關卡遭到沒收，一定要注意。若低於100ml，則可放在夾鏈袋等透明塑膠袋內攜帶。詳細內容請參照民航局網站URL http://www.caa.gov.tw/big5/index.asp。

申請護照的相關事宜請參照外交部領事事務局網站URL www.boca.gov.tw/mp.asp。

決定去旅行後，應立刻確認重要的出入境資訊！做好萬全的準備後前往機場。

蘇凡納布國際機場的出境大廳

泰國出境

1 報到 Check-in

應在飛機起飛時刻的2～3小時前抵達機場。在出境大廳的報到櫃台出示護照及搭乘航空公司的機票（電子機票）、托運行李後，領取行李存根（Claim Tag）與登機証。

> 若要申請VAT退稅（→P122）的話，托運行李前應先在相關資料蓋章後，在出境審查前到海關辦理

2 檢查手提行李 Security Check

前往「Passport Control」，向機場人員出示登機証與護照後進入。手提行李須通過X光檢查。要注意的是，泰國與台灣一樣對攜帶登機的液體物品有限制。

3 出境審查 Immigration

向審查官出示護照、登機証及出境卡。拍完大頭照後，審查官在蓋完出境章後會退還護照與登機証。

4 搭機 Boarding

由於出境樓層相當寬敞，因此走路移動相當費時，最好早於登機時間提前前往登機門。出境樓層有許多免稅商店及飲食店。若有申請VAT退稅的話，記得在登機前領取退還的稅款。

●出境卡的填寫範例

入境時一併填妥出入境卡。

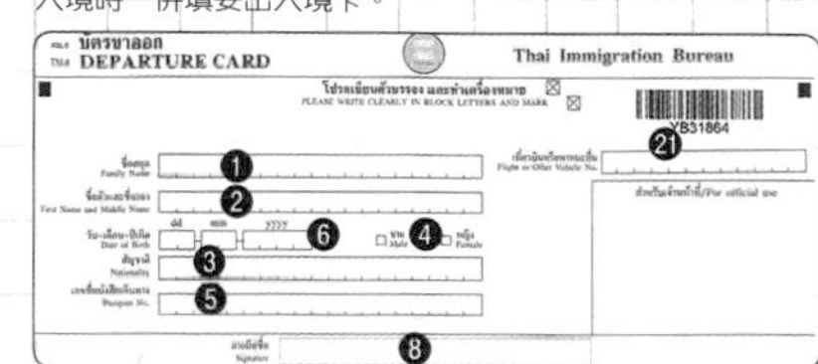

❶～❽項參照左頁。 ㉑從泰國出境時的航班號

●台灣直飛往曼谷的航空公司

桃園機場～曼谷所需時間（飛行時間）約3小時30分。

航空公司	洽詢處
中華航空	☎02-412-9000 URL www.china-airlines.com/tw/zh
台灣虎航	☎02-5599-2555 URL www.tigerair.com/tw/zh/
長榮航空	☎02-2501-1999 URL www.evaair.com/zh-tw/index.html
國泰航空	☎02-8793-3388 URL www.cathaypacific.com/cx/zh_TW.html
泰航	☎02-8772-5111 URL www.thaiairways.com/zh_TW/Index.page?
酷鳥航空	☎0973-482-980 URL www.nokscoot.com/tw/

回國時的限制

如須申報，請填寫「海關申報單」，並經「應申報檯」（即紅線檯）通關。

●主要免稅範圍

酒類	3公升（年滿20歲）
香菸	捲菸200支或雪茄25支，或菸絲1磅（年滿20歲）
其他	攜帶貨樣的完稅價格低於新台幣12,000元
貨幣	新台幣10萬以內；外幣等值於1萬美元以下；人民幣2萬元以下

※超過須向海關申請

●主要禁止進口及限制進口物品

○毒品危害防制條例所列之毒品。
○槍砲彈藥刀械管制條例所列之槍砲、彈藥及刀械。
○野生動物之活體及保育類野生動植物及其製產品，未經行政院農業委員會之許可，不得進口；屬CITES列管者，並需檢附CITES許可證，向海關申報查驗。
○侵害專利權、商標權及著作權之物品。
○偽造或變造之貨幣、有價證券及印製偽鈔印模。
○所有非醫師處方或非醫療性之管制物品及藥物。
○其他法律規定不得進口或禁止輸入之物品。

小小資訊 回國的時候，如果有後送行李或超過免稅範圍的物品，稅率等相關詳情請參照海關URL web.customs.gov.tw

機場～曼谷中心區的交通

交通速查表

交通機關	特徵
便宜 蘇凡納布機場捷運（City Line）	各站停車。在目甲訕站等8站停車，可轉接BTS披耶泰站。可通行無阻地移動，不用擔心塞車問題，是前往曼谷市內最便宜的交通手段。不過在巔峰時段車內相當擁擠，因此披耶泰站的月台也會被人群擠得水洩不通，提著大型行李移動時會變得很困難。
蘇凡納布機場捷運（Express）	急行列車。可分成往目甲訕站方向及往披耶泰站方向2種，途中不靠站。車廂內設有行李箱放置處，乘客也較少，可輕鬆移動。不過班次相當少。 ※至2017年1月仍停止運行。重新開放時間未定。
計程車	先到1樓計程車號碼機抽號碼牌，再搭乘號碼牌上記載號碼的計程車。到曼谷市內採跳錶制（基本費B35）。可直達住宿飯店，相當便利，但有時會遇到拉抬車費的計程車司機。
利木津計程車（Limousine Taxi）	2樓入境樓層設有好幾個售票處，只要告知售票人員目的地與搭乘車種即可購票。費用根據目的地與車種不同而異。費用雖然小貴，但服務周到，駕駛也很讓人放心。

蘇凡納布國際機場

［2樓］入境樓層

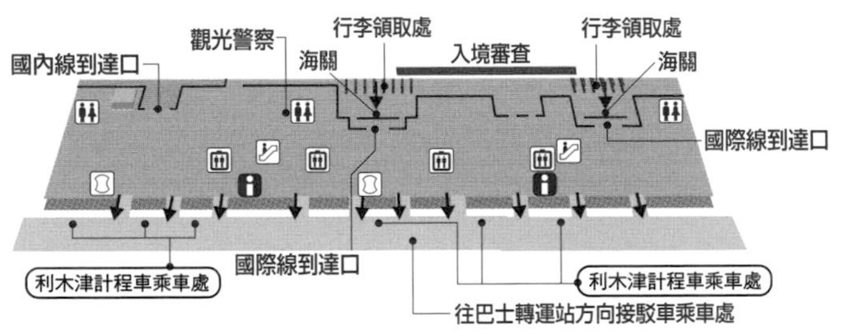

［1樓］計程車上車處、美食廣場

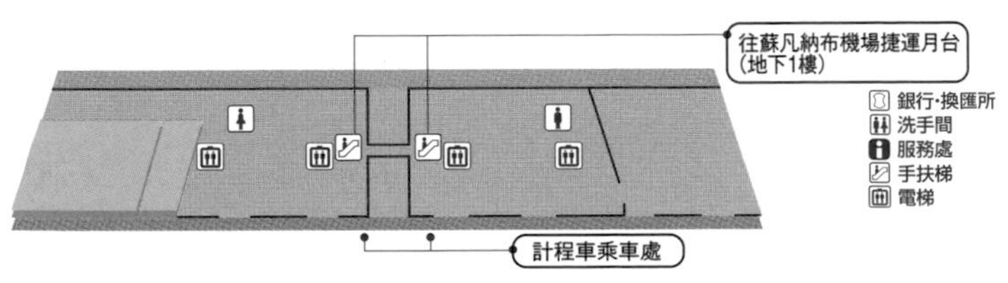

為方便搭乘深夜航班的旅客，自2015年3月起提供從機場直達披耶泰站的Extra Train Service。只有0時15分及0時30分2班，費用B45，所需時間20分。

從蘇凡納布國際機場到曼谷市內，搭乘蘇凡納布機場捷運最為便捷。此外，也可以搭乘計程車、利木津計程車（Limousine Taxi）等。

航空公司報到櫃台的周邊

費用（單趟）	所需時間	運行時間	營運機關
B15～45	到披耶泰站約25～30分	6～24時 每隔12～15分1班	泰國國家鐵路局 ☎1690 （客服系統，24小時） URL www.srtet.co.th
B90，來回票為B150（使用期限2週內）	到披耶泰站約17分	6～24時 每小時1班	
跳錶制＋B50（機場使用費）＋高速公路費用。到曼谷中心區約B300～400左右	40～60分（塞車時約1小時以上）	24小時	無
根據車種及距離不同而異，含高速公路費用約B950～3100左右	40～60分（塞車時約1小時以上）	24小時	泰國機場公司（AOT） ☎0-2134-2323 ～5 URL www.suvarnabhumiairport.com

蘇凡納布國際機場

Suvarnabhumi International Airport

位於曼谷市中心以東約30km處的國際機場，以嶄新的設計為特徵，是由知名德裔美籍建築師希米·仁（Helmut Jahn）所設計。機場內的主要設施如下。詳細資訊請參照官網URL www.suvarnabhumiairport.com。

到處可見獨特的雕像

○換匯所

除了1樓外，各樓層均有24小時營業的換匯所。兌換匯率與曼谷市內銀行幾乎相同。另外，換匯所旁邊設有ATM。雖可預借現金，但每次都要收取手續費。

SCB銀行

○旅行的最後來按摩一下

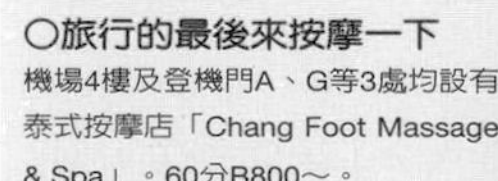

機場4樓及登機門A、G等3處均設有泰式按摩店「Chang Foot Massage & Spa」。60分B800～。

○美食廣場

位於1樓北側的餐券式餐館。幾乎網羅所有泰國菜，便宜又快速，相當方便。

○知名的商店＆餐廳

出境審查結束後的免稅區，可看到知名泰絲品牌Jim Thompson（→P70）等諸多知名商店。此外，還有匯集泰國各地名產的「一鄉一產品OTOP」（Thailand One Tambon One Product）也很值得一逛。

Jim Thompson

廊曼國際機場

Don Mueang International Airport

從桃園機場啓航的翠鳥航空、酷鳥航空等廉價航空公司，都是降落在廊曼國際機場。從機場到曼谷市內可搭乘計程車，有時路上塞車會超過1小時以上，因此回國時建議最好提早前往機場。

機場內提供2小時免費Wi-Fi服務。有標示熱點「AirportTrueFreeWiFi」的地方，即可使用智慧型手機或平板電腦等登錄。

旅遊常識

有關貨幣及兌換、氣候、通訊環境等當地資訊，一定要事先確認。曼谷雖地處亞洲，但也有不少與台灣截然不同的當地規矩與風俗。

貨幣資訊

泰國的貨幣是泰銖（B）。
輔助貨幣是沙丹（S），B1＝S100。

B1≒約0.9新台幣

（2017年1月）

泰國的紙幣及硬幣上均印有前泰國國王蒲美蓬的肖像畫。泰國於2009年發行新硬幣，2012年起改用新紙鈔，因此現在市場上充斥著新舊紙鈔及硬幣。
信用卡可在中級以上的飯店、餐廳及百貨公司使用，不過在路邊攤、飯館、交通機關等大多只能使用現金。建議最好善用ATM，提領所需金額比較方便。

B20

B50

B100

B500

B1000

S50

B1

B2

B5

B10

●貨幣兌換

一般以銀行的匯率最好，飯店的匯率最貴。泰國銀行的兌換所手續費及匯率一律統一，因此到哪一家銀行換都一樣。兌換時，會請你在收據上簽名。不過在國外攜帶大量現金走在路上很危險，建議持金融卡到ATM提領所需金額比較安全便利。

機場	銀行	街上的換匯所	ATM	飯店
先到這裡換	**最容易找到**	**數量眾多**	**24小時都能使用**	**安全＆便利**
機場除了1樓以外，各樓層均設有換匯所。匯率與街上的換匯所幾乎一樣，而且24小時營業，相當方便。	營業時間較短，逢週六日、國定假日公休。購物中心內的銀行分店大多全年無休。	幾乎都是銀行的分行據點。BTS沙拉鈴站附近一間名叫「Thaniya Spirit」的換錢所，匯率稍微便宜一些。	所到之處都設有ATM，24小時都能使用。不過每次提款都需付手續費。ATM上會標示支援的提款卡種類，記得確認。	匯率雖然較貴，不過優點是飯店櫃台提供24小時兌換貨幣服務，安全又方便。大多飯店只提供入住旅客貨幣兌換服務。

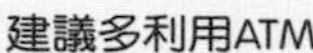

建議多利用ATM

攜帶大額現金在路上行走極可能發生遺失或遭竊的風險，因此最好只攜帶最小額度的現金在身上。如需用到現金時，可利用便利的ATM提款。信用卡、國外銀行金融卡、國外專用旅遊卡等都能在ATM提款，雖須支付手續費（B180），卻能立即兌換，操作也相當簡單，建議可多加利用。此外，ATM大多提供24小時服務。在銀行窗口兌換現金雖免手續費，但因營業時間短，並不方便。

ATM相關英語詞彙

密碼…PIN/ID CODE/SECRET CODE/PERSONAL NUMBER
確認…ENTER/OK/CORRECT/YES
取消…CANCEL
交易…TRANSACTION
提領現金…WITHDRAWAL/GET CASH
預借現金…CASH ADVANCE / CREDIT
金額…AMOUNT

小小資訊　除了上述介紹的硬幣外，也有S25硬幣。

旅遊季節

幾乎所有商店及餐廳在國定假日也照常營業，不過新年時除了購物中心外，其他店家均休業。另外逢中國農曆新年時，中國相關商店會休業；逢佛教相關國定假日、選舉前夕及當天，酒吧與俱樂部都會休業。

●主要節日

1月1日	元旦
2月22日	萬佛節（Makha Bucha Day）★
4月6日	查庫里王朝紀念日
4月13～15日	宋干節（潑水節，泰曆新年）
5月1日	勞動節
5月5日	泰王登基紀念日
5月（未定）	春耕節★
5月20日	衛塞節（佛誕節）★
7月19日	守夏節（三寶佛節）★
7月20日	佛祖開示紀念日（坐守居節）★
8月12日	母親節（現王后誕辰）
10月23日	五世王紀念日
12月5日	父親節（現國王生日）
12月10日	行憲紀念日
12月31日	除夕

★打星號的國定假日與活動日程每年都有更動（國定假日以2015年10月～2016年9月為例）。
若國定假日適逢週六日時，則會在前天或隔天補假。

●主要活動

1月下旬～2月中旬（2018年為2月15日）	中國農曆新年★
6～8月時	泰國驚喜大特賣
10月上旬	九皇齋節（素食節）
10月27日	解夏節（出安居）★
11月25日	水燈節（Loi Krathong Festival）★
12月19·20日	泰國大山音樂節
12月24日	耶誕夜

水燈節的遊行活動

●氣候與建議

泰國地處熱帶，四季如夏。服裝方面，可以整年都穿短袖，由於冷氣開很強，最好攜帶薄外套。季節可分為暑季、雨季及乾季。雨季時，請攜帶雨具。

暑季 3～5月	一年當中最熱的時期，全天氣溫約40度左右。一定要攜帶帽子以防中暑。別忘了也要隨時補充水分。
雨季 6～10月	有時會下起暴雨，大多為晴天或陰天。可穿著台灣的夏裝。
乾季 11～2月	白天氣溫相當於台灣的盛夏時期，到了12月，早晚氣溫會比較冷。為泰國觀光旺季，11月後飯店住宿費大多比較貴。
水果產季	3～7月／波羅蜜　4～5月／芒果　5～8月／榴槤 6～10月／紅毛丹　5～9月／山竹　7～8月／龍眼 8～11月／柚子　11～6月／木瓜　全年／香蕉、芭樂、楊桃

●平均氣溫與降水量

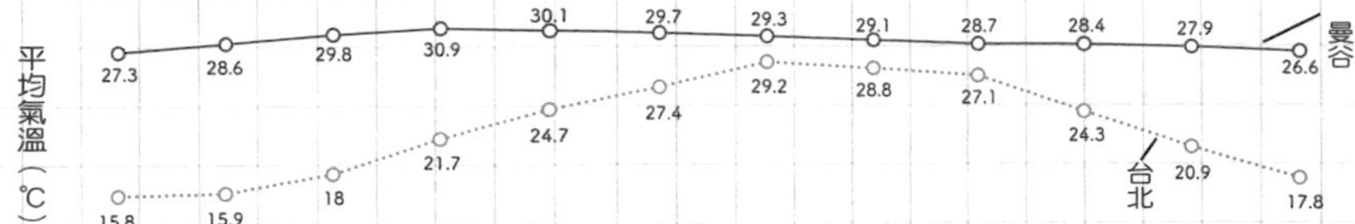

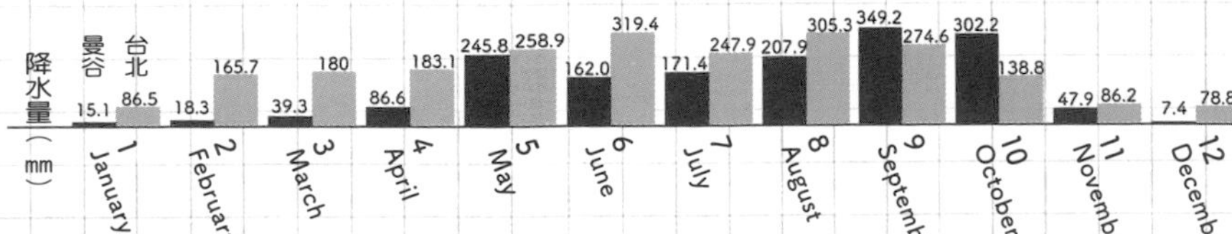

泰曆新年的活動「宋干節」亦即潑水節。在泰國，習慣以相互潑水來慶祝新年，近年來年輕人潑水有變本加厲的趨勢，請多加注意。

撥打電話

●使用自己的手機打電話…根據手機機種及合約而定，撥打方式及資費也各有不同。出發前記得確認。

●公共電話…BTS站及購物中心都有公共電話，只有上面標示「International」才能撥打國際電話。

這幾年公共電話的數量逐漸減少

●泰國→台灣

004（國際電話識別碼）-886（台灣國碼）-對方電話號碼（去掉開頭的0）

●台灣→泰國（固定電話）

002（國際電話識別碼）-66（泰國國碼）-對方電話號碼（去掉開頭的0）

●泰國國內通話（從飯店客房撥打的情況）

「外線號碼-對方的電話號碼」

※因沒有區域號碼，直接撥打電話號碼即可。

網路使用

●在路上

咖啡店及餐廳多會提供免費Wi-Fi服務，店內或入口會設有「Free Wi-Fi」的招牌或貼有貼紙。可向店員詢問ID及密碼。

提供免費Wi-Fi服務的貼紙

網咖

●在飯店

幾乎所有飯店都有提供Wi-Fi及網路線上網服務，只要自備筆電或智慧型手機即可使用。不過在高級飯店大多為付費（而且費用昂貴）服務。有些飯店會在商務中心或大廳設置免費使用的電腦。

郵件、小包裹寄送

●郵件

如寄送航空郵件，或寄信到台灣約7～10天。只要在寄件地址上以英文寫上「TAIWAN」、「AIR MAIL」，其他部份用中文書寫也OK。由於街道上的郵筒不多，最好直接拿去郵局或飯店的接待處委託寄送。

泰國郵政　Thailand Post Co., Ltd.
URL www.thailandpost.co.th

●宅配

如寄DHL，寄到台灣約1～4天。
有不同重量等級的箱子可以選擇。

泰國寄台灣的參考天數與費用

內容	期間	費用
明信片	10～15天	小張B12，大張B15
信件	10～15天	10g內為B14，之後每10g增加B5（重量不得超過2kg）
小包裹（國際EMS）	3～4天（航空郵件）	～500g為B600，之後每500g增加B150

※寄送 2kg 以上的小包裹須出示護照

DHL	☎0-2345-5000 URL www.dhl.co.th

在國外使用手機時會產生高額的國際漫遊費用。尤其是檔案（封包）傳輸費相當貴，最好關閉漫遊功能或是事先申辦國際漫遊優惠方案。

飲水、廁所&其他

●自來水可以飲用嗎？

最好不要飲用。泰國人大多購買礦泉水及飲用水來飲用。超商也售有各種品牌的飲用水，不過台灣常見的礦泉水品牌「evian」、「Volvic」的售價要比泰國國產品牌貴上好幾倍。

泰國國產品牌飲用水

●想上廁所怎麼辦？

泰國幾乎沒有公共廁所，因此最好使用購物中心或飯店的廁所，其中也有付費廁所（B2～5）。有的廁所沒有提供衛生紙，建議最好隨身攜帶面紙。另外，使用過的衛生紙不可丟入馬桶內，而是丟入旁邊的小垃圾桶。如果廁所內沒有放置垃圾桶，就可以丟到馬桶沖掉。

廁所標示與台灣幾乎相同

●注意電壓，免帶轉接插座

泰國的電壓與台灣不同，為220V、50Hz。使用台灣電器製品時則需要使用變壓器，若是使用內附變壓器的產品，則可直接使用。泰國的插座都是以A型及2根圓棒的C型為主，因此大多插座都是A、C型插頭均可使用。偶爾會看到BF型插座。

A型

C型

BF型
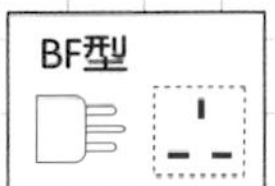

●營業時間

下面介紹曼谷一般營業時段，根據商店不同而有差異。

- **購物中心**　時10～22時
- **餐廳**　時11時30分～15時、17～22時
- **銀行**　時9～15時
休週六、日（購物中心內為時11～20時休無休）
- **按摩店**　時10～22時（截止受理）
- **超市**　時8～22時

●參考尺寸購物

泰國製品的尺寸標示為美規與歐規混用，根據商品品牌不同，也會採用不同的尺寸規格。標示為Free size的產品很多，S～XL尺寸標示也會因商店而異，建議購買前先試穿。

○女性尺寸

台灣	上衣	7	9	11	13	15	17	鞋	22.5	23	23.5	24	24.5	25
美國		4	6	8	10	12	14		5.5	6	6.5	7	7.5	8
歐洲		36	38	40	42	44	46		36	36	37	37	38	38

○男性尺寸

台灣	上衣	S		M		L		鞋	24.5	25	25.5	26	26.5	27
美國		36	38	40	42	44	46		6 ½	7	8	8	9	10
歐洲		46	48	50	52	54	56		39	40	41	42	42	43

○長、寬、高

泰國採用的度量衡與台灣相同（公尺、公克）。也有一部份人使用泰語中的傳統單位。

●物價水準？

礦泉水（500ml）B9～

麥當勞漢堡 B29

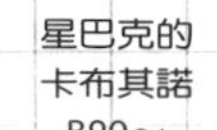

星巴克的卡布其諾 B90～

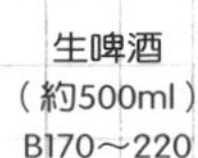

生啤酒（約500ml）B170～220

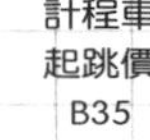

計程車起跳價 B35

泰國服飾大多便宜且設計相當有個性，難免會縫工粗糙，最好先確認商品有無脫線、布料是否起皺摺、有無小髒污等後再購買。

規矩&禮儀

〔觀光〕

●尊敬皇室

泰國有「對皇室不敬罪」，只要對泰國國王及皇族做出污辱的舉動，即使是外國人也照罰不誤。此外，泰國國王是深受泰國國民尊敬的名君，即便是開玩笑也千萬不能夠消遣國王。

●「Wai」合掌問候

泰國的「Wai」（雙手合十）相當於台灣的點頭敬禮。這種問候方式是雙手在胸前合十，向對方表達敬意與感謝。當你出入泰國的商店時，若店員向你合掌問候，基於禮儀，你也應該面帶微笑、雙手合十來回應對方。另外，應該由地位低者主動向地位高者合掌問候。若是顧客主動對店員合掌問候，也可能會嚇到工作人員喔。

Wai的姿勢

●在禁煙區吸煙會被罰錢！

在泰國，包括飯店、餐廳等室內環境以及市場等公共場所，均嚴禁吸煙。違規者最高可科處B2000罰金。因此吸煙時最好找吸煙區，在餐廳等場所最好事先詢問店員。

●女性不可觸碰僧侶

根據戒律規定，僧侶不得碰觸女性，也不得私下與女性單獨相處，一旦破戒，至今修行所累積的功德（Bun）將一概作廢。因此女性在人群中與僧侶擦肩而過時，一定要注意不可碰觸僧侶。

●不可撫摸小孩的頭

泰國人認為，人的頭部是有精靈存在的神聖部位，因此千萬別一時大意撫摸小孩的頭。相反地，泰國人認為腳掌是不敬之物，故千萬不得在佛像、僧侶及長輩面前露出腳掌。另外，也不得跨過他人。

〔飯店〕

●入住／退房

一般飯店為14時辦理入住手續，12時退房。若提前抵達的話，可到櫃台確認是否能提前辦理入住手續。不行的話，可暫時寄放行李。另外，原則上延遲退房須付費，有時若飯店房間較空的話也會予以通融。

●小費（服務費與稅金）

飯店住宿費包括服務費（10%）與VAT稅金（7%），另外通常會給行李搬運員及清潔人員B20～的小費。

〔美食〕

●需要給小費嗎？

在不含服務費的餐廳，須在結帳後在桌上留下約用餐費的10%的小費才有禮貌。至於在地餐館或路邊攤則不須給小費。

●結帳須知

大多餐廳在結帳時，會將餐點費用、服務費（10%）、VAT（增值稅，7%）一起結算。菜單的邊緣會記載注意事項，金額後方的「++」就是代表這個意思。

〔購物〕

●小心仿冒品

市面上充斥著製作精巧的名牌仿冒品，要多注意。另外路上的路邊攤等也會販售盜版CD及DVD等，這些都禁止帶出境。

●VAT退稅

購買產品或服務時，會含7%的VAT（增值稅），而外國觀光客購物超過一定金額時，出境時可辦理VAT退稅（REFUND）。

○退稅條件

- 在「VAT REFUND」加盟店的單一店鋪1天購物金額超過B2000以上，且購買產品直到出境前均未使用。
- 購買時請向商店出示護照，即可領取「VAT退稅申請書」及「增值稅發票（TAX Invoice）」。
- 自購買日起於60天內出境，由本人親自辦理退稅手續。

○在機場辦理退稅手續

到機場辦理報到手續前先到海關（Custom Inspection for VAT REFUND），向櫃台提交上述文件、護照、機票及未使用的購買產品後，請海關人員蓋章。接著再到位於出境審查後方的VAT退稅櫃台出示文件，即可領取退還的稅款。辦理退稅須付手續費。

位於出境審查後方的VAT退稅櫃台

- 用餐時，千萬不可端碗喝湯，進食時，也請勿像吃麵般發出聲音。
- 有關禁酒時間及禁酒日，請參照P57、76。

突發狀況對應方式

曼谷有來自世界各地的觀光客來訪，另一方面，扒手、順手牽羊、詐欺等針對觀光客的犯罪事件卻也層出不窮。只要了解其犯罪手法，大多能避免受害，請詳讀外交部領事事務局（參照下欄）的「旅外安全資訊」事先預習。

●生病時

不要猶豫，立刻去看醫生。若不知所措時，可到飯店的櫃台請飯店人員聯絡醫生，或是聯絡參加旅行社所加入的保險公司駐泰辦公室，請他們介紹醫院。
曼谷的大型私立綜合醫院都有諳英語的工作人員。由於醫藥費很貴，最好事先加入旅遊險比較安心。另外，最好攜帶在台灣吃慣的藥物。

●遭竊・遺失時

○護照
若護照遺失或遭竊的情況下，應該向警察申請遭竊（或遺失）證明書。然後到駐泰國台北經濟文化辦事處辦理護照註銷手續，再重新申請補發或入國證明書。

○信用卡
應立即打電話聯絡信用卡公司的緊急電話窗口，辦理掛失停用手續。為預防萬一，請事先記下信用卡卡號與緊急電話號碼，與信用卡分開保管。

●突發狀況範例

○犯人會故意在你面前掉落零錢或錢包，趁你不注意時，由在你背後的共犯摸走你的錢包。
⇒行李絕不離身。最好將貴重物品與現金分開放，萬一被搶時也能減輕損害。

○在大皇宮周邊，遇到有人跟你搭話說「某某地方今天公休。」、「去看幸運佛吧。」、「有政府大拍賣喔。」等，將你帶到同夥的店裡去，並以高價向你兜售西裝及寶石。
○喝下陌生人推薦的飲料後，才發現被下了安眠藥，醒來時身上早已被洗劫一空。
○與泰國人混熟後到對方家去，受邀玩撲克牌賭局，結果被設局輸了牌局，被拿走大量金額。
⇒不要輕易相信隨便跟你搭話的人，也不要喝來路不明的飲料。

出發前Check！

外交部旅外安全資訊
URL www.boca.gov.tw/np.asp?ctNode=683

旅遊便利貼

〔曼谷〕

●駐泰國台北經濟文化辦事處
㊟20th Fl., Empire Tower, 195 South Sathorn Rd., Bangkok, 10120 Thailand
☎66-2-6700200
（泰國境內直撥急難救助☎081-6664006）
時9時30分～11時30分〈收件〉，13時30分～15時〈領件〉
㊡週六、日

●警察 ☎191 **●消防署** ☎199
●觀光警察 ☎1155

●信用卡公司緊急連絡方式
美國運通卡
☎001+800-2100-1266（全球支援服務專線）
JCB卡
☎001-800-3865-5486
（24小時全年無休免費服務熱線）
Visa全球緊急服務中心
☎001-800-441-3485（24小時）
萬事達卡
☎001-800-11-887-0663（免費電話）

〔台灣〕

●泰國貿易經濟辦事處
㊟台北市松江路168號12F
☎02-2581-1979
時9時30分～11時30分（簽證申請），16時～17時（簽證領件）
㊡週六、日，國定假日及辦事處假日
URL www.tteo.org.tw/main/zh/home

●泰國觀光局台北辦事處
㊟台北市松江路111號東家大樓13F
☎02-2502-1600
時9時～12時，13時30分～17時
URL www.tattpe.org.tw/Main/Main.aspx

●主要機場
台灣桃園國際機場
第一航廈☎03-2735081
第二航廈☎03-2735086
緊急應變事件處理☎03-2733550
URL www.taoyuan-airport.com/
高雄國際航空站
國內線☎07-8057630
國際線☎07-8057631
URL www.kia.gov.tw/

最好記下住宿的飯店及駐泰國台北經濟文化辦事處等的電話，以備不時之需。

簡單列出 行前準備memo

參考旅遊季節（→P119）決定服裝與攜帶物品。

托運行李list

☐鞋子
☐衣物
☐內衣
☐牙刷組
☐洗臉用品
☐化妝品
☐防曬用品
☐沐浴用品
☐拖鞋
☐常備藥
☐眼鏡、隱形眼鏡
☐生理用品
☐插頭轉換器、充電器
☐環保袋
☐折疊傘
☐泳衣
☐太陽眼鏡
☐帽子

除了方便走動的平底鞋外，攜帶外出用鞋或涼鞋也很便利

最新型電器製品大多不需接變壓器即可使用

用餐時，最好攜帶可裝錢包與手機的貼身小包

手提行李list

☐護照
☐信用卡
☐現金
☐數位相機
☐手機
☐原子筆
☐旅遊日程表（機票／電子機票收據）
☐面紙
☐手帕
☐護唇膏
☐披肩／口罩（有需要的人）

填寫出入境登記表與海關申報單時要用

便利memo

在機上填寫入境文件及申報單時使用

護照號碼	（　）	飯店	（　）
去程班機號碼	（　）	出發日期	（　）
回程班機號碼	（　）	回國日期	（　）

小小資訊　鋰電池或鋰離子電池不可帶到飛機上，手機的充電電池需注意，詳見民航局官網 URL www.mlit.go.jp/koku/

Index

□想去的地方打個✓ ■去過的地方塗黑

外文字母E～L

外文字母M～P

外文字母R～W

↑□想去的地方打個✓ ■去過的地方塗黑

外文字母R～W

中文

索引

時尚・可愛・慢步樂活旅

ララチッタ Lala♪ Citta

BANGKOK

國家圖書館出版品預行編目（CIP）資料

曼谷 / JTB Publishing,Inc.作 ;
黃琳雅翻譯. -- 第一版. -- 新北市 :
人人, 2017.03
面 ; 公分. --（叩叩世界系列 ; 11）
ISBN 978-986-461-099-0（平裝）
1.旅遊 2.泰國曼谷

738.2719 106000953

JMJ

【叩叩世界系列 11】

曼谷

作者／JTB Publishing, Inc.
翻譯／黃琳雅
編輯／林德偉
校對／周琴
發行人／周元白
排版製作／長城製版印刷股份有限公司
出版者／人人出版股份有限公司
地址／23145 新北市新店區寶橋路235巷6弄6號7樓
電話／（02）2918-3366（代表號）
傳真／（02）2914-0000
網址／http://www.jjp.com.tw
郵政劃撥帳號／16402311 人人出版股份有限公司
製版印刷／長城製版印刷股份有限公司
電話／（02）2918-3366（代表號）
經銷商／聯合發行股份有限公司
電話／（02）2917-8022
第一版第一刷／2017年3月
定價／新台幣350元

日本版原書名／ララチッタ バンコク
日本版發行人／秋田　守
Lala Citta Series
Title: BANGKOK

叩叩世界 11
201703

←←←從這裡拆下來

Lala Citta 曼谷
別冊MAP

Contents

MAP記號索引

- H 飯店
- 卍 寺院
- 教會
- i 觀光服務處
- 機場
- 巴士站
- △ 山
- 銀行
- 郵局
- 醫院
- ⊗ 警察局
- ◆ 學校、市公所
- E1 S1 BTS站
- MRT（地鐵）站
- 1 1 BTS出入口
- Rd.=Road

曼谷交通路線圖

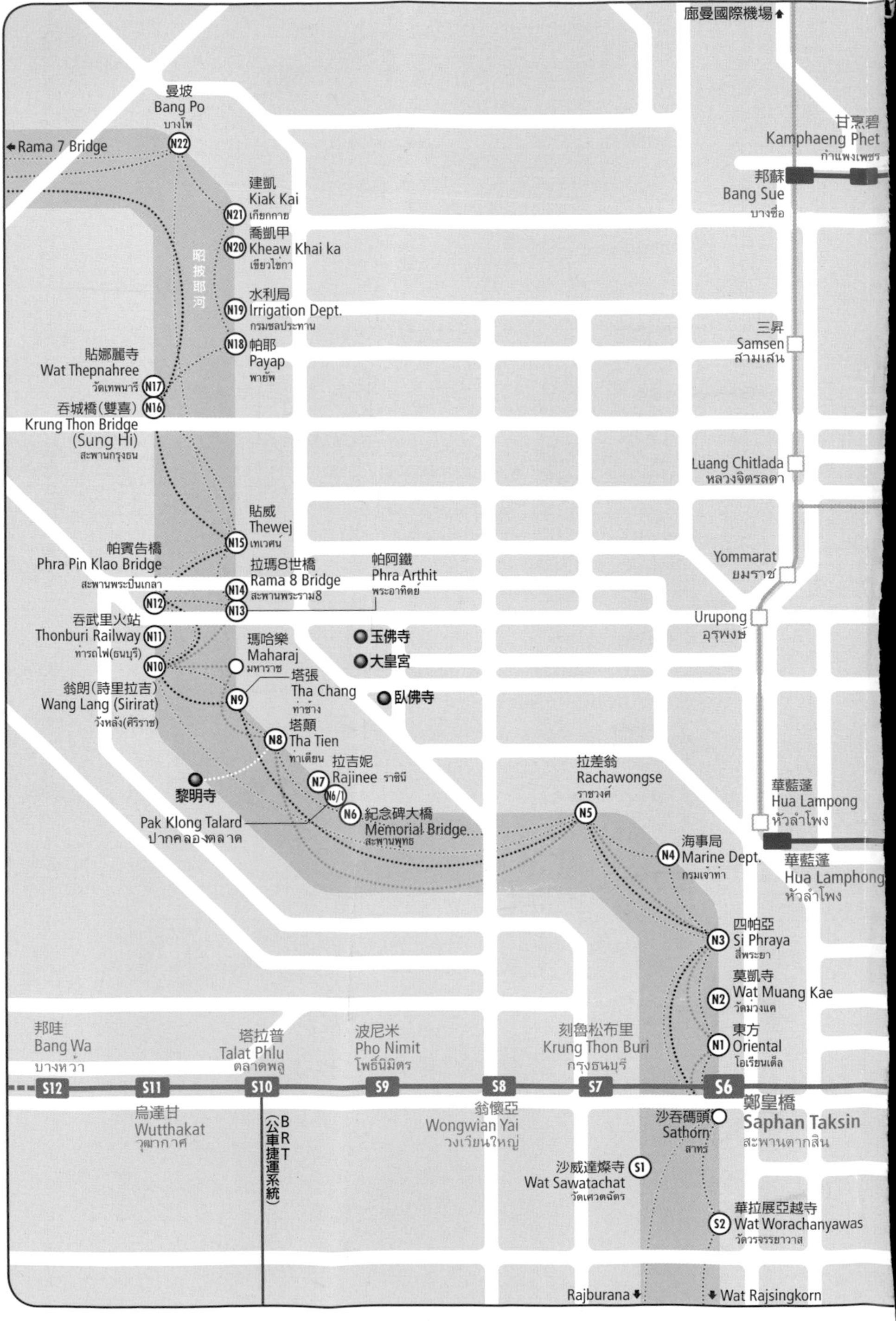

廊曼國際機場

曼坡
Bang Po
บางโพ
N22

Rama 7 Bridge

建凱
Kiak Kai
N21 เกียกกาย

喬凱甲
N20 Kheaw Khai ka
เขียวไข่กา

昭披耶河

水利局
N19 Irrigation Dept.
กรมชลประทาน

N18 帕耶
Payap
พายัพ

貼娜麗寺
Wat Thepnahree
วัดเทพนารี N17

吞城橋(雙喜) N16
Krung Thon Bridge
(Sung Hi)
สะพานกรุงธน

貼威
Thewej
N15 เทเวศน์

帕賓告橋
Phra Pin Klao Bridge
สะพานพระปิ่นเกล้า

拉瑪8世橋
N14 Rama 8 Bridge
สะพานพระราม8

帕阿鐵
Phra Arthit
พระอาทิตย์

N12
N13

吞武里火站
Thonburi Railway N11
ท่ารถไฟ(ธนบุรี)

瑪哈樂
Maharaj
มหาราช

玉佛寺
大皇宮

N10

塔張
Tha Chang
ท่าช้าง

臥佛寺

翁朗(詩里拉吉)
Wang Lang (Sirirat)
วังหลัง(ศิริราช)
N9

塔顛
N8 Tha Tien
ท่าเตียน

拉吉妮
N7 Rajinee ราชินี
N6/1

黎明寺

N6 紀念碑大橋
Memorial Bridge
สะพานพุทธ

Pak Klong Talard
ปากคลองตลาด

拉差翁
Rachawongse
ราชวงศ์
N5

海事局
N4 Marine Dept.
กรมเจ้าท่า

四帕亞
N3 Si Phraya
สี่พระยา

莫凱寺
N2 Wat Muang Kae
วัดม่วงแค

東方
N1 Oriental
โอเรียนเต็ล

甘烹碧
Kamphaeng Phet
กำแพงเพชร

邦蘇
Bang Sue
บางซื่อ

三昇
Samsen
สามเสน

Luang Chitlada
หลวงจิตรลดา

Yommarat
ยมราช

Urupong
อุรุพงษ์

華藍蓬
Hua Lampong
หัวลำโพง

華藍蓬
Hua Lamphong
หัวลำโพง

邦哇
Bang Wa
บางหว้า
S12

S11
烏達甘
Wutthakat
วุฒากาศ

塔拉普
Talat Phlu
ตลาดพลู
S10

BRT
(公車捷運系統)

波尼米
Pho Nimit
โพธิ์นิมิตร
S9

S8
翁懷亞
Wongwian Yai
วงเวียนใหญ่

刻魯松布里
Krung Thon Buri
กรุงธนบุรี
S7

S6
鄭皇橋
Saphan Taksin
สะพานตากสิน

沙吞碼頭
Sathorn
สาทร

沙威達燦寺
Wat Sawatachat
วัดเศวตฉัตร
S1

華拉展亞越寺
S2 Wat Worachanyawas
วัดวรจรรยาวาส

Rajburana

Wat Rajsingkorn

轉乘車站為暹羅、沙拉鈴、阿速及蘇坤蔚，最好先記住。
BTS轉BTS不須出站，BTS轉MRT則須出站轉乘。

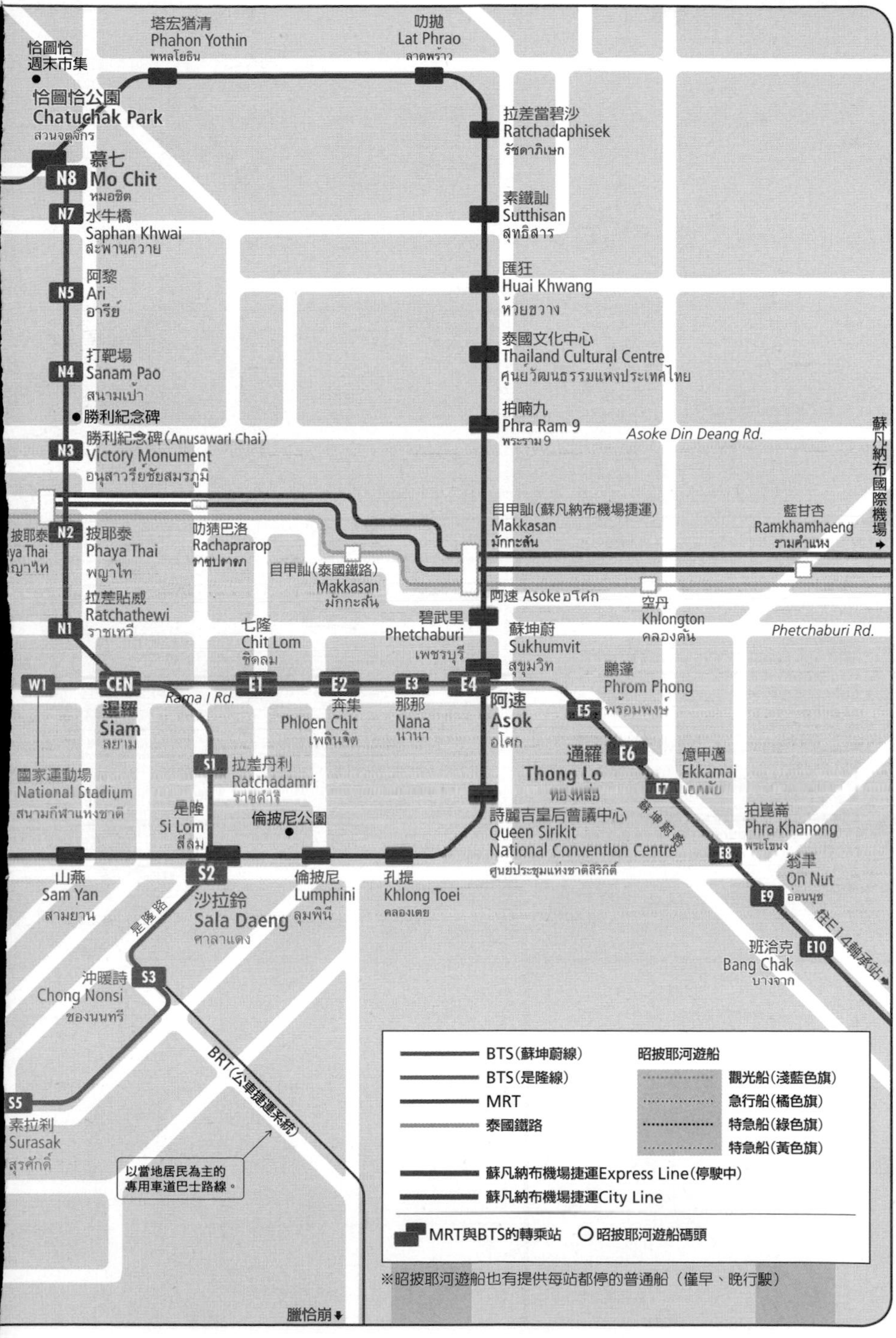
恰圖恰
週末市集
恰圖恰公園
Chatuchak Park
塔宏猶清
Phahon Yothin
叻抛
Lat Phrao
N8 慕七
Mo Chit
N7 水牛橋
Saphan Khwai
N5 阿黎
Ari
N4 打靶場
Sanam Pao
勝利紀念碑
N3 勝利紀念碑(Anusawari Chai)
Victory Monument
N2 披耶泰
Phaya Thai
拉差貼威
Ratchathewi
N1
叻猜巴洛
Rachaprarop
目甲訕(泰國鐵路)
Makkasan
拉差當碧沙
Ratchadaphisek
素鐵訕
Sutthisan
匯狂
Huai Khwang
泰國文化中心
Thailand Cultural Centre
拍喃九
Phra Ram 9
Asoke Din Deang Rd.
目甲訕(蘇凡納布機場捷運)
Makkasan
藍甘杏
Ramkhamhaeng
蘇凡納布國際機場
阿速 Asoke
空丹
Khlongton
Phetchaburi Rd.
碧武里
Phetchaburi
蘇坤蔚
Sukhumvit
七隆
Chit Lom
W1
CEN
暹羅
Siam
Rama I Rd.
E1
E2 奔集
Phloen Chit
E3 那那
Nana
E4 阿速
Asok
鵬蓬
Phrom Phong
E5
通羅
Thong Lo
E6
億甲邁
Ekkamai
E7
蘇坤蔚路
E8
拍崑崙
Phra Khanong
翁聿
On Nut
E9
班洽克
Bang Chak
E10
往E14軸承站
國家運動場
National Stadium
S1 拉差丹利
Ratchadamri
是隆
Si Lom
倫披尼公園
詩麗吉皇后會議中心
Queen Sirikit
National Convention Centre
山燕
Sam Yan
S2 沙拉鈴
Sala Daeng
倫披尼
Lumphini
孔提
Khlong Toei
是隆路
沖暖詩
Chong Nonsi
S3
BRT(公車捷運系統)
S5
素拉剎
Surasak
以當地居民為主的專用車道巴士路線。
朧恰崩
BTS(蘇坤蔚線)
BTS(是隆線)
MRT
泰國鐵路
昭披耶河遊船
觀光船(淺藍色旗)
急行船(橘色旗)
特急船(綠色旗)
特急船(黃色旗)
蘇凡納布機場捷運Express Line(停駛中)
蘇凡納布機場捷運City Line
MRT與BTS的轉乘站
昭披耶河遊船碼頭
※昭披耶河遊船也有提供每站都停的普通船(僅早、晚行駛)

曼谷全域圖

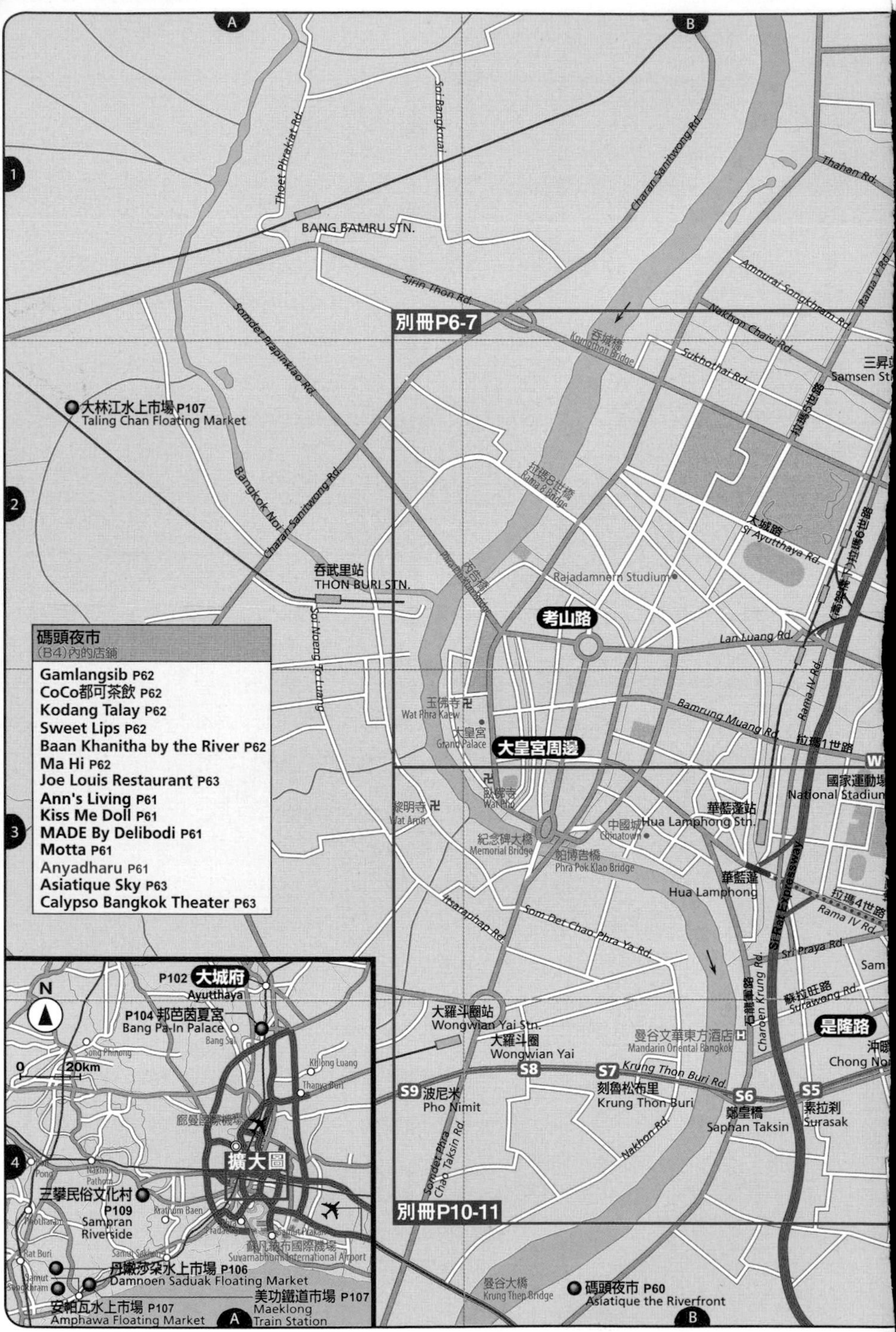
A
B
1
2
3
4
Sirin Thon Rd.
Soi Bangkruai
Thoet Phrakiat Rd.
BANG BAMRU STN.
Charan Sanitwong Rd.
Thahan Rd.
Amnurai Songkhram Rd.
Rama V Rd.
Nakhon Chaisi Rd.
Sukhothai Rd.
Somdet Phrapinklao Rd.
別冊P6-7
吞城橋
Krungthon Bridge
三昇
Samsen St
拉瑪5世路
大林江水上市場 P107
Taling Chan Floating Market
Bangkok Noi
拉瑪8世橋
Rama 8 Bridge
大城路
Si Ayutthaya Rd.
拉瑪6世路
吞武里站
THON BURI STN.
Rajadamnern Stadium
考山路
Lan Luang Rd.
Soi Nueng To Liang
玉佛寺
Wat Phra Kaew
大皇宮
Grand Palace
大皇宮周邊
Bamrung Muang Rd.
Rama IV Rd.
拉瑪1世路
國家運動場
National Stadium
臥佛寺
Wat Pho
黎明寺
Wat Arun
中國城
Chinatown
華藍蓬站
Hua Lamphong Stn.
紀念碑大橋
Memorial Bridge
帕博告橋
Phra Pok Klao Bridge
華藍蓬
Hua Lamphong
Si Rat Expressway
拉瑪4世路
Rama IV Rd.
Itsaraphap Rd.
Som Det Chao Phra Ya Rd.
Si Praya Rd.
Sam
Charoen Krung Rd.
石龍軍路
蘇拉旺路
Surawong Rd.
是隆路
碼頭夜市
(B4)內的店鋪
Gamlangsib P62
CoCo都可茶飲 P62
Kodang Talay P62
Sweet Lips P62
Baan Khanitha by the River P62
Ma Hi P62
Joe Louis Restaurant P63
Ann's Living P61
Kiss Me Doll P61
MADE By Delibodi P61
Motta P61
Anyadharu P61
Asiatique Sky P63
Calypso Bangkok Theater P63
大羅斗圈站
Wongwian Yai Stn.
大羅斗圈
Wongwian Yai
曼谷文華東方酒店
Mandarin Oriental Bangkok
沖暖
Chong Non
S8
S7
Krung Thon Buri Rd.
S9
波尼米
Pho Nimit
刻魯松布里
Krung Thon Buri
S6
鄭皇橋
Saphan Taksin
S5
素拉刹
Surasak
Somdet Phra Chao Taksin Rd.
Nakhon Rd.
別冊P10-11
曼谷大橋
Krung Thep Bridge
碼頭夜市 P60
Asiatique the Riverfront
N
0
20km
P102 大城府
Ayutthaya
P104 邦芭茵夏宮
Bang Pa-In Palace
Bang Sai
Song Phinong
Khlong Luang
Thanya Buri
廊曼國際機場
擴大圖
Nakhon Pathom
三攀民俗文化村
P109
Sampran Riverside
Krathum Baen
Photharam
Samut Prakan
蘇凡納布國際機場
Suvarnabhumi International Airport
Rat Buri
Samut Sakhon
丹嫩莎朵水上市場 P106
Damnoen Saduak Floating Market
Samut Songkhram
美功鐵道市場 P107
Maeklong Train Station
安帕瓦水上市場 P107
Amphawa Floating Market

區域 Navi

曼谷面積為1568.74k㎡，大小約為台北市的近6倍大，南北向的昭披耶河以東為曼谷的中心地帶。有BTS（高架鐵路）及MRT（地下鐵）縱橫市區，移動也相當輕鬆。

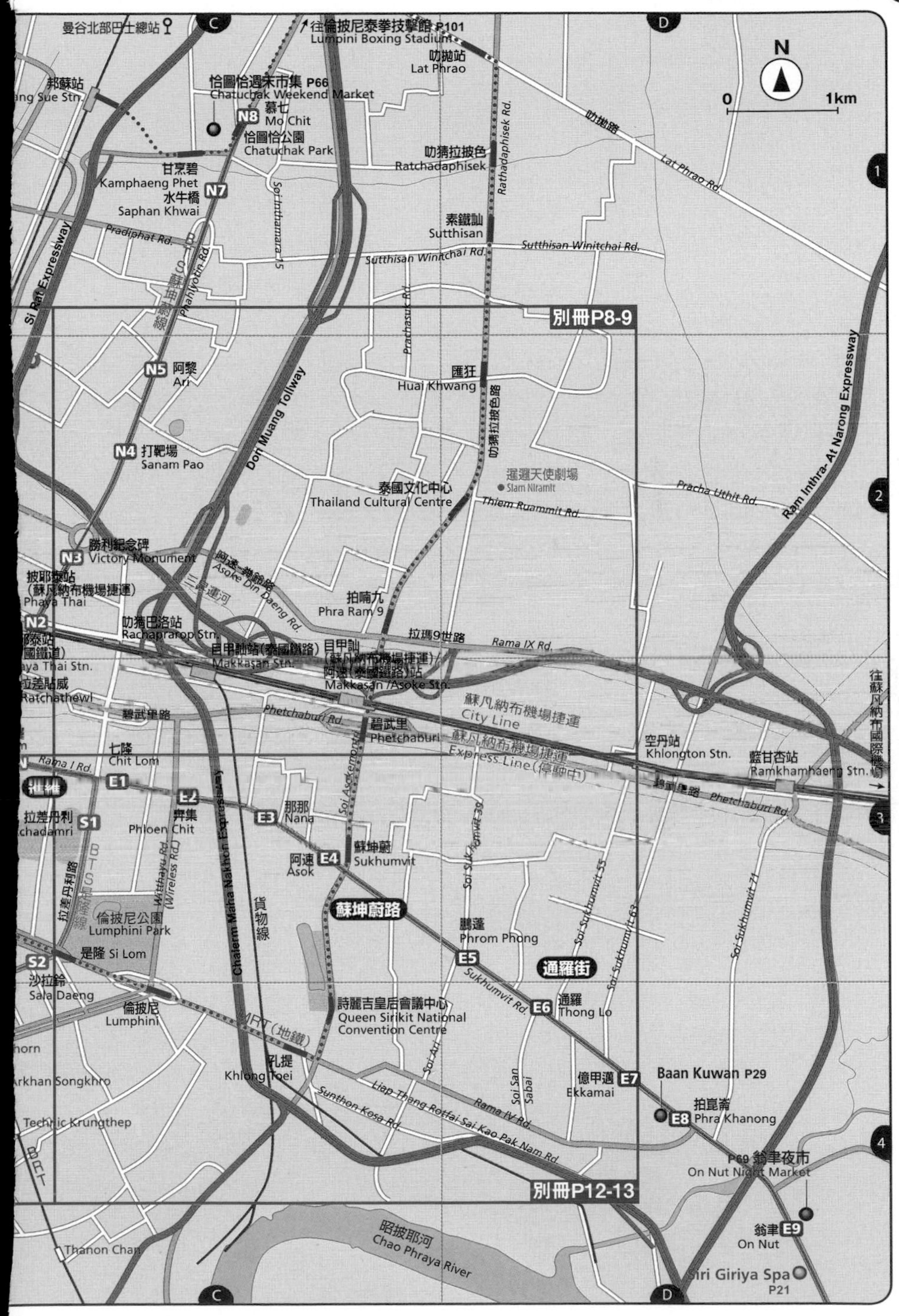
曼谷北部巴士總站
往倫披尼泰拳技擊館 P101
Lumpini Boxing Stadium
叻抛站
Lat Phrao
N
0
1km
恰圖恰週末市集 P66
Chatuchak Weekend Market
慕七
Mo Chit
恰圖恰公園
Chatuchak Park
叻抛路
Lat Phrao Rd.
叻猜拉披色
Ratchadaphisek
Rathadaphisek Rd.
甘烹碧
Kamphaeng Phet
水牛橋
Saphan Khwai
素鐵訕
Sutthisan
Pradiphat Rd.
Sutthisan Winitchai Rd.
Phahlyotin Rd.
Si Rat Expressway
別冊P8-9
匯狂
Huai Khwang
阿黎
Ari
Don Muang Tollway
叻猜拉披色路
Ram Inthra-At Narong Expressway
打靶場
Sanam Pao
暹邏天使劇場
Siam Niramit
泰國文化中心
Thailand Cultural Centre
Pracha Uthit Rd.
Thiem Ruammit Rd.
勝利紀念碑
Victory Monument
披耶泰站
(蘇凡納布機場捷運)
Phaya Thai
Asoke Din Daeng Rd.
拍喃九
Phra Ram 9
叻猜巴洛站
Rachaprarop Stn.
拉瑪9世路
Rama IX Rd.
目甲訕站(泰國鐵路)
Makkasan Stn.
目甲訕
(蘇凡納布機場捷運)/
阿速(泰國鐵路)站
Makkasan /Asoke Stn.
拉差貼威
Ratchathewi
碧武里路
Phetchaburi Rd.
蘇凡納布機場捷運
City Line
碧武里
Phetchaburi
蘇凡納布機場捷運
Express Line(停駛中)
空丹站
Khlongton Stn.
藍甘杏站
Ramkhamhaeng Stn.
往蘇凡納布國際機場
七隆
Chit Lom
Rama I Rd.
E1
E2
弗集
Phloen Chit
E3
那那
Nana
Soi Asoke
Petchaburi Rd.
拉差丹利
Ratchadamri
S1
Witthayu Rd.
(Wireless Rd.)
阿速
Asok
E4
蘇坤蔚
Sukhumvit
Soi Sukhumvit 39
Soi Sukhumvit 55
Soi Sukhumvit 63
Soi Sukhumvit 71
蘇坤蔚路
貨物線
Chalerm Maha Nakhon Expressway
倫披尼公園
Lumphini Park
鵬蓬
Phrom Phong
S2
是隆 Si Lom
沙拉鈴
Sala Daeng
E5
通羅街
Sukhumvit Rd.
倫披尼
Lumphini
詩麗吉皇后會議中心
Queen Sirikit National
Convention Centre
E6
通羅
Thong Lo
MRT(地鐵)
孔提
Khlong Toei
Soi Ari
Soi San Sabai
億甲邁
Ekkamai
E7
Baan Kuwan P29
Arkhan Songkhro
Sunthon Kosa Rd.
Liap Thang Rotfai Sai Kao Pak Nam Rd.
Rama IV Rd.
E8
拍崑崙
Phra Khanong
Technic Krungthep
BRT
P69 翁聿夜市
On Nut Night Market
別冊P12-13
昭披耶河
Chao Phraya River
翁聿
On Nut
E9
Thanon Chan
Siri Giriya Spa
P21
C
D
1
2
3
4

曼谷中心區①

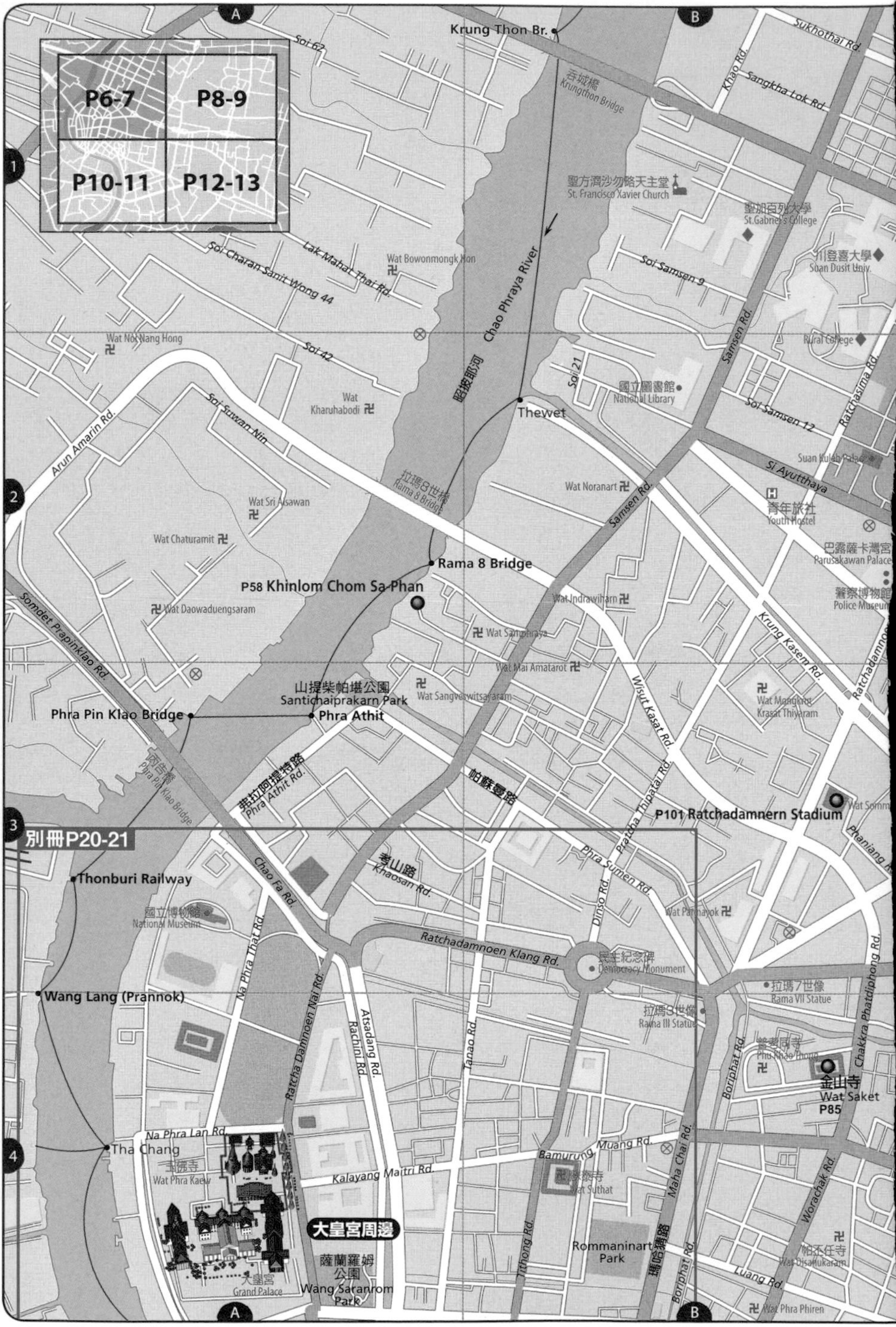

P6-7
P8-9
P10-11
P12-13

A
B
1
2
3
4

Krung Thon Br.
Sukhothai Rd.
Soi 62
呑城橋
Krungthon Bridge
Khao Rd.
Sangkha Lok Rd.
聖方濟沙勿略天主堂
St. Francisco Xavier Church
聖加百列大學
St.Gabriel's College
川登喜大學
Suan Dusit Univ.
Lak Mahat Thai Rd.
Soi Charan Sanit Wong 44
Wat Bowonmongk Hon
Chao Phraya River
Soi Samsen 9
Samsen Rd.
Rural College
Wat Noi Nang Hong
Soi 42
昭披耶河
Soi 21
國立圖書館
National Library
Ratchasima Rd.
Arun Amarin Rd.
Soi Suwan Nin
Wat
Kharuhabodi
Thewet
Soi Samsen 12
Suan Kulab Palace
拉瑪8世橋
Rama 8 Bridge
Si Ayutthaya
Wat Noranart
青年旅社
Youth Hostel
Wat Sri Awsawan
Wat Chaturamit
巴露薩卡灣宮
Parusakawan Palace
Rama 8 Bridge
P58 Khinlom Chom Sa-Phan
警察博物館
Police Museum
Wat Daowaduengsaram
Wat Indrawiharn
Somdet Prapinklao Rd.
Wat Sangwhaya
Krung Kasem Rd.
Ratchadamnoen
Wat Mai Amatarot
Wisut Kasat Rd.
山提柴帕堪公園
Santichaiprakarn Park
Wat Sangvetwitsayaram
Wat Mongkut Krasat Thiyaram
Phra Pin Klao Bridge
Phra Athit
帕拉阿提特路
Phra Athit Rd.
帕蘇曼路
Phra Pin Klao Bridge
P101 Ratchadamnern Stadium
Wat Somm
Phaniang Rd.
別冊P20-21
Pratcha Thipatai Rd.
Phra Sumen Rd.
Thonburi Railway
Chao Fa Rd.
考山路
Khaosan Rd.
Dinso Rd.
國立博物館
National Museum
Wat Parinayok
Na Phra That Rd.
Ratchadamnoen Klang Rd.
民主紀念碑
Democracy Monument
拉瑪7世像
Rama VII Statue
Wang Lang (Prannok)
Ratcha Damnoen Nai Rd.
Atsadang Rd.
Rachini Rd.
Tanao Rd.
拉瑪3世像
Rama III Statue
Chakkra Phatdiphong Rd.
Boriphat Rd.
普考同寺
Phu Khao Thong
金山寺
Wat Saket
P85
Na Phra Lan Rd.
Tha Chang
玉佛寺
Wat Phra Kaew
Bamurung Muang Rd.
蘇泰寺
Wat Suthat
Kalayang Maitri Rd.
Maha Chai Rd.
Worachak Rd.
大皇宮周邊
Tithong Rd.
Rommaninart Park
瑪哈猜路
帕巫任寺
Wat Disaffukaram
薩蘭羅姆公園
Wang Saranrom Park
大皇宮
Grand Palace
Luang Rd.
Boriphat Rd.
Wat Phra Phiren

玉佛寺及大皇宮等昭披耶河沿岸景點距離BTS及MRT站很遠，很難靠步行移動。
建議從車站搭計程車，或是搭乘南北向行駛的昭披耶河遊船比較方便。

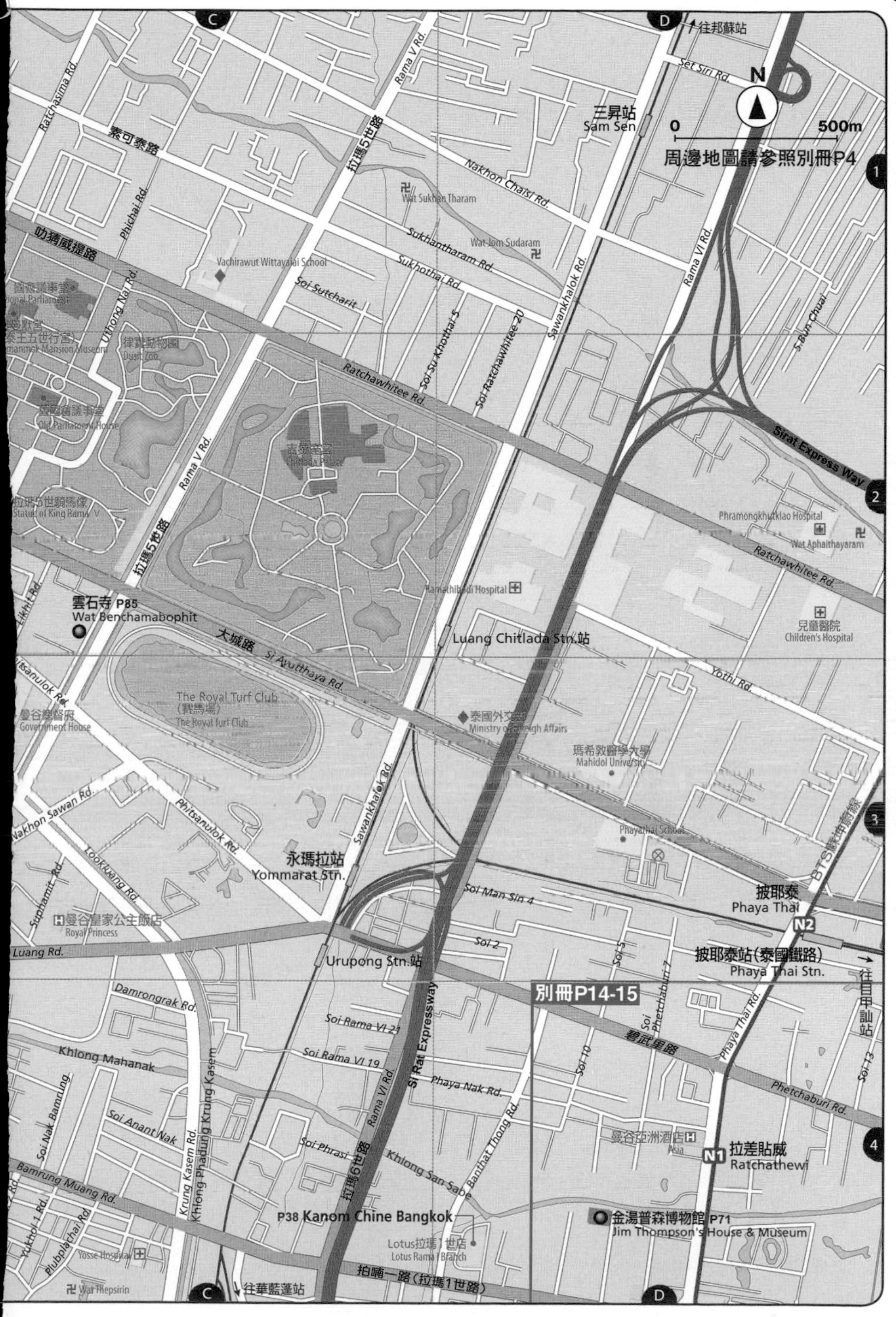
往邦蘇站
Set Siri Rd.
N
0
500m
周邊地圖請參照別冊P4
三昇站
Sam Sen
Ratchasima Rd.
Rama V Rd.
素可泰路
拉瑪5世路
Nakhon Chaisi Rd.
Wat Sukhan Tharam
Wat Jom Sudaram
Sukhantharam Rd.
Sukhothai Rd.
Phichai Rd.
叻猜威提路
Vachirawut Wittayalai School
Soi Sutcharit
Sawankhalok Rd.
Rama VI Rd.
5.Bun Chuai
Uthong Nai Rd.
律實動物園
Dusit Zoo
Ratchawhitee Rd.
Soi Su Khothai 5
Soi Ratchawhitee 20
Sirat Express Way
舊國會議事堂
Old Parliament House
Chitlada Palace
拉瑪5世騎馬像
Statue of King Rama V
Phramongkhutklao Hospital
Wat Aphaithayaram
Ratchawhitee Rd.
Ramathibodi Hospital
兒童醫院
Children's Hospital
雲石寺 P85
Wat Benchamabophit
Luang Chitlada Stn.站
大城路
Si Ayutthaya Rd.
Yothi Rd.
The Royal Turf Club
(賽馬場)
The Royal Turf Club
曼谷總督府
Government House
泰國外交部
Ministry of Foreign Affairs
瑪希敦醫學大學
Mahidol University
Nakhon Sawan Rd.
Phitsanulok Rd.
Phayathai School
Lookluang Rd.
永瑪拉站
Yommarat Stn.
披耶泰
Phaya Thai
Soi Man Sin 4
BTS蘇坤蔚線
N2
曼谷皇家公主飯店
Royal Princess
Suphamit Rd.
Luang Rd.
Soi 2
Urupong Stn.站
披耶泰站(泰國鐵路)
Phaya Thai Stn.
往目甲訕站
Soi 5
別冊P14-15
Damrongrak Rd.
Soi Phetchaburi 7
Soi Rama VI 21
Soi Rama VI 19
Si Rat Expressway
碧武里路
Phaya Thai Rd.
Khlong Mahanak
Soi 10
Phaya Nak Rd.
Phetchaburi Rd.
Soi 13
Soi Anant Nak
Krung Kasem Rd.
Khlong Phadung Krung Kasem
Soi Nak Bamrung
Banthat Thong Rd.
Soi Phrasi
拉瑪6世路
Khlong San Sabe
曼谷亞洲酒店
Asia
N1
拉差貼威
Ratchathewi
Bamrung Muang Rd.
P38 Kanom Chine Bangkok
金湯普森博物館 P71
Jim Thompson's House & Museum
Yukhol 1 Rd.
Plubplachai Rd.
Lotus拉瑪1世店
Lotus Rama I Branch
Yosse Hospital
拍喃一路(拉瑪1世路)
Wat Thepsirin
往華藍蓬站
C
D
1
2
3
4

曼谷中心區②

A
B
1
2
3
4
往水牛橋站
N5 阿黎 Ari
Soi 7
Soi 6
Soi Ari 5
Soi Ari 4
Soi Ari 3
Soi Ari 2
Soi Ari 1
Soi 5
Soi 4
Soi Sai Lom
Soi Sai Lom 2
Soi Ari Samphan 3
Soi Ari Samphan 1
Soi Phahon Yothin 3
郵局
Phahon Yothin Rd.
Soi Phahon Yothin 2
Viphawadi Rangsit Rd.
Don Muang Tollway
Soi Pracha songkhro 23
Soi Prachasongkhro 21
Mit Maitri Rd.
打靶場 Sanam Pao N4
Veterans General Hospital
曼谷第2市政廳 City Hall of Bangkok 2
泰國第五頻道電視台 TV Channel 5
Phya Thai Hospital 2
Soi Phahon Yothin 1
Si Rat Expressway
BTS蘇坤蔚線
Wat Aphaithayaram
Soi Ratchawhitee 6
Soi Ratchawhitee 4
Soi Ratchawhitee 2
Soi Bun Chu Si
Soi Ruamit
Mit Maitri Rd.
Mit Maitri 3 Rd.
Soi Phen Lae Phuen
Soi Prachasongkhro 11
泰國-日本體育場 Thai Japan Stadium
Soi Prachasongkhro 5
Soi Prachasongkhro
Prachasongkhro Rd.
Ratchawhitee Rd.
勝利紀念碑 Victory Monument
N3 勝利紀念碑 (Anusawari Chai) Victory Monument
Din Daeng Rd.
曼谷世紀公園飯店 Century Park Hotel
Wat Tasanarundsunthrikaram
蔣鈴路
Ratchanukun Hospital
Din Daeng Rd.
Din Daeng 1 Rd.
Soi Prachasongkhro 2
Phaya Thai Rd.
蘭南路 Rang Nam Rd.
Soi Ratchawhitee 3
Soi Ratchawhitee 1
Soi Wat Taphan
S.Phrasan Saraban
S.Tukkhupha
Soi Thinnakon
Soi Trakulsuk
S.Sutthiphon 2
S.Mahawong Nua
King Power Downtown Complex
曼谷素戈孫酒店 P113 The Sukosol Bangkok
P42 Kuang Seafood
Ratchaprarop Rd.
Soi Mo Leng
Din Daeng Rd.
白菜園宮殿 Suan Pakkad Palace
郵局
披耶泰醫院 Phayathai Hospital
叻猜巴洛站 Rachaprarop Stn.
別冊P14-15
Bung Makkasan
彩虹中心第二期 Baiyoke Tower 2
彩虹雲霄酒店 Baiyoke Sky Hotel
Nikhom Makkasan Rd.
曼谷因地亞麗晶酒店 Indra Regent Hotel
曼谷皇宮酒店 Bangkok Palace Hotel
S.Watthanasin
目甲訕站 (泰國鐵路) Makkasan Stn.
Soi 13
Soi 15
Soi 19
印尼大使館 Emb.of Indonesia
S.Hasadin
Soi Phechaburi 31
S.Phechaburi 35
Chalerm Maha Nakhon Expressway
曼谷阿瑪麗水門酒店 Amari Watergate
Phetchaburi Rd.
Soi 24
Soi 37
曼谷王子酒店 Prince
Don Bosco Technical Sch
碧武里路
Wat Disahong Saram
TAT(泰國觀光局)總部
空盛桑運河
曼谷國際學校 International School
Wittayu Rd.
Soi Sukhumvit 3
Soi 13
N
0 500m
曼谷瑞士奈樂特公園飯店 Swissotel Nai Lert Park, Bangkok

周邊地圖請參照別冊P5

從機場捷運「蘇凡納布機場捷運」目甲訕站（C4）到蘇坤蔚路（別冊P13C2）的距離雖然只有約1.2km，一到傍晚的塞車時段，搭計程車甚至得花費1小時左右的時間，要特別注意。

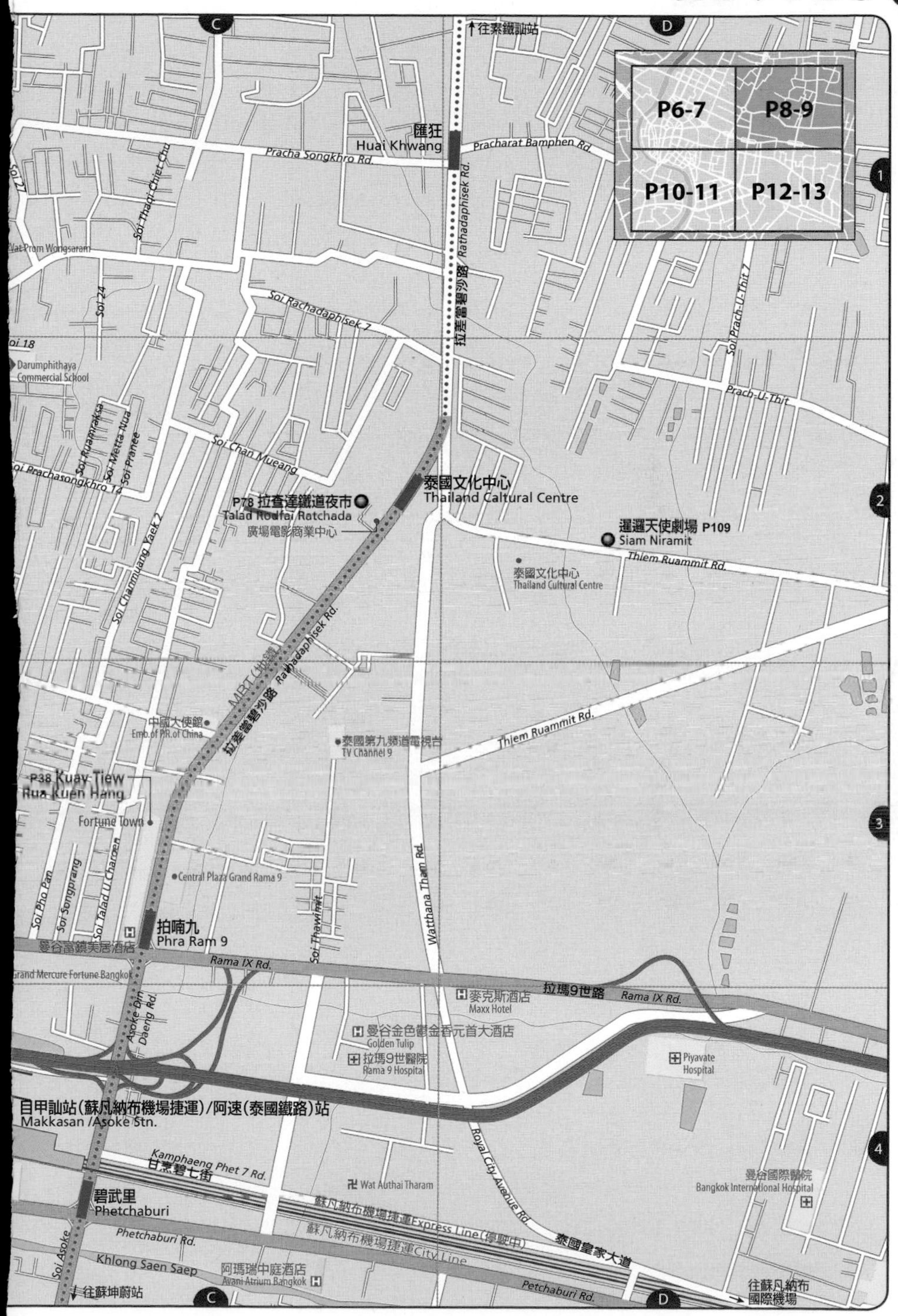

●觀光景點 ●餐廳・咖啡廳 ●商店 ●夜間娛樂 ●美容保養 H飯店

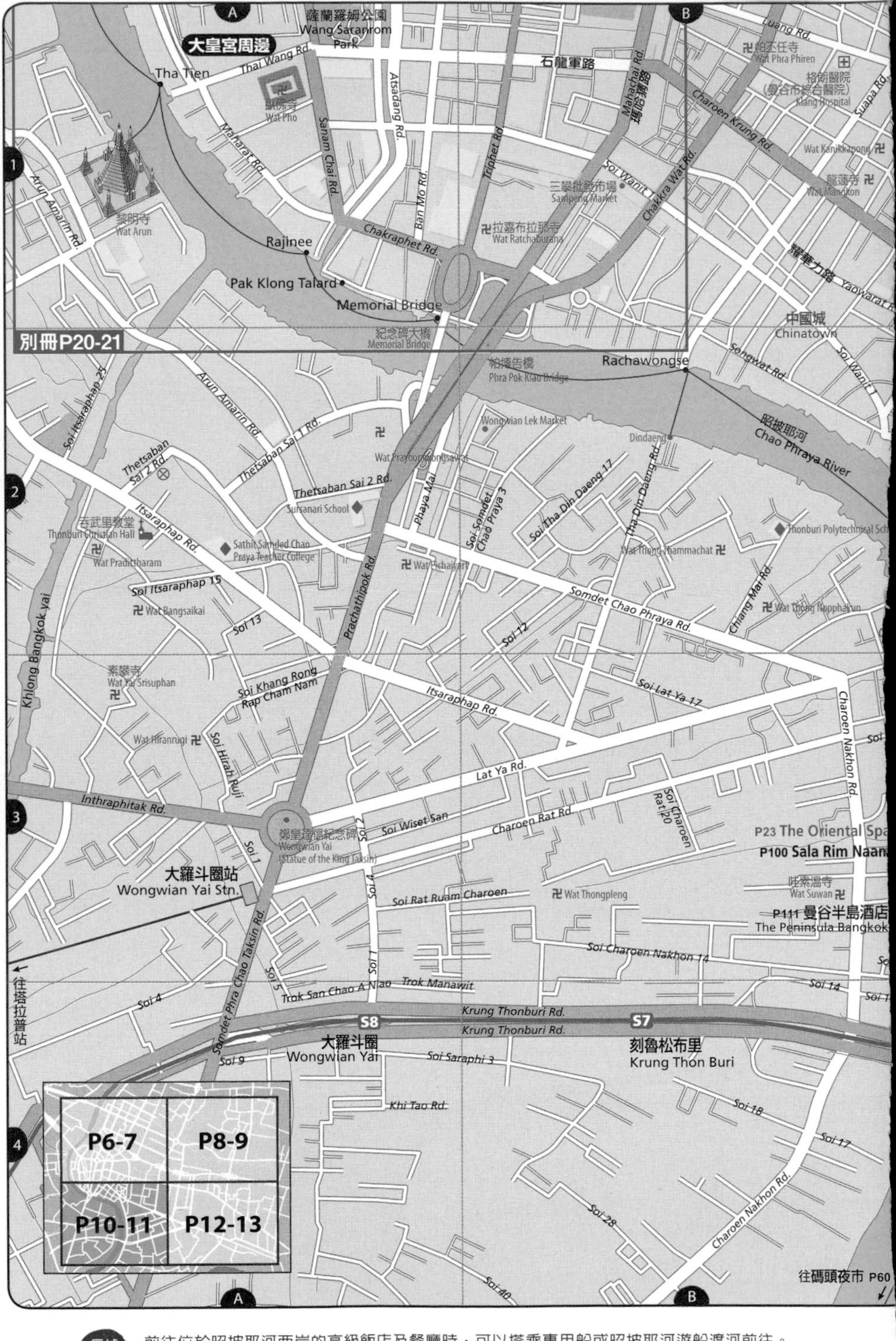

曼谷中心區③

前往位於昭披耶河西岸的高級飯店及餐廳時，可以搭乘專用船或昭披耶河遊船渡河前往。
BTS刻魯松布里站以西主要為居民生活區。

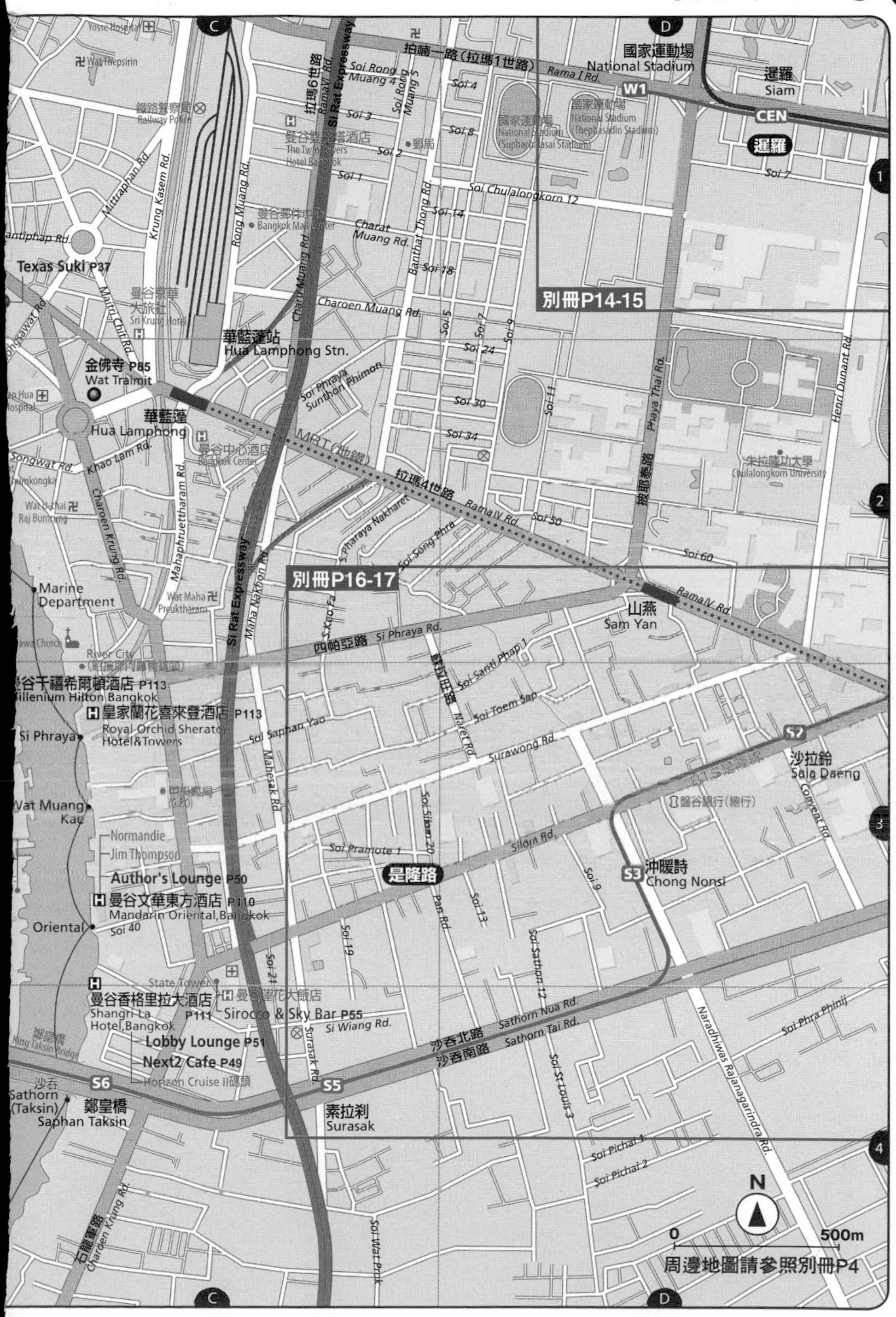
國家運動場
National Stadium
暹羅
Siam
拍喃一路（拉瑪1世路）
Rama I Rd.
拉瑪6世路
Rama VI Rd.
Si Rat Expressway
Yosse Hospital
Wat Thepsirin
鐵路警察局
Railway Police
The Twin Towers Hotel Bangkok
郵局
Bangkok Mail Center
Charat Muang Rd.
Banthat Thong Rd.
Soi Chulalongkorn 12
Krung Kasem Rd.
Rong Muang Rd.
Mittraphan Rd.
Texas Suki P37
Maitri Chit Rd.
Sri Krung Hotel
別冊P14-15
Charoen Muang Rd.
華藍蓬站
Hua Lamphong Stn.
金佛寺 P85
Wat Traimit
華藍蓬
Hua Lamphong
Khao Lam Rd.
Songwat Rd.
Bangkok Center
MRT（地鐵）
拉瑪4世路
Rama IV Rd.
Phaya Thai Rd.
Henri Dunant Rd.
朱拉隆功大學
Chulalongkorn University
Charoen Krung Rd.
Mahaphruettharam Rd.
Maha Nakhon Rd.
Wat Maha Preuktharam
別冊P16-17
Marine Department
Sam Yan
山燕
四帕亞路
Si Phraya Rd.
River City
曼谷千禧希爾頓酒店 P113
Millenium Hilton Bangkok
皇家蘭花喜來登酒店 P113
Royal Orchid Sheraton Hotel&Towers
Si Phraya
Soi Saphan Yao
Naret Rd.
Surawong Rd.
沙拉鈴
Sala Daeng
Convent Rd.
盤谷銀行（總行）
Wat Muang Kae
Mahesak Rd.
Normandie
Jim Thompson
Author's Lounge P50
曼谷文華東方酒店 P110
Mandarin Oriental,Bangkok
Oriental
Silom Rd.
是隆路
Soi Pramote 1
沖暖詩
Chong Nonsi
Pan Rd.
Soi Sathon 12
State Tower
曼谷香格里拉大酒店 P111
Shangri La Hotel,Bangkok
Sirocco & Sky Bar P55
Si Wiang Rd.
Lobby Lounge P51
Next2 Cafe P49
Horizon Cruise II碼頭
Surasak Rd.
沙吞北路
Sathorn Nua Rd.
沙吞南路
Sathorn Tai Rd.
Soi St Louis 3
Naradhiwas Rajanagarindra Rd.
Soi Phra Phinij
沙吞
Sathorn (Taksin)
鄭皇橋
Saphan Taksin
素拉利
Surasak
Soi Pichai 1
Soi Pichai 2
石龍軍路
Charoen Krung Rd.
Soi Wat Prok
N
0
500m
周邊地圖請參照別冊P4

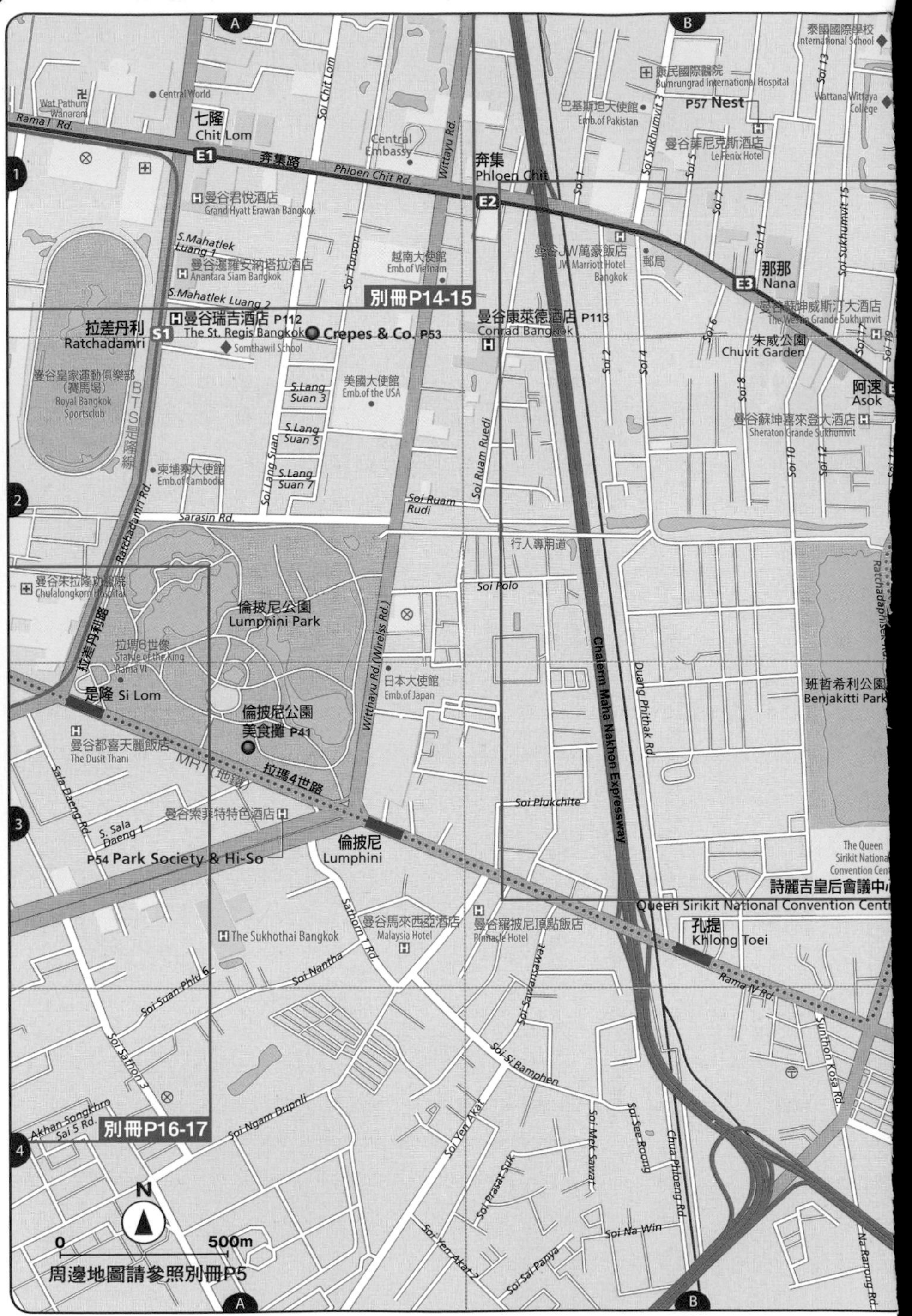

區域 Navi

MRT是隆站周邊的拉差丹利路（A3）、拉瑪4世路（A3）以及BTS七隆站～鵬蓬站周邊的蘇坤蔚路（C2），是交通堵塞最嚴重的路段，移動時建議最好利用BTS及MRT比較順暢。

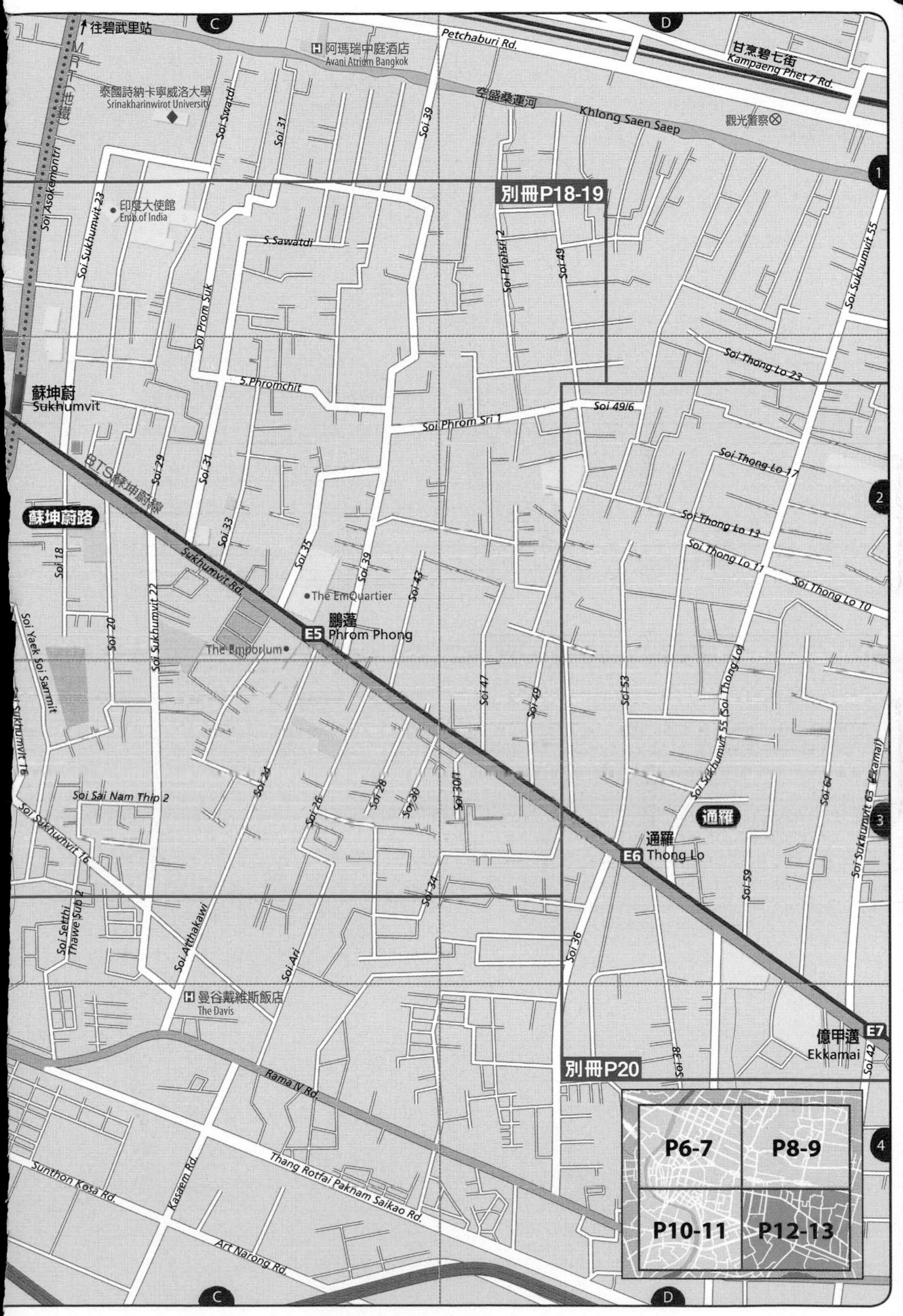

往碧武里站
阿瑪瑞中庭酒店
Avani Atrium Bangkok
Petchaburi Rd.
甘烹碧七街
Kampaeng Phet 7 Rd.
泰國詩納卡寧威洛大學
Srinakharinwirot University
空盛桑運河
Khlong Saen Saep
觀光警察
別冊P18-19
印度大使館
Emb.of India
S.Sawatdi
Soi Asokemontri
Soi Sukhumvit 23
Soi Swatdi
Soi 31
Soi 39
Soi Prohsri 2
Soi 49
Soi Sukhumvit 55
Soi Prom Suk
Soi Thong Lo 23
蘇坤蔚
Sukhumvit
S.Phromchit
Soi Phrom Sri 1
Soi 49/6
BTS蘇坤蔚線
Soi Thong Lo 17
蘇坤蔚路
Soi 29
Soi 33
Soi 35
Soi Thong Lo 13
Soi Thong Lo 11
Soi Thong Lo 10
Sukhumvit Rd.
Soi 18
Soi 43
The EmQuartier
鵬蓬
Phrom Phong
E5
The Emporium
Soi Yaek Soi Sarmit
Soi 20
Soi Sukhumvit 22
Soi 47
Soi 53
Soi Sukhumvit 55 (Soi Thong Lo)
Soi Sukhumvit 63 (Ekamai)
Soi 61
Soi Sai Nam Thip 2
Soi 24
Soi 26
Soi 28
Soi 30
Soi 30/1
通羅
E6
Thong Lo
Soi Sukhumvit 16
Soi 34
Soi 59
Soi Setthi Thawe Sub 2
Soi Atthakawi
Soi Ari
Soi 36
曼谷戴維斯飯店
The Davis
億甲邁
Ekkamai
E7
Soi 38
Soi 42
別冊P20
Rama IV Rd.
P6-7
P8-9
P10-11
P12-13
Thang Rotfai Paknam Saikao Rd.
Sunthon Kosa Rd.
Kasaem Rd.
Art Narong Rd

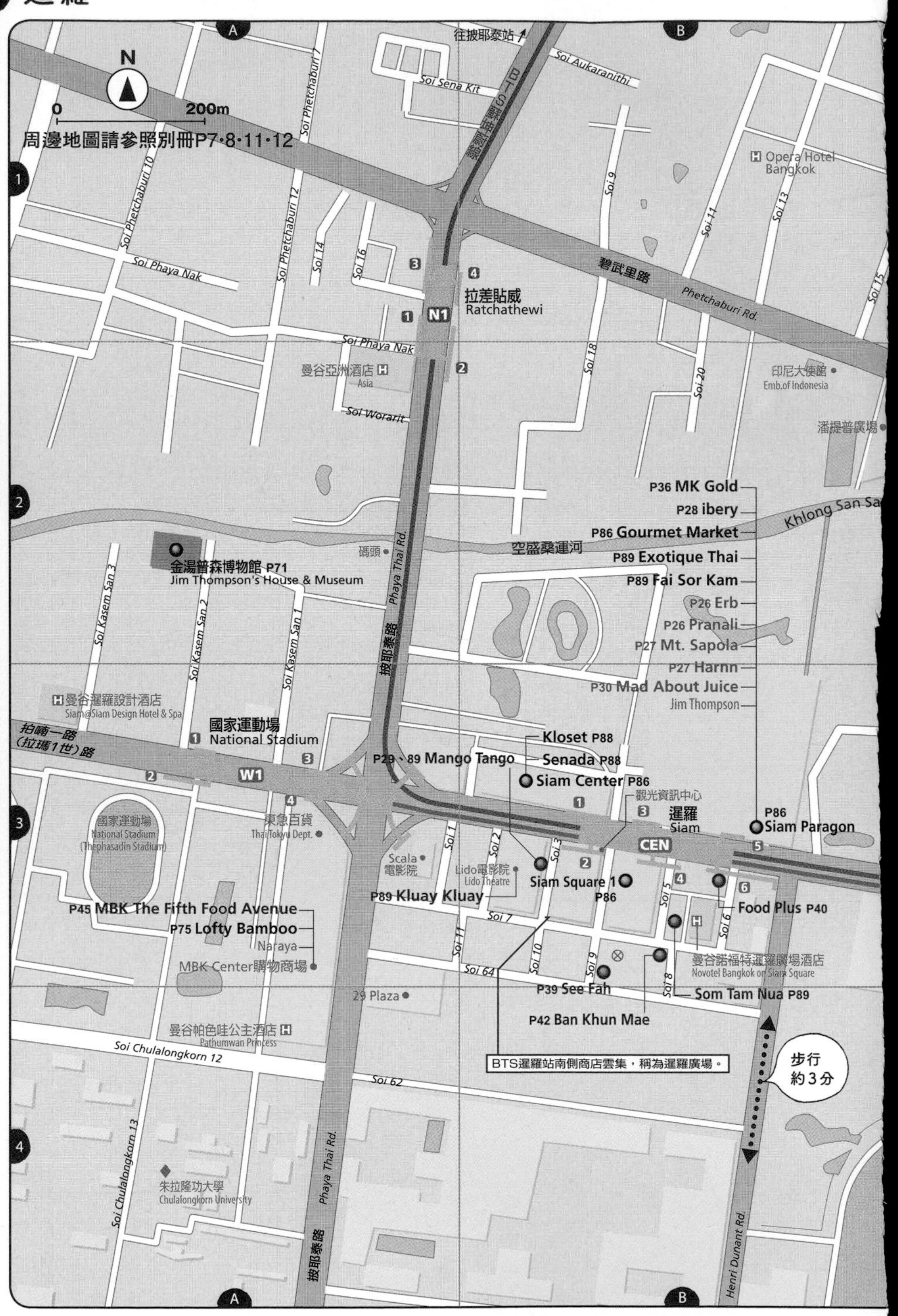

區域 Navi

BTS七隆站～國家運動場站周邊的購物中心幾乎都與站直通，因此可經由空中步道「Sky Walk」直接進入。由於傍晚後及週末會特別擁擠，購物最好選擇上午或平日時段。

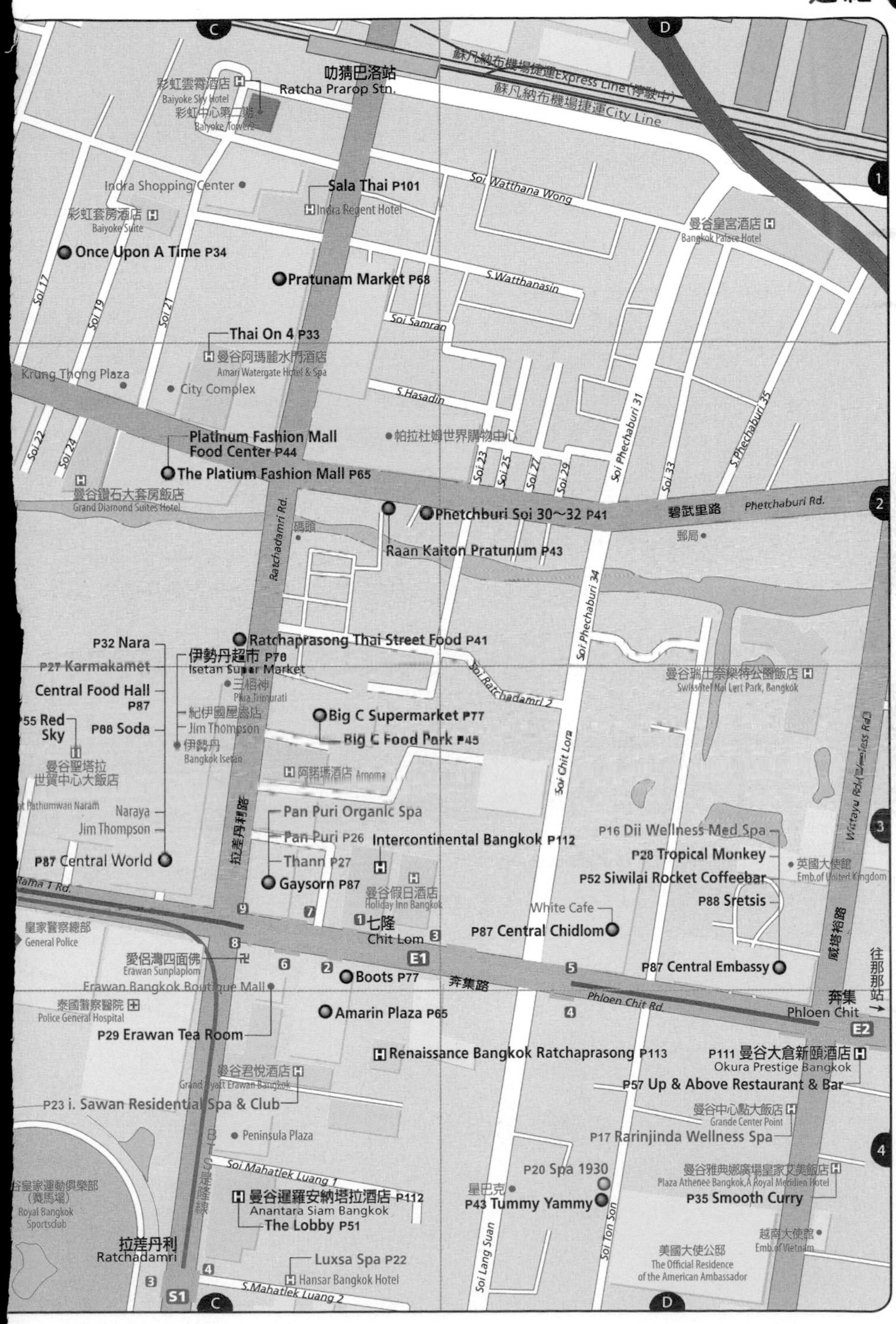
叻猜巴洛站
Ratcha Prarop Stn.
蘇凡納布機場捷運Express Line(停駛中)
蘇凡納布機場捷運City Line
彩虹雲霄酒店
Baiyoke Sky Hotel
彩虹中心第二號
Baiyoke Tower2
Indra Shopping Center
Sala Thai P101
Indra Regent Hotel
Soi Watthana Wong
彩虹套房酒店
Baiyoke Suite
曼谷皇宮酒店
Bangkok Palace Hotel
Once Upon A Time P34
Pratunam Market P68
S.Watthanasin
Soi Samran
Soi 17
Soi 19
Soi 21
Thai On 4 P33
曼谷阿瑪麗水門酒店
Amari Watergate Hotel & Spa
Krung Thong Plaza
City Complex
S.Hasadin
Soi 22
Soi 24
Platinum Fashion Mall Food Center P44
帕拉杜姆世界購物中心
The Platium Fashion Mall P65
Soi 23
Soi 25
Soi 27
Soi 29
Soi Phechaburi 31
Soi 33
S.Phechaburi 35
曼谷鑽石大套房飯店
Grand Diamond Suites Hotel
Phetchburi Soi 30～32 P41
碧武里路
Phetchaburi Rd.
郵局
碼頭
Ratchadamri Rd.
Raan Kaiton Pratunum P43
Soi Phechaburi 34
Ratchaprasong Thai Street Food P41
P32 Nara
伊勢丹超市 P78
Isetan Super Market
P27 Karmakamet
Soi Ratchadamri 2
曼谷瑞士奈樂特公園飯店
Swissôtel Nai Lert Park, Bangkok
Central Food Hall P87
三相神
Phra Trimurati
紀伊國屋書店
Jim Thompson
P55 Red Sky
P88 Soda
伊勢丹
Bangkok Isetan
Big C Supermarket P77
Big C Food Park P45
曼谷聖塔拉世貿中心大飯店
阿諾瑪酒店 Arnoma
Soi Chit Lom
Pathumwan Naram
Naraya
Jim Thompson
拉差丹利路
Pan Puri Organic Spa
Pan Puri P26
Intercontinental Bangkok P112
Thann P27
P16 Dii Wellness Med Spa
P28 Tropical Monkey
英國大使館
Emb.of United Kingdom
P52 Siwilai Rocket Coffeebar
P88 Sretsis
Wittayu Rd.(Wireless Rd.)
P87 Central World
Rama 1 Rd.
Gaysorn P87
曼谷假日酒店
Holiday Inn Bangkok
White Cafe
七隆
Chit Lom
P87 Central Chidlom
威塔裕路
皇家警察總部
General Police
愛侶灣四面佛
Erawan Sunplaplom
Boots P77
奔集路
P87 Central Embassy
往那那站
Erawan Bangkok Boutique Mall
Phloen Chit Rd.
泰國警察醫院
Police General Hospital
Amarin Plaza P65
奔集
Phloen Chit
P29 Erawan Tea Room
Renaissance Bangkok Ratchaprasong P113
P111 曼谷大倉新頤酒店
Okura Prestige Bangkok
曼谷君悅酒店
Grand Hyatt Erawan Bangkok
P57 Up & Above Restaurant & Bar
P23 i. Sawan Residential Spa & Club
曼谷中心點大飯店
Grande Center Point
Peninsula Plaza
P17 Rarinjinda Wellness Spa
BTS是隆線
Soi Mahatlek Luang 1
P20 Spa 1930
曼谷雅典娜廣場皇家艾美飯店
Plaza Athenee Bangkok,A Royal Meridien Hotel
皇家運動俱樂部(賽馬場)
Royal Bangkok Sportsclub
曼谷暹羅安納塔拉酒店 P112
Anantara Siam Bangkok
星巴克
P43 Tummy Yammy
P35 Smooth Curry
The Lobby P51
Soi Lang Suan
Soi Ton Son
越南大使館
Emb.of Vietnam
拉差丹利
Ratchadamri
美國大使公邸
The Official Residence of the American Ambassador
Luxsa Spa P22
Hansar Bangkok Hotel
S.Mahatlek Luang 2

是隆路

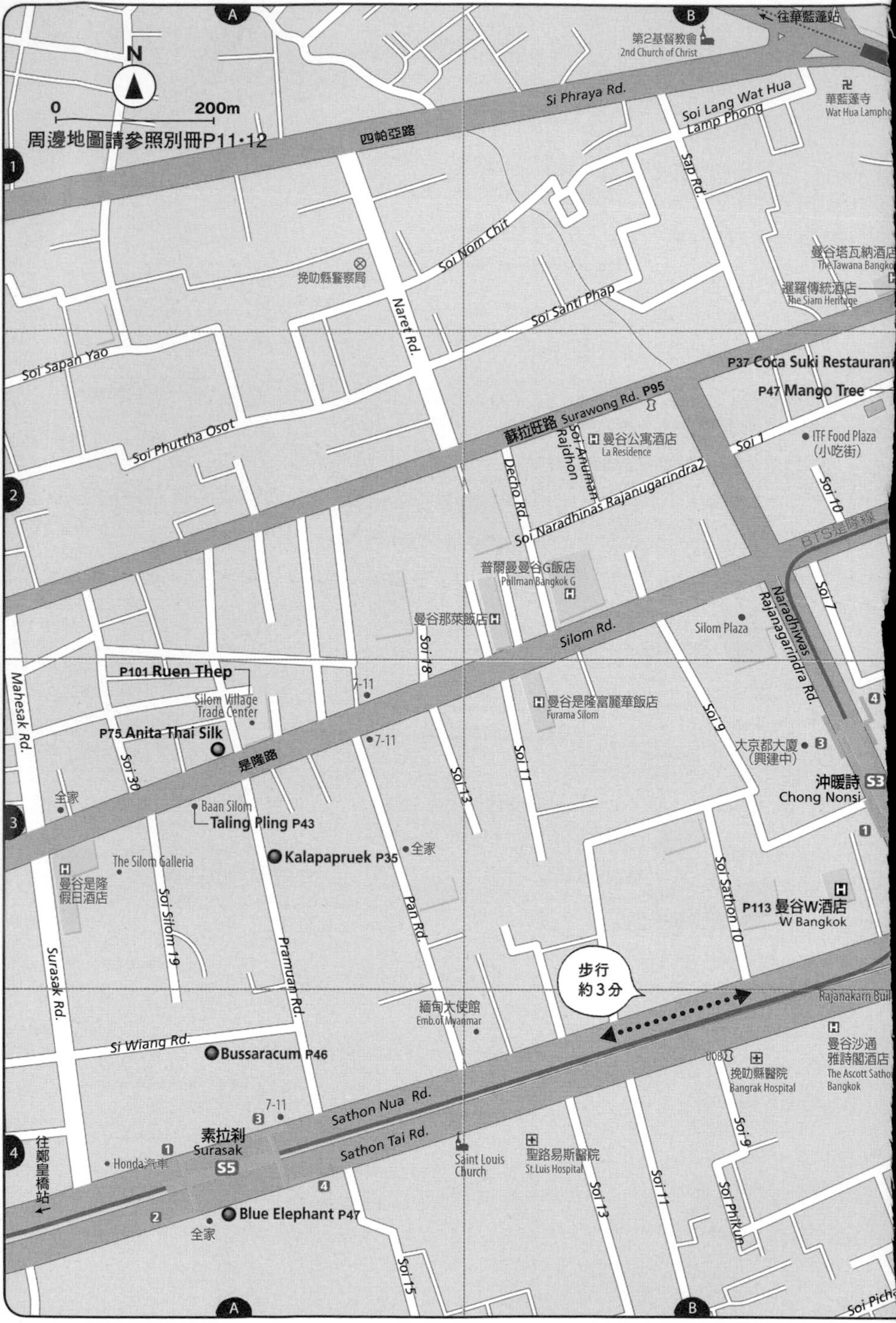

N
0 200m
周邊地圖請參照別冊P11·12

第2基督教會
2nd Church of Christ
往華藍蓬站
華藍蓬寺
Wat Hua Lamphong
Si Phraya Rd.
四帕亞路
Soi Lang Wat Hua Lamp Phong
Sap Rd.
Soi Nom Chit
挽叻縣警察局
Naret Rd.
Soi Santi Phap
曼谷塔瓦納酒店
The Tawana Bangkok
暹羅傳統酒店
The Siam Heritage
Soi Sapan Yao
P37 Coca Suki Restaurant
P47 Mango Tree
蘇拉旺路 Surawong Rd. P95
Soi Phuttha Osot
Soi Anuman Rajdhon
曼谷公寓酒店
La Residence
Soi 1
ITF Food Plaza
(小吃街)
Decho Rd.
Soi Naradhinas Rajanugarindra2
Soi 10
BTS是隆線
普爾曼曼谷G飯店
Pullman Bangkok G
Soi 7
Naradhiwas Rajanagarindra Rd.
曼谷那萊飯店
Silom Plaza
Silom Rd.
Soi 18
Mahesak Rd.
P101 Ruen Thep
Silom Village Trade Center
7-11
曼谷是隆富麗華飯店
Furama Silom
P75 Anita Thai Silk
7-11
Soi 9
大京都大廈
(興建中)
Soi 30
是隆路
Soi 11
Soi 13
沖暖詩
Chong Nonsi
S3
全家
Baan Silom
Taling Pling P43
Kalapapruek P35
全家
The Silom Galleria
曼谷是隆假日酒店
Soi Sathon 10
P113 曼谷W酒店
W Bangkok
Soi Silom 19
Pan Rd.
Surasak Rd.
Pramuan Rd.
步行約3分
Rajanakarn Building
緬甸大使館
Emb.of Myanmar
Si Wiang Rd.
Bussaracum P46
曼谷沙通雅詩閣酒店
The Ascott Sathorn Bangkok
UOB
挽叻縣醫院
Bangrak Hospital
Sathon Nua Rd.
7-11
Soi 9
往鄭皇橋站
素拉刹
Surasak
S5
Sathon Tai Rd.
Honda汽車
Saint Louis Church
聖路易斯醫院
St.Luis Hospital
Soi 11
Soi 13
Soi Phikun
Blue Elephant P47
全家
Soi 15
Soi Pichai

是隆地區為辦公商圈。除了BTS沙拉鈴站周邊外，BTS沖暖詩站及素拉刹站周邊夜晚及六日行人較少，女性最好不要單獨走在狹小的Soi（巷道）等。

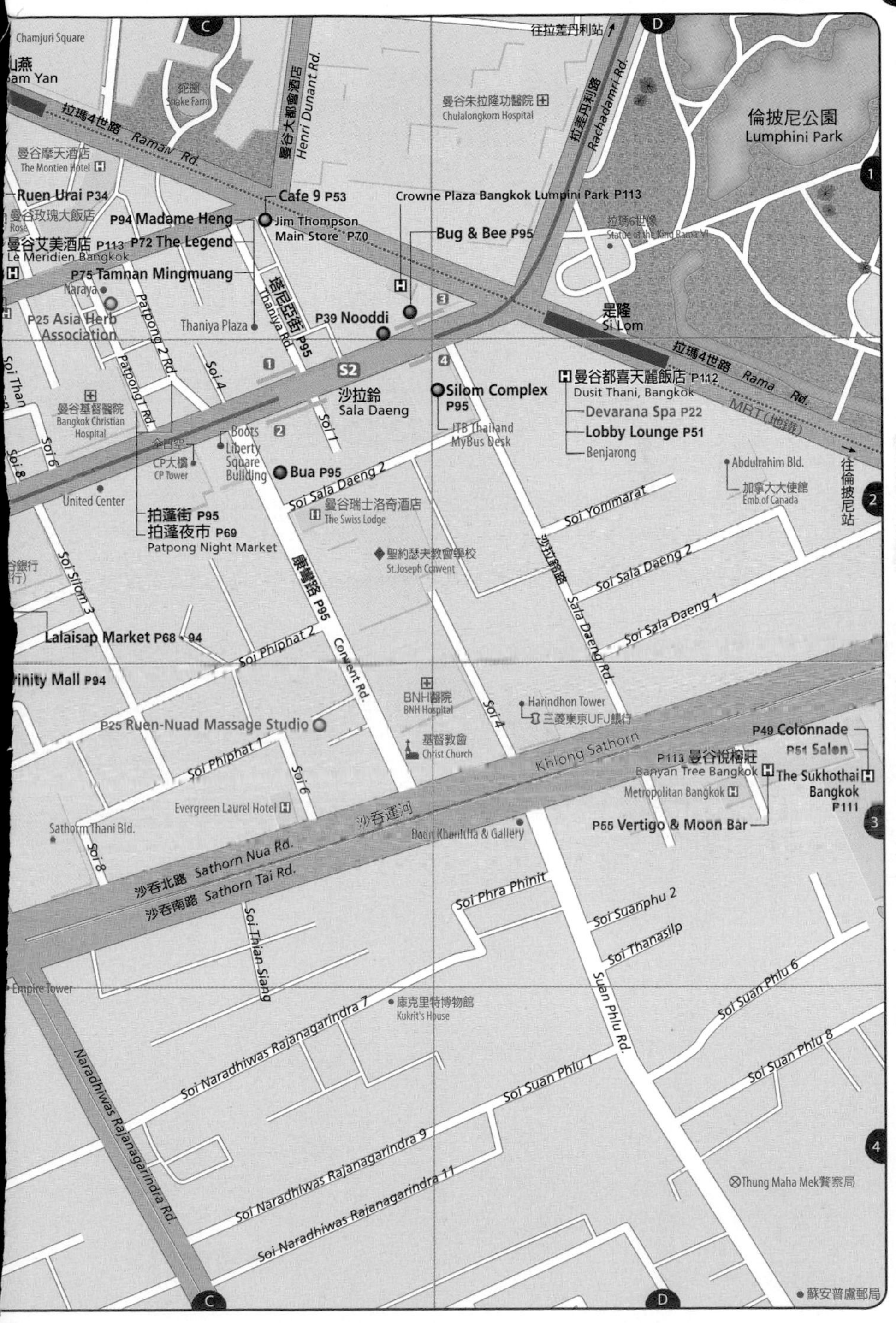

觀光景點 餐廳・咖啡廳 商店 夜間娛樂 美容保養 飯店

蘇坤蔚路

奔集
Phloen Chit
E2
BTS蘇坤蔚線
Ploenchit Center
P113 曼谷JW萬豪酒店
JW Marriott Hotel Bangkok
Soi 3(Nana Nua)
Soi 7
稅務署
曼谷阿瑪麗大道飯店
曼谷大使酒店
Soi 11
Soi 13
Soi 19
往碧武里站
Asok Montri Rd.
曼谷公園酒店
Gallery 11 P33
Sukhumvit Arcade
曼谷龍馬大飯店
Soi 2
Soi 4
Soi 9
曼谷瑞士公園酒店
Soi 15
P25 Health Land
7-11
Pacific Place
那那
Nana
曼谷城市洛奇第9巷酒店
全家
E3
7-11
曼谷曼哈頓酒店
曼谷素坤逸15號福朋喜來登酒店
堪廷彥館
The Kamthieng House Museum
Soi 6
Soi 16
全家
Jai Saman教會
S6素坤逸飯店
P113 曼谷蘇坤威斯汀大酒店
The Westin Grande Sukhumvit
Pier 21 Food Terminal P44
Tai-Pan
Baanying Cafe & Me P64
Asoke Court
P112 索菲特曼谷素坤逸酒店
Sofitel Bangkok Sukhumvit
7-11
Soi Ruam Rudi
Chalerm Mahanakhon Expressway
Siam Ceramic Handmade P73
Siam Ceramic Handmade
P73 Thai Isekyu
P25 King & I Spa Massage
Sukhumvit Rd.
Robinson 百貨
Sistema P74
Terminal 21 P64
牛仔街
Soi Cowboy
Soi Ruam Ruedi 2
SUDA
E4
蘇坤蔚
Sukhumvit
citi bank
Times Square
阿速
Asok
7-11
P113 曼谷蘇坤喜來登大酒店
Sheraton Grande Sukhumvit,Bangkok
P48 Orchid Cafe
P49 Seasonal Tastes
Exchenge Tower
全家
Soi 8
Soi 10
Soi 12
Soi 14
P57 Long Table
COLUMN TOWER
行人專用道
Duang Phithak Rd.
曼谷倫勃朗塔服務式公寓
全家
Soi Pluk Chit 1
香煙專賣公社
Thailand Tabacco Monopoly
Ratchadaphisek Rd.
地鐵
Soi 16
Soi 18
班哲希利公園
拉查達湖
拉差當碧沙路
N
0
200m
專賣公社醫院
Tabacco Monopoly Hospital
詩麗吉皇后會議中心
Queen Sirikit National Convention Centre
詩麗吉皇后會議中心
Queen Sirikit National Convention Centre

周邊地圖請參照別冊P13

從蘇坤蔚路延伸而出的Soi（巷道）相當錯綜複雜，逛起來出乎意料地耗體力，有不少當地人會搭乘在巷口待機的計程車代步。搭車時，請務必確認車資，也別忘了提醒司機一聲「Slowly（開慢點）」。

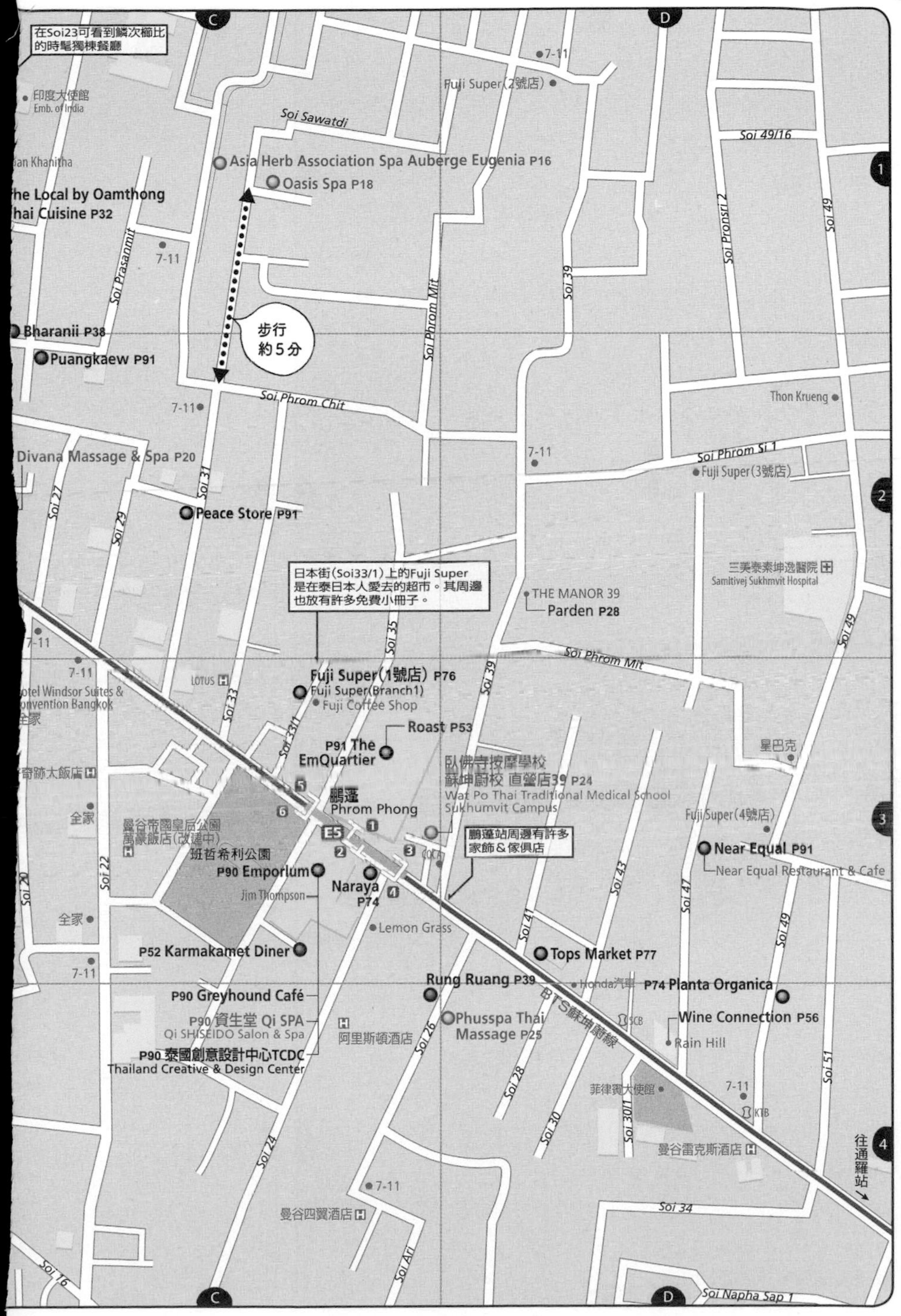

在Soi23可看到鱗次櫛比的時髦獨棟餐廳
印度大使館
Emb. of India
Soi Sawatdi
Fuji Super(2號店)
Soi 49/16
Asia Herb Association Spa Auberge Eugenia P16
Oasis Spa P18
The Local by Oamthong Thai Cuisine P32
Soi Prasanmit
Soi Phrom Mit
Soi 39
Soi Pronsri 2
Soi 49
步行約5分
Bharanii P38
Puangkaew P91
Soi Phrom Chit
Thon Krueng
Divana Massage & Spa P20
Soi 31
Soi Phrom Si 1
Fuji Super(3號店)
Soi 27
Soi 29
Peace Store P91
三美泰素坤逸醫院
Samitivej Sukhmvit Hospital
日本街(Soi33/1)上的Fuji Super是在泰日本人愛去的超市。其周邊也放有許多免費小冊子。
THE MANOR 39
Parden P28
Soi 35
Soi Phrom Mit
LOTUS
Fuji Super(1號店) P76
Fuji Super(Branch1)
Fuji Coffee Shop
Hotel Windsor Suites & Convention Bangkok
全家
Soi 33
Soi 33/1
Roast P53
P91 The EmQuartier
星巴克
臥佛寺按摩學校
蘇坤蔚校 直營店39 P24
Wat Po Thai Traditional Medical School
Sukhumvit Campus
奇跡大飯店
鵬蓬
Phrom Phong
曼谷帝國皇后公園
萬豪飯店(改建中)
班哲希利公園
鵬蓬站周邊有許多家飾&傢俱店
Fuji Super(4號店)
Near Equal P91
Near Equal Restaurant & Cafe
P90 Emporium
Naraya P74
Jim Thompson
Soi 22
Soi 20
Soi 43
Soi 47
Soi 41
Lemon Grass
P52 Karmakamet Diner
Tops Market P77
Rung Ruang P39
Honda汽車
P74 Planta Organica
P90 Greyhound Café
P90 資生堂 Qi SPA
Qi SHISEIDO Salon & Spa
阿里斯頓酒店
Phusspa Thai Massage P25
BTS蘇坤蔚線
Wine Connection P56
Rain Hill
P90 泰國創意設計中心TCDC
Thailand Creative & Design Center
Soi 26
Soi 28
Soi 30
Soi 30/1
Soi 51
菲律賓大使館
KTB
曼谷雷克斯酒店
往通羅站
Soi 24
曼谷四翼酒店
Soi 34
Soi 16
Soi Ari
Soi Napha Sap 1

通羅街

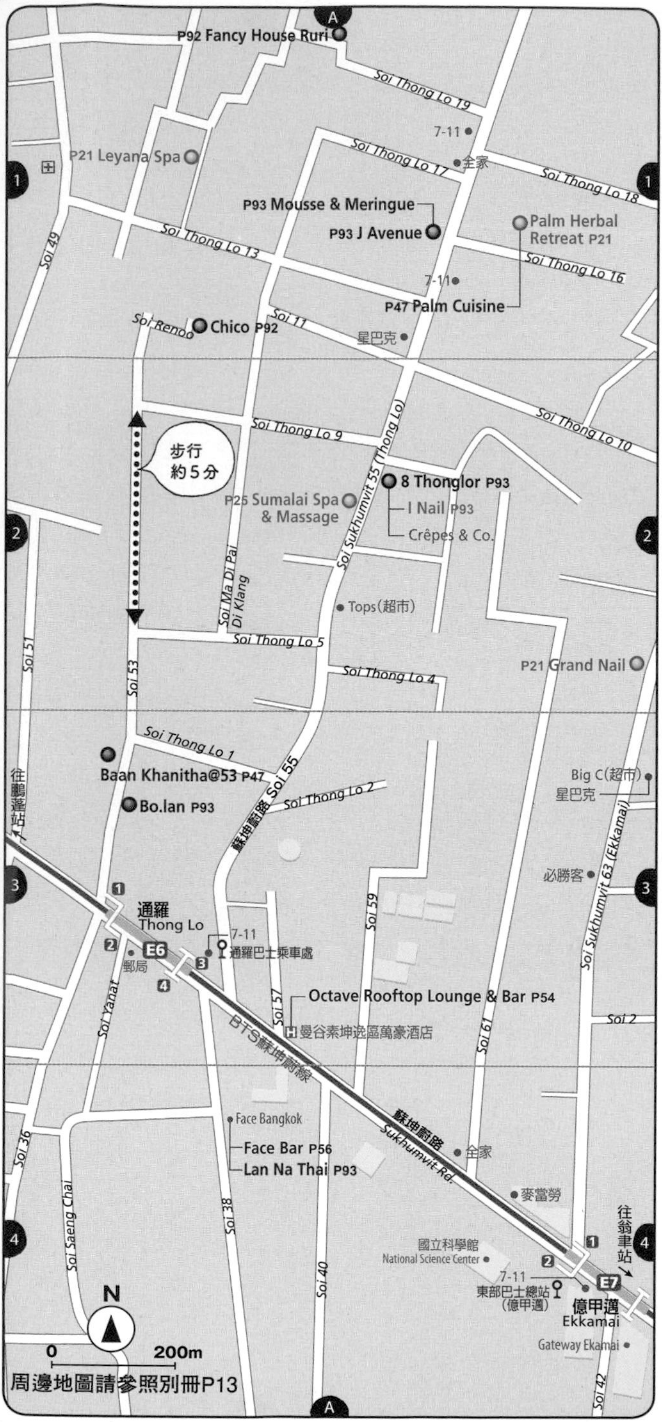

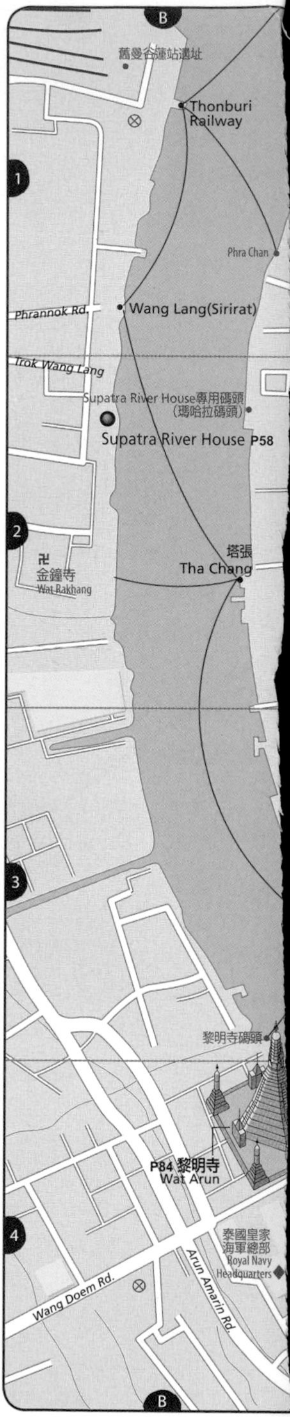

P92 Fancy House Ruri
Soi Thong Lo 19
7-11
P21 Leyana Spa
Soi Thong Lo 17
全家
Soi Thong Lo 18
P93 Mousse & Meringue
P93 J Avenue
Palm Herbal Retreat P21
Soi Thong Lo 13
Soi Thong Lo 16
Soi 49
7-11
P47 Palm Cuisine
Soi Renoo
Chico P92
Soi 11
星巴克
Soi Thong Lo 10
Soi Thong Lo 9
Soi Sukhumvit 55 (Thong Lo)
步行約5分
8 Thonglor P93
P25 Sumalai Spa & Massage
I Nail P93
Crêpes & Co.
Soi Ma Di Pai Di Klang
Tops(超市)
Soi Thong Lo 5
Soi Thong Lo 4
P21 Grand Nail
Soi 51
Soi 53
Soi Thong Lo 1
Baan Khanitha@53 P47
Bo.lan P93
往鵬蓬站
Soi Thong Lo 2
蘇坤蔚路 Soi 55
Big C(超市)
星巴克
Soi Sukhumvit 63 (Ekkamai)
必勝客
通羅 Thong Lo
E6
7-11
通羅巴士乘車處
郵局
Soi 59
Soi 57
Octave Rooftop Lounge & Bar P54
Soi Yanat
曼谷素坤逸區萬豪酒店
Soi 61
Soi 2
BTS蘇坤蔚線
Face Bangkok
Face Bar P56
Lan Na Thai P93
蘇坤蔚路 Sukhumvit Rd.
全家
Soi 36
麥當勞
Soi Saeng Chai
Soi 38
國立科學館 National Science Center
往翁聿站
7-11
東部巴士總站(億甲邁)
億甲邁 Ekkamai
E7
Soi 40
Gateway Ekamai
Soi 42
N
0 200m
周邊地圖請參照別冊P13

舊曼谷蓮站遺址
Thonburi Railway
Phra Chan
Phrannok Rd.
Wang Lang(Sirirat)
Trok Wang Lang
Supatra River House專用碼頭(瑪哈拉碼頭)
Supatra River House P58
金鐘寺 Wat Rakhang
塔張 Tha Chang
黎明寺碼頭
P84 黎明寺 Wat Arun
泰國皇家海軍總部 Royal Navy Headquarters
Wang Doem Rd.
Arun Amarin Rd.

蘇坤蔚路彎進Soi55後一直到通羅巴士乘車場附近，就會看到成排的水果店。
另外，位於通羅街Soi11～13一帶的星巴克（A1）擁有一座廣大的花園，相當有人氣。

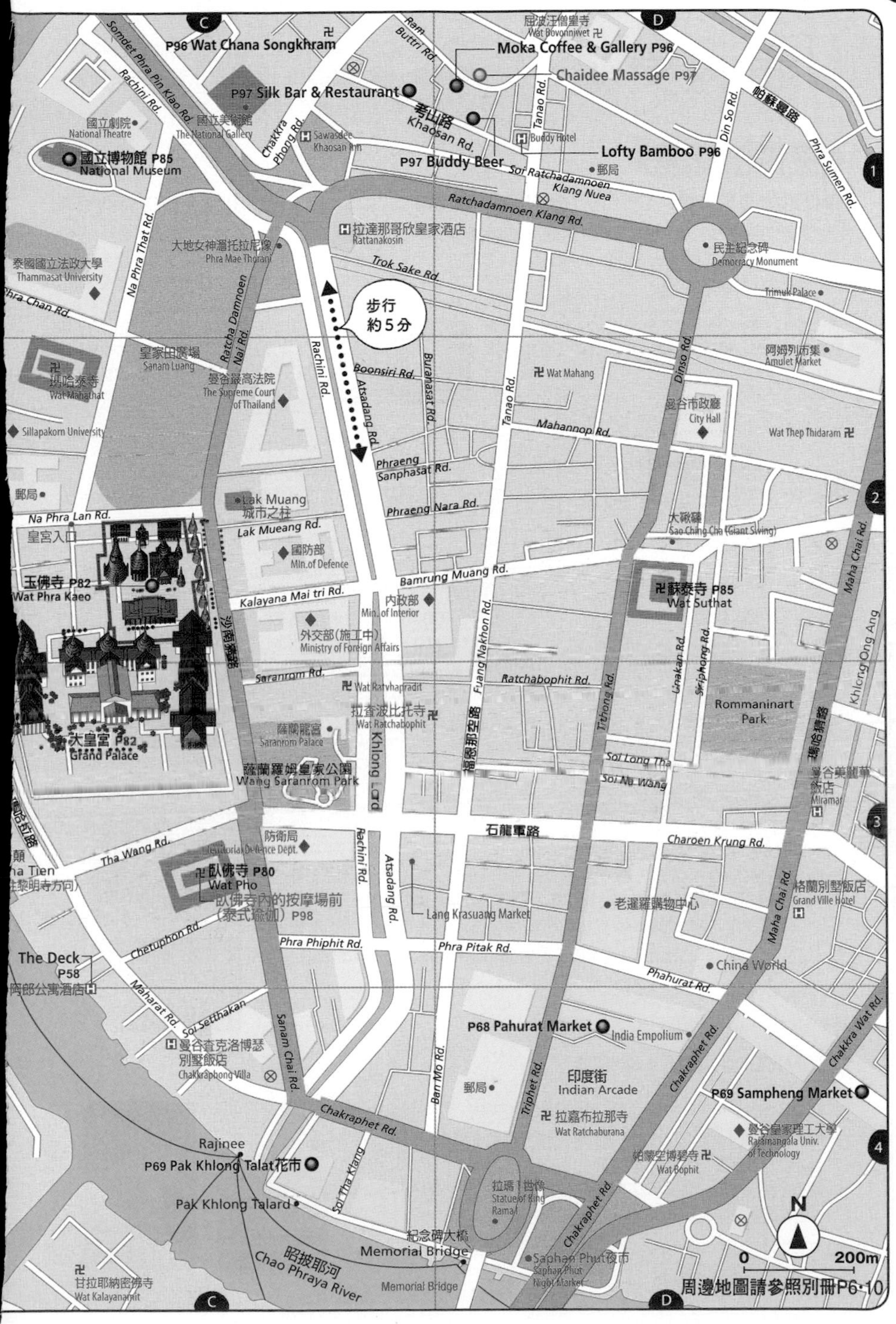
P96 Wat Chana Songkhram
Moka Coffee & Gallery P96
屈波汪僧皇寺
Wat Bovonnivet
Chaidee Massage P97
P97 Silk Bar & Restaurant
考山路
Khaosan Rd.
Sawasdee Khaosan Inn
Buddy Hotel
Lofty Bamboo P96
P97 Buddy Beer
國立劇院
National Theatre
國立美術館
The National Gallery
國立博物館 P85
National Museum
Somdet Phra Pin Klao Rd.
Rachini Rd.
Chakkra Phong Rd.
Ram Buttri Rd.
Tanao Rd.
Din So Rd.
帕蘇曼路
Phra Sumen Rd.
Soi Ratchadamnoen Klang Nuea
郵局
Ratchadamnoen Klang Rd.
拉達那哥欣皇家酒店
Rattanakosin
民主紀念碑
Democracy Monument
大地女神潟托拉尼像
Phra Mae Thorani
泰國國立法政大學
Thammasat University
Na Phra That Rd.
Phra Chan Rd.
Trok Sake Rd.
步行
約5分
Trimuk Palace
皇家田廣場
Sanam Luang
Ratcha Damnoen Nai Rd.
Rachini Rd.
Atsadang Rd.
Boonsiri Rd.
Burapasat Rd.
Dinso Rd.
阿姆列市集
Amulet Market
瑪哈泰寺
Wat Mahathat
曼谷最高法院
The Supreme Court of Thailand
Wat Mahang
曼谷市政廳
City Hall
Sillapakorn University
Mahannop Rd.
Wat Thep Thidaram
Phraeng Sanphasat Rd.
郵局
Lak Muang
城市之柱
Phraeng Nara Rd.
Na Phra Lan Rd.
Lak Mueang Rd.
大鞦韆
Sao Ching Cha (Giant Swing)
皇宮入口
國防部
Min. of Defence
Bamrung Muang Rd.
蘇泰寺 P85
Wat Suthat
玉佛寺 P82
Wat Phra Kaeo
Kalayana Mai tri Rd.
內政部
Min. of Interior
Maha Chai Rd.
外交部(施工中)
Ministry of Foreign Affairs
沙南猜路
Khlong Ong Ang
Saranrom Rd.
Wat Ratchapradit
Fuang Nakhon Rd.
Ratchabophit Rd.
Unakan Rd.
Siriphong Rd.
Tithong Rd.
拉查波比托寺
Wat Ratchabophit
福恩那空路
Rommaninart Park
薩蘭龍宮
Saranrom Palace
瑪哈猜路
大皇宮 P82
Grand Palace
Khlong Lod
Soi Long Tha
Soi Na Wang
薩蘭羅姆皇家公園
Wang Saranrom Park
曼谷美麗華飯店
Miramar
石龍軍路
Charoen Krung Rd.
防衛局
Territorial Defence Dept.
Tha Wang Rd.
Rachini Rd.
Atsadang Rd.
臥佛寺 P80
Wat Pho
臥佛寺內的按摩場前
(泰式瑜伽) P98
Lang Krasuang Market
老暹羅購物中心
格蘭別墅飯店
Grand Ville Hotel
Chetuphon Rd.
Phra Phiphit Rd.
Phra Pitak Rd.
The Deck
P58
China World
Pahurat Rd.
Maharat Rd.
Soi Setthakan
Sanam Chai Rd.
P68 Pahurat Market
India Empolium
Chakraphet Rd.
Chakkra Wat Rd.
曼谷查克洛博瑟別墅飯店
Chakkraphong Villa
Ban Mo Rd.
印度街
Indian Arcade
Triphet Rd.
郵局
P69 Sampheng Market
Chakraphet Rd.
拉嘉布拉那寺
Wat Ratchaburana
曼谷皇家理工大學
Rajamangala Univ. of Technology
Rajinee
P69 Pak Khlong Talat花市
Soi Tha Klang
拉瑪1世像
Statue of King Rama I
帕蒙博碧寺
Wat Bophit
Pak Khlong Talard
紀念碑大橋
Memorial Bridge
Chakraphet Rd.
N
0
200m
昭披耶河
Chao Phraya River
Memorial Bridge
Saphan Phut夜市
Saphan Phut Night Market
甘拉耶納密佛寺
Wat Kalayanamit
周邊地圖請參照別冊P6-10

市内交通

泰國主要交通手段有5種。掌握交通情況及移動的訣竅就能有效率地移動。此外，挑選濃縮泰國觀光魅力的自選行程也是不錯的方式。

市區遊逛小建議

●道路的基本常識

曼谷車道是靠左行駛，人行道並沒有完善的整備，坑坑洞洞地並不好走。尤其是小吃攤聚集的地方道路會變得更窄，人潮也相當密集，請務必注意腳邊與防範小偷。想過馬路時，可以仿效周圍的泰國人。

●Thanon與Soi

曼谷市區的道路是由大型道路「Thanon」與由此延伸而出的岔道「Soi」所構成。每條Soi都標有號碼，由Thanon名稱＋Soi號碼組合而成，例如「蘇坤蔚路Soi 31」之類。

●聰明利用BTS與計程車

曼谷的BTS行經市區主要的觀光景點與鬧區，不用擔心塞車且車資便宜，對旅行者而言是相當可靠的交通手段。另一方面，曼谷的計程車車資便宜，從早跑到深夜也不用擔心太貴。只要聰明利用這2種交通手段，就能有效率地走遍曼谷街道。

便利的交通卡

使用交通卡就能更通行無阻地使用公共交通機關，只要到車站的售票窗口就可購得交通卡。須頻繁搭乘BTS或MRT的人，最好購買交通卡比較方便。

○兔子卡(BTS)

Rabbit Card

兔子卡是種可以加值的IC預付卡，除了可搭乘BTS外，到麥當勞、星巴客等合作商店亦可用來付款。辦卡費用是B300（內含發卡手續費B150※2015年12月31日以前是B50，保證金為B50），可使用B100的額度。餘額變少時可到窗口加值。有效期限為購卡日後5年，卡片內的金額使用期限則為2年，若兩年內未使用卡片則卡片內的金額會被冷凍，但只要再加值就可以解凍。預定將來也能用來搭乘MRT。

○一日卡(BTS、MRT)

One Day Pass

BTS與MRT均有推出適合觀光客使用的專用車票，可一整天不限次數搭乘BTS或MRT，到售票窗口就能購得。當BTS或MRT人潮擁擠時，售票窗口及票券自販機前總會大排長龍，不過只要有這張車票就能省下寶貴的時間，通行無阻。費用如下：BTS一日卡為B130，MRT一日卡為B120。

BTS 用

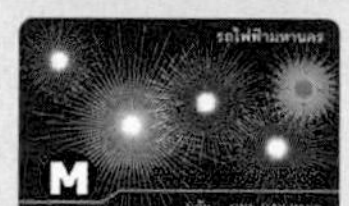

MRT 用

○MRT Day Pass卡(MRT)

Period pass

MRT除了有一日卡，還推出了3日卡和30日卡，3日卡售價為B230；30日卡為B1400。若住宿或經常移動的地點都在MRT沿線上，使用此卡就相當划算。在開卡後的有效期限內可無限次搭乘MRT，提供滯留期間較長的旅客們更划算和方便的乘車服務，不過要留意售出後一概無法退票。

BTS

Rot Fai Fa
รถไฟฟ้า

路線圖 別冊 MAP P2

車内清潔，有冷氣

曼谷BTS高架電車分成2條路線，涵蓋曼谷主要鬧區。可通行無阻，不受曼谷惡名昭彰的「塞車」所困，連不習慣的外國人也能放心搭乘。不過早晚的巔峰時段（7～9點、16點30分～19點）人潮相當擁擠，會出現電車延遲行駛的情況。

○**費用**
基本費用為B15，之後每隔數站增加B3～7，最高車資為B52。

○**行駛時間與班次間隔**
6～24時。平日早晚巔峰時段約每隔2分50秒～4分50秒一班，一般時段則每隔5～6分一班，22點以後則每隔8分一班。

●購票方式

可在車站内設置的售票機購買。幾乎大部分購票機都是投幣式，有部分車站亦附設可使用紙鈔的觸碰式螢幕售票機。

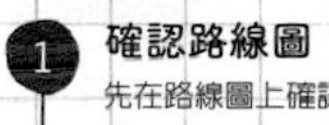

1 確認路線圖
先在路線圖上確認目的車站與費用

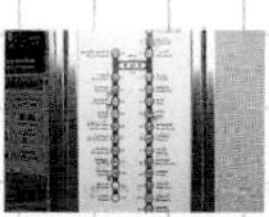

2 兌換硬幣
幾乎所有購票機只能使用B1、5、10的硬幣購買。若沒有零錢，可到售票窗口兌換零錢。

3 將錢投進售票機
先按費用按鈕，再投入硬幣（紙鈔）。

4 取出車票
取出磁卡式車票。

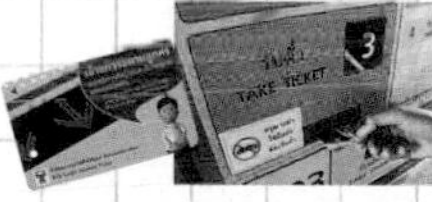

●路線有2條

○**是隆線**
從曼谷中央部向西南方延伸的路線。從國家運動場～挽哇共13站，行經鬧區暹羅站、沙拉鈴站等。

○**蘇坤蔚線**
以暹羅站為中心往北方及東南方延伸的路線。行經恰圖恰週末市集所在的慕七站、大型購物中心到處林立的暹羅站與七隆站，以及最多日本人居住的鵬蓬站。共22站。

注意事項

○車票從通過剪票口到出站的限制時間為120分，超過時間須補繳B42。
○站内及車廂内均禁止吸煙、飲食。剪票口附近雖有販售飲料，若在站内飲用會遭到站務人員警告。

●搭車

月台所標示的路線方向為該路線的終點站，只要記住就不會迷路。

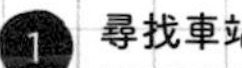

1 尋找車站
只要沿著距離地面3～4層樓高的高架鐵路走，很快就能找到車站。站名採用泰文與羅馬拼音標示。

認明此招牌

2 購買車票
在剪票口附近的自動售票機購票，購買方法詳見左欄。

3 通過剪票口
剪票口全為自動化。只要將車票插入投入口，通過後再取回車票，紅色閘門就會打開。使用兔子卡及一日卡時，只要將卡片放在藍色感應區即可。由於閘門開啓時間很短，最好盡快通過。

感應區
車票投入口

4 走到月台
電車的路線方向會標示「to●●」，也就是終點站。請確認電車行進方向後再到月台。

5 搭車
在月台的搭車處等待電車入站。電車車門會自動開啓，請優先禮讓下車的乘客。

6 下車
仔細確認電車内的螢幕及聽清楚廣播後再下車（泰語、英語）。

7 出剪票口
下車後，請順著「Exit」的標示先下樓梯再走到剪票口樓層。在剪票口前的站内導覽圖確認出口號碼後再出站。

○**轉乘**
2條路線的交會點只在暹羅站。若要轉乘BTS，只須依照站内標示前進即可；若要轉搭MRT，則須出站。

小小資訊 是隆線預計進行第三段延長線工程。

MRT

Rot Fai Tai Din
รถไฟใต้ดิน

路線圖 別冊MAP P2

車內統一使用藍色及奶油色

曼谷MRT地鐵是以「ㄈ」字形行經曼谷市內地下捷運系統，主要連結辦公商圈及住宅區，是當地居民日常生活的代步工具。雖然MRT並沒有行經主要觀光景點，不過要去中國城卻相當便利。

●費用

基本票價為B16，之後每站增加B2～3，最高車資為B42。

●行駛時間與班次間隔

營運時間為6～24點。尖峰時段間隔為5分，離峰時段每隔10分一班。

注意事項

○早晚通勤時段相當擁擠，盡量避開這段時間搭車。

○售票機一次只能購買1張，而且觸碰式螢幕的反應也很慢，建議最好在售票窗口購票。另外找零也很慢。除了可以使用B1、5、10的硬幣外，也可以使用B20、50、100的紙鈔。

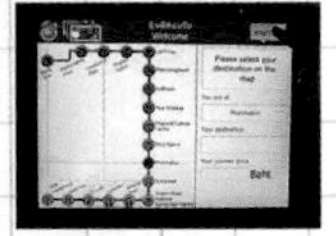

●搭車

1 **尋找車站**

銀色建築物上會立有一塊藍色的招牌，此為MRT出入口的標記。招牌上寫有站名（泰語及羅馬拼音）及出入口號碼。

購買車票, 通過剪票口

車票採用內建IC晶片的圓形感應幣。在售票窗口或自動售票機購票後，將車票靠近剪票口的感應區就能通過。

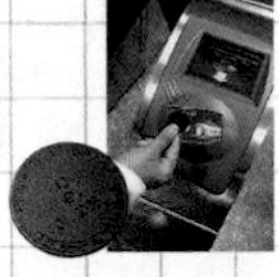

圓形感應幣

搭車

月台與鐵路之間設有玻璃月台門，等電車進站後就會自動開門。車內廣播以泰語及英語告知下一站。

昭披耶河交通船

Rua Duan
เรือด่วน

別冊MAP P2

昭披耶河交通船是聯繫昭披耶河南北兩端的交通工具。可搭船巡遊鄰近河川的五星級飯店、中國城以及大皇宮等景點，相當方便。大致可分成4條路線，觀光客最好搭乘觀光船，船上有提供簡單易懂的英文導覽。

觀光船路線從沙吞碼頭到Phra Arthit碼頭，共行經9個碼頭

觀光船（水藍旗幟）/ 每天行駛
○費用　一律B40，一整天不限次數搭乘為B150
○行駛時間與間隔
每天9點30分～17點30分。每30分一班
快船（橘色旗幟）/ 每日運航
○費用　一律B15
○行駛時間與間隔
6～19點。每5～20分一班
特快船（綠色旗幟）/ 平日週一～五行駛
○費用　根據距離分成B13、20、32
○行駛時間與間隔
6點10分～8點10分、16點5分～18點5分。每隔15～30分一班
特快船（黃色旗幟）/ 平日週一～五行駛
○費用　根據距離分成B20、29
○行駛時間與間隔
6點15分～8點20分、16～20點。每隔20～30分一班

●搭船

先上船再買票

先向乘務人員確認目的地後再上船。船票則是在船內告訴乘務人員目的地後才購買。

在船艙

坐在靠窗座位時，須小心迎面而來的船隻，有時兩艘船擦身而過時會被浪花濺得一身濕。另外，由於女性不得觸碰僧侶，因此與僧侶同搭一艘船時必須注意。

3 **下船**

即將抵達碼頭時，乘務人員就會廣播告知。船停靠在碼頭最長時間只有20秒，下船時必須迅速謹慎。

遊船靠岸的瞬間船身會晃得很厲害，為避免跌倒，請務必握緊扶手。
乘船時記得注意腳下，以免腳被船身與棧橋之間的隙縫夾住。

計程車  Taxi แท็กซี่

黃＋綠色是私人計程車，其他顏色則為靠行計程車

冷氣完備，採跳表計費制。收費便宜，在市區24小時到處都有空車。雖然說英語不大通，不過司機對外國乘客見怪不怪，容易溝通。

○**基本費用**
起跳價（到1km為止）為B35。
1～10km每約360m跳B2。
10km以上每約300m跳B2。

○**追加費用**　因塞車或紅綠燈使車速低於時速6km的情況下，每分鐘加收B2。行駛高速公路須另付高速公路費用。凌晨、深夜不加收費用。

 **注意事項**

○早晚巔峰時段會塞車。
○在飯店前等顧客上門的計程車大多以觀光客為目標，這些司機大多不跳表，不但會繞遠路，還會帶乘客到會敲竹槓的店去，讓人感到不愉快。最好在路邊攔計程車。
○視目的地而定，有時會遇到拒載的司機。尤其是下午6點過後及大雨過後等，很難招到計程車。
○若遇到令人感到不安的司機時，可將車門旁的車號抄下來，讓他知道你在抄寫車號。萬一發生狀況須通報或是有遺失物品留在車上時，就能派上用場。

●搭車

標記在這裡

1 招計程車
空車會在前方玻璃亮紅燈。在泰國大街上招空車時與台灣不同，不是舉手招車，而是將手往斜下方伸出，手掌上下揮動招車。

2 上車
車門為手動式，必須自行開門。除了知名飯店及購物中心外，司機大多不清楚你的目的地，因此必須告知司機「街道名稱＋Soi號碼」。當車發動後，記得確認表是否在跳。

3 付車費
大部分計程車司機都會去尾數，以B5為單位來計算。舉例來說，假設計費表顯示為B43，當你拿B50紙鈔給司機時，他只會找B5給你。此外，有時司機也會無法找零，建議最好備妥小額紙鈔及硬幣。

巴士  Rot Me รถเมล์

巴士路線涵蓋曼谷的大街小巷，是一般民眾最重要的代步工具。車資也相當便宜。有些路線24小時全天無休，亦有郊外路線，熟悉後就能一口氣擴大行動範圍。不過缺點是路線相當複雜。

冷氣巴士

●費用
根據車體有無冷氣，車資也會有不同。由於路線相同，只要看當地人有開窗（無冷氣）或沒開窗（附冷氣）就能判斷。

○**一般巴士（無冷氣）**　為紅色的巴士，車資一律B6.50，其他巴士的車資則一律B7.50～9。由於不需用泰語告訴司機目的地，因此連外國人也能輕鬆搭乘。
○**冷氣巴士**　車資視距離遠近而異，約B10～25。車內雖然涼爽，但必須用泰語告知車掌目的地。

●行駛時間與班次間隔
5～23點。根據路線的不同，一般巴士全天無休。班次間隔會視路況而異，有時同一路線的巴士會連續來3班，有時等了幾十分也等不到一班。

 **注意事項**

○一般巴士司機開車相當魯莽，會突然停車或突然發車等，因此上下車時最好多加小心。

其他交通工具

下面介紹主要為當地人使用的交通工具，車資全都採取交涉制，若對路況或行情沒有一定程度的了解，很難搭乘這些交通工具。

○三輪計程車 嘟嘟車
Tuk Tuk／ตุ๊กตุ๊ก

與行駛在街道上的計程車一樣一招就停，先告訴司機目的地再詢問車資，若車資OK就上車，覺得太貴可以殺價。車資行情比一般計程車稍貴一點。在路旁等待客人的嘟嘟車大多以觀光客為目標，會拉抬車資。最好在路邊攔空車。

○摩托計程車
Motasai Rap Jan／มอเตอร์ไซค์รับจ้าง

可穿梭在車輛之間，塞車時也能通行無阻。司機都穿有橘色背心，在BTS站或Soi（巷道）的入口等設有候車處。由於2人搭乘一輛機車太危險，因此並不建議使用。

 小小資訊

建議可使用Transit Bangkok網站查詢巴士路線，
URL http://www.transitbangkok.com/bangkok_buses.html

用手一指就能輕鬆點菜♪

必吃菜單目錄

中部

Tod Mun Goong

ทอดมันกุ้ง

泰式炸蝦餅。內含大量蟹肉，外裹的麵衣炸得相當酥脆，與蜂蜜狀的甜醬相當對味。

東北

Som Tam

ส้มตำไทย

將尚未完全成熟、肉質較硬的青木瓜切成細絲，與辣椒等材料一起倒入石臼搗拌而成的依善菜。吃起來酸中帶著一股刺激的嗆辣。

Yum Woon Sen

ยำวุ้นเส้น

深受外國人喜愛的泰式冬粉沙拉。將煮軟的冬粉與蔬菜、黑木耳、鮮蝦等材料淋上魚露風味的醬汁一起拌勻，即可食用。

泰式酸辣蝦湯

ต้มยำกุ้ง

酸中帶辣的泰式酸辣蝦湯是最具代表性的泰式料理。檸檬草與萊姆的清爽香氣以及濃郁的鮮蝦風味，是這道料理的一大魅力。（→P32）

全國

泰式海鮮酸辣湯

ต้มยำทะเล

又酸又辣的湯頭（Tom Yun）中添加大量鮮蝦、花枝、白肉魚、蛤蜊等海鮮，是道滋味豐富的湯品。

東北

泰式火鍋

สุกี้ไทย

這道火鍋料理是在沸騰的高湯中加入肉類、魚介類及蔬菜等配料，然後沾自己喜歡的醬料食用。

全國

綠咖哩

以綠辣椒為基底做成的咖哩。辣中帶有椰奶的甜味，也是道深受台灣人歡迎的菜色。（→P35）

紅咖哩

แกงเผ็ด

以紅辣椒為基底做成的咖哩，顏色呈鮮紅色為特徵。味道辛辣，與鴨肉、魚肉等配料相當對味。

南部

黃咖哩

แกงกะหรี่

以薑黃為基底做成的咖哩，辣味較淡，能突顯椰奶的甘甜。（→P35）

南部

瑪莎曼咖哩

แกงมัสมั่น

發祥於泰國南部地區的伊斯蘭式咖哩。在旅遊美食資訊網站「CNNGo」中曾獲選為「世界最美味的料理」。（→P34）

南部

泰式帕能咖哩

พะแนง

這種咖哩是以紅咖哩為基底，添加大量初榨椰奶熬煮而成。味道相當溫和。

東北

Kai Yang

ไก่ย่าง

這道知名的依善菜是將雞肉泡在特製醬汁醃漬後，以炭火燒烤而成。外皮烤得香而酥脆，吃起來略帶甜味。

泰國菜的特徵是，各地菜色都有其獨特的風土人情及文化背景。泰國東北稱為「依善地區」，有許多菜色受到鄰國寮國的影響，辣味較強。

泰式料理的種類五花八門。
最好事先確認想吃的料理！

中部

香蘭葉包雞

ไก่ห่อใบเตย

香蘭葉包住以醬汁醃漬過的雞肉，經蒸烤而成的一道菜。肉質吃起來如同煙燻雞肉般，相當美味。

中部

咖哩辣味蟹

ปูผัดผงกะหรี่

咖哩辣味蟹是使用整隻螃蟹所做成。在黃咖哩中混入蛋液煮成口感溫和的醬汁，滋味偏甜。（→P42）

中部

蒸魚糕

ห่อหมกปลา

以魚碎肉蒸煮而成的料理。口感類似日式魚板，各種香料的辛辣與椰奶相當合拍。

全國

Pad Pak Bung Fai Daeng

ผัดผักบุ้งไฟแดง

即大蒜炒空心菜。口感清脆，略帶刺激的辣味為其特徵。空心菜在泰國是相當受歡迎的蔬菜。

全國

金邊粉

ผัดไทย

以米漿製成的粿條，加入蛋、豆芽菜、蔬菜、鮮蝦等材料一起拌炒而成的泰式炒麵。滋味偏甜好入口，是一道人氣菜。（→P39）

北部

泰北金麵

ข้าวซอย

清邁知名的咖哩湯麵。內有寬條雞蛋麵與炸麵2種麵條，可品嘗大量使用香辛料燉煮而成的湯頭。（→P38）

全國

海南雞飯

ข้าวมันไก่

以白斬雞搭配香飯（Chicken Rice）。以雞湯所煮的香飯搭配多汁的雞肉，相當對味。（→P40・43）

全國

Khao Niao Mamuang

ข้าวเหนียวมะม่วง

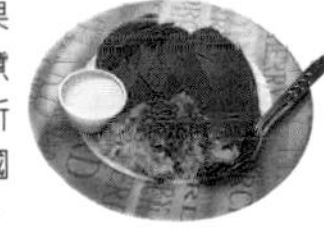

以新鮮芒果佐椰奶炊煮的甜糯米所做成的泰國傳統甜點。甜美的芒果彷彿讓人快要融化。

中部～南部

Salim Tubtim

สลิ่มทับทิม

素有「泰式剉冰」之稱的一道冰品。紅色部份是以寒天包裹慈姑果實，吃起來滑溜脆口。

礦泉水

Nam Rah/น้ำแร่

由於自來水不能飲用，到店裡最好點礦泉水飲用。在路邊攤及超商等都能買到瓶裝礦泉水。

椰子汁

Nam Maplaw/น้ำมะพร้าว

蘊藏在椰子果實內的天然果汁。口感清爽帶有微甜，在泰國也有人以椰子汁代替水飲用。

啤酒

Beer/เบียร์

泰國啤酒以口感清爽的勝獅啤酒（Shangha）大象啤酒（Chang）為大宗，另外也有在泰國釀造的海尼根及朝日啤酒。

非吃不可的人氣菜單　辛辣菜單　微辣菜單

簡單情境會話（泰語）

※語尾詞男女有別，（　）為女用語尾詞。

情境		
Scene 1 打招呼	你好 สวัสดี ครับ (ค่ะ)	謝謝 ขอบคุณ ครับ (ค่ะ)
Scene 2 傳達意思	好 ครับ (ค่ะ)	不會 ไม่
	我明白了 เข้าใจ ครับ (ค่ะ)	我不知道 ไม่เข้าใจ ครับ (ค่ะ)
	不用了 ไม่ต้อง ก็ได้ ครับ (ค่ะ)	不要 ไม่ชอบ เลย ครับ (ค่ะ)
Scene 3 在觀光景點	請問可以拍照嗎？ ถ่ายรูป ได้ไหม	請問洗手間在哪？ ห้องน้ำ อยู่ ที่ไหน
Scene 4 在餐廳	我要點菜 ขอ สั่งอาหาร	麻煩結帳 คิดเงิน ด้วย
	非常好吃 อร่อย มาก	我不要太辣 ขอ ไม่เผ็ด นะ
Scene 5 在商店	多少錢？ ราคา เท่าไร	可以試穿嗎？ ขอ ลอง ใส่ ได้ไหม
	請給我這個 ขอ อันนี้	請幫我分開包裝 ช่วย ห่อ แยกกัน
Scene 6 在計程車內	請到這個地址 ไป ที่ บ้านเลขที่ นี้	我趕時間 ผม (ฉัน) รีบ
	請在這裡停車 จอด ที่นี่	車資跟計費錶上的數字不一致 ราคา ไม่ตรง กับ มิเตอร์นี่

常用資訊

數字

0 ศูนย์
1 หนึ่ง
2 สอง
3 สาม
4 สี่
5 ห้า
6 หก
7 เจ็ด
8 แปด
9 เก้า
10 สิบ
100 ร้อย
1000 พัน

匯率

B1 ≒ 約0.9台幣

(2017年1月)

先寫下來♪

兌換時的匯率

B1 ≒ ☐ 台幣